논문으로 세상 읽기

논문으로 세상 읽기

AI와 문화예술, 사회와 사람을 잇는 지식 산책

공병훈 조정미 지음

반디서림

머리말

살면서 논문을 본격적으로 읽기 시작했던 것은 회사를 다니며 대학원을 다니던 시점부터였다. 도서출판 창비를 다니던 공병훈은 '디지털 미디어 전공'으로, 교보문고를 다니던 조정미는 '신문출판 전공'으로 주경야독하며 대학원 공부를 시작하였다.

대학원이 제공하는 혜택 중 하나는 학교 도서관을 다닐 수 있고, 학술논문을 무한정 볼 수 있다는 점이었다. 마른 스폰지가 물을 빨아들이듯이 관심있는 주제의 논문들을 두루 섭렵했다. 물론 현장의 실무자로서 논문을 읽다 보면 현실을 잘 모르고 쓴 것 같은 논문들도 더러 있었지만, "아~ 이렇게 볼 수도 있구나!" 하는 생각들이 더 많았다. 현장에서 조금 떨어져서 바라보는 연구자들의 시각은 실무자들이 미처 생각하지 못했던 지점들을 짚어주고 전체적인 윤곽을 그려주곤 했다.

여러 편의 논문을 읽는 과정은 연구자들이 분석해온 세상과 현상들을 탐험하고 이해할 수 있게 만들어주었다. 이때부터 생겨난 논문 읽는 습관은 지금까지도 이어지고 있다. 어떤 일을 하게 되든지 일단 관련 논문을 찾아봄으로써 이 주제를 둘러싼 다양한 논의와 주장들을 파악하고 맥락을 이해하는 것을 우선으로 삼고 있다. 그 이유는 무엇일까?

첫째, 학술논문은 30페이지 정도 되는 얇은 아티클이므로, 매우 효율적이고 경제적으로 관련된 다양한 지식을 습득할 수 있다. 논문의 저자는 제한된

지면 내에 자신의 주장을 잘 펼쳐야 하기 때문이다.

둘째, 학술논문의 저자들은 글을 써서 원고료를 받는 것이 아니라, 오히려 게재료를 내고 논문을 발표한다. 즉, 돈을 벌기 위한 것이 아니라, 자신의 연구 성과를 공유함으로써, 학계와 동료 연구자들로부터 인정받기 위해서 논문을 쓰는 것이다.

셋째, 문제가 있는 학회들도 다수 있지만, 최근의 학술논문은 엄격한 심사를 받아야 하고 카피킬러 표절심사도 거쳐야 하므로 출판물에 비해 연구내용에 대한 신뢰도가 높아질 수밖에 없다.

넷째, 학문 분야마다 조금씩 논문의 형식이 다르긴 하지만, 대부분의 논문에는 공통적으로 '문제제기'와 '가설'이 존재하고, 연구자가 선택한 연구방법을 통해 자신의 주장을 입증하는 구조를 갖고 있다. 아직까지 공개되지 않았던 중요한 자료를 찾아내기도 하며, 비평이론에 기반하여 현상을 해석하기도 하고, 사회조사를 통한 양적연구로 입증하기도 한다. 여러 사람들을 만나서 인터뷰를 하거나, 오랜 시간 동안 관찰하는 방식을 택하기도 한다. 심리학자들이나 과학자들은 실험을 자주 사용한다.

좋은 논문은 문제제기가 타당하고, 의미있는 가설을 등장시키며, 합리적이고 납득할 만한 방식으로 타당성 있는 결과를 전달해준다는 공통점을 가진다. 이런 논문을 읽고 참고하는 것만으로도 우리는 매우 중요한 학습을 하게 된다. 연구자들처럼 문제를 제기하고, 가설을 세우고, 합리적으로 그 문제를 풀어가는 습관을 익힌다면 우리는 문제 해결 역량에 있어서 다른 차원으로 성장할 수 있다.

그러므로 이런 논문들은 연구자들만의 것이 아니다. 연구자 개인의 학위 취득, 교수 임용, 승진을 위한 도구로서만 논문이 존재하는 현실은 안타까운 일이다. 실제로 연구자들은 혼신의 힘을 다한 자신의 연구가 많은 사람들에게 읽혀지기를 바라는 마음을 갖고 있다. 그러나, 일반인과 연구자 간에 놓여진 거리는 너무나 멀고, 일반인들에게 논문 읽기를 권하기란 어려운 일이었다. 그럼에도 불구하고 진정성 있는 연구자들이 발표한 다양한 주제의 논문들을 소개해야겠다는 결심을 한 것은 이 책의 저자들 스스로가 그들로부터 많은 도움을 받았기 때문이다.

이 책을 기획하고 쓴 우리 부부는 연구자와 대중을 연결하는 독립언론 '반디뉴스'의 편집인과 발행인이며, 연구자이기도 하다. "배워서 남주자"는 심정으로 시작한 반디뉴스(http://www.bandinews.com)는 아직까지 아무런 수익모델 없이 광고 하나 달지 않은 채 17개월째 운영되고 있다. "모두가 연구자고 모두가 학생이다"라는 슬로건처럼 반디뉴스는 공부하는 이들과 현장에서 활동하는 많은 전문가들의 성원을 받으며 꾸준히 성장하고 있다.

'논문으로 세상 읽기'는 반디뉴스 창간 당시부터 기획된 주요 메뉴로 꾸준히 여러 연구자들의 논문을 소개해왔다. 그러던 중 '논문으로 세상 읽기'에 기반한 출판기획안이 경기도콘텐츠진흥원의 '경기도 우수출판물 지원사업'에 선정되었고, 이 책을 세상에 탄생시킬 수 있게 되었다. 우리의 경제적 사정으로는 감히 엄두를 낼 수 없던 4도 인쇄로 책을 내게 된 것도 이 덕분이다. 우리의 뜻과 노력을 인정받은 듯한 기쁨에 섣불리 책을 낼 수가 없어서 10꼭지의 글을 더 써서 빈 자리를 꼭꼭 눌러 채웠다.

고독하고 가난한 연구자들이 피워올린 한 송이 꽃 같은 학술논문들이 더 많은 이들에게 읽혀지기를 기원한다. 논문 읽기를 통해 세상을 살펴보고 이해하는 눈이 더 밝아지고 시야가 넓어지기를 소망한다. 또한, 여태껏 경험해보지 않은 논문 읽기의 즐거움을 취미처럼 갖게 되었으면 좋겠다.

이 책은 모두 7개의 장으로 구성되어 있으며, 각 장에는 여러 편의 논문을 큐레이션하여 소개하는 글이 실려 있다. 책 내용에 대한 흥미를 북돋고자 관련 사진과 삽화를 다수 실었으며, 글의 끄트머리에는 논문 소개와 함께 QR 코드를 실어서 스마트폰이나 카메라 앱을 통해 해당 논문을 쉽게 내려받아볼 수 있도록 하였다. 글에서 다루고 있는 핵심 개념 키워드와 설명을 달아서 독자들의 이해를 높이고자 하였다.

부록 1은 국내 학술논문 검색플랫폼 7군데를 소개하였다. 우리가 큐레이션한 이 논문들을 시작점으로 하여 독자분들께서 더 많은 논문 읽기를 시도할 수 있는 계기가 되기를 바라는 마음에서다. 부록 2는 매 글에서 다루었던 핵심 개념 키워드를 〈핵심 개념 사전〉으로 구성하여 편의를 도왔다.

몹시도 무더웠던 여름을 거쳐 완연한 가을에 접어들었다. 12.3 계엄사태 이후 몹시도 혼란스러운 시간들이었다. 저자들은 촛불집회에 참여하고 태평소와 장구를 들고 촛불풍물단과 네 번의 계절을 보내며 원고를 새로 쓰고 수정하고 편집하며 이 책을 만들어 나갔다. 그렇지만, 이 모든 어려움을 이겨내고 우리는 또 성장할 것이라 믿는다. 세상의 연구자들은 어둠 속에서 빛나는 작은 반딧불이 같은 존재들이다. 작은 빛들이 모여 어둠을 밝히는 역할을 수행한다.

촛불혁명은 '2025년 체제'의 시작을 열었다. 지난 겨울부터 지금에 이르기까지 "하느님이 보우하사 우리 나라 만세"가 가슴에 콕콕 새겨진다.

2025년 9월 30일
공병훈 조정미

차례

#1 창작하는 기계, 예술하는 인간을 만나다

인공지능은 이제 콘텐츠 창작과 예술 영역까지 확산하고 있다.
감정 로봇, AI 영화, AI 작가, AI와 예술 통합 논쟁을 통해
인간 창작의 의미와 문화예술의 미래를 성찰한다.

인공 감정을 지닌 로봇들이 온다

최첨단 감정 로봇들이 세상을 놀라게 하고 있다. 테슬라_{Tesla}의 옵티머스 젠2_{Optimus Gen 2}와 구글 딥마인드와 스탠포드 대학이 함께 개발한 모바일 알로하_{Mobile ALOHA}가 대표적이다. 이 로봇들은 CES2024에서 공개되었는데 사람과의 상호작용을 통해 감정을 표현하고 이해하는 능력을 보여 주어 깊은 인상을 남겼다.

인간 감정과 인공적 감정 연구의 필요성

옵티머스 젠2는 테슬라의 최신 로봇으로, 인간과 유사한 감정 표현이 가능하도록 설계되었다. 이 로봇은 표정과 제스처를 통해 기쁨, 슬픔, 놀라움 등 다양한 감정을 나타낼 수 있으며, 대화 중에 사용자의 감정 상태를 분석하여 적절히 반응하는 능력을 갖추고 있다. 특히, 인공지능을 통해 지속적으로 학습하며 사용자와의 상호작용을 최적화했다.

모바일 알로하는 구글 딥마인드와 스탠포드 대학가 개발한 로봇으로, 주로 의료 및 교육 분야에서 활용될 목적으로 제작되었다. 이 로봇은 사용자의 표정, 음성 느낌, 몸짓 등을 종합적으로 분석하여 감정 상태를 파악하고, 그에 맞게 대응하도록 설계되었다. 예를 들어, 사용자가 스트레스를 받는 상황에서는 차분한 목소리로 위로의 말을 건네고, 기쁜 상황에서는 함께 기뻐하는 반응을 보인다.

중국에서는 하이퍼 리얼리즘 감정 로봇이 개발되고 있으며, 울산과학기술원UNIST 연구팀도 감정을 인식하는 웨어러블 기술을 연구하고 있다. 이들은 음성, 텍스트, 표정, 생리 신호 등 다양한 데이터를 함께 활용해 사람의 감정을 더욱 정확하게 파악하는 기술을 개발하고 실험 중이다. 감정 뇌와 컴퓨터 인터페이스, 인간과 컴퓨터의 공감적 대화, 인간의 감정을 구현한 인공지능 기술의 개발 사례들이 연이어지는 것이다.

이는 인간의 감정과 인공적 감정에 대한 본격적인 분석과 탐구 필요성이 제기된다는 것을 의미한다. 로봇공학자들이 설계하는 감정 체계는 흔히 감정 인식, 감정 생성, 감정 표현이라는 세 부분으로 구성된다. 인공적 감정 기술은 의학 치료에서부터 콘텐츠 비즈니스, 고객 서비스 등 매우 다양하게 활용될 가능성이 높아지는 상황에 되어가고 있기 때문이다.

구글 딥마인드와 스탠포드가 개발한 모바일 알로하 발표 장면(이미지 : TheAIGRID)

감정을 가진 기계, 과연 가능할까?

천현득의 논문 「인공지능에서 인공 감정으로」는 "감정을 가진 기계는 실현 가능한가?"라는 흥미로운 주제를 다루며, 인공지능이 단순한 논리적 계산을 넘어 감정을 이해하고 표현하는 단계로 진화할 가능성에 대해 탐구한다.

천현득은 이 논문에서 감정을 가진 기계의 실현 가능성에 대해 철학적, 기술적 측면에서 깊이 있는 분석을 제공한다. 그는 감정 로봇의 개발 현황과 동기를 분석하며, 왜 로봇의 감정이 중요한 문제로 떠오르고 있는지에 대해 설명한다. 논문에 따르면, 감정은 인간 고유의 영역으로 여겨졌지만, 인공지능의 비약적인 발전은 이 영역까지도 도전하고 있다.

논문은 여러 흥미로운 사례들을 소개한다. 예를 들어, MIT의 인공지능 연구소에서 개발한 로봇 키즈멧Kismet은 3차원 감정 공간에서 9개의 감정을 표현할 수 있다. 키즈멧은 사용자의 표정, 음성, 몸짓을 인식하고 이에 맞춰 자신의 감정을 생성하고 표현한다. 이는 단순한 명령 수행을 넘어, 사용자와의 정서적 교감을 가능하게 한다.

9개의 감정을 표현하는 MIT의 로봇 키즈멧(이미지 : Wikipedia)

감정 로봇은 기술적 혁신을 넘어 사회적, 문화적 변화를 이끌 잠재력을 가지고 있다. 이 연구는 감정 로봇이 사회에서 맡게 될 역할과 이에 따른 윤리적 문제를 강조한다. 예를 들어, 감정 로봇이 사람들의 외로움을 덜어주고, 돌봄이나 교육 등 다양한 분야에서 인간의 역할을 보조할 수 있다. 그러나 동시에, 이러한 로봇이 감정 노동을 강요당하거나, 인간과의 감정적 관계에서 문제가 발생할 가능성도 있다고 설명한다.

이는 단순한 기술 발전의 문제를 넘어, 인간 존재와 감정의 본질을 재고하게 만드는 중요한 논의이다. 인공지능이 감정을 가지게 되는 시대가 오게 된다면, 우리는 과연 어떻게 이를 받아들이고, 활용하게 될 것인가? 이러한 질문들은 앞으로의 연구와 사회적 논의를 통해 더욱 명확하고 풍부한 결론들을 얻어나갈 것이다.

천현득(2017)
인공지능에서 인공 감정으로 – 감정을 가진 기계는 실현가능한가?
〈철학〉, (131), 217–243쪽

#인공 감정 로봇(Affective Robot)
인간의 감정을 인식하고 이에 반응하며 감정을 표현하는 기능을 갖춘 로봇이다. 대표 사례로는 일본 소프트뱅크의 '페퍼'가 있으며, 사람의 표정과 음성을 분석해 대화 중에 감정을 판단하고 반응한다. 또 한국의 '파로'는 노인 돌봄에 활용되어 정서적 안정 효과를 주는 로봇이다. 이러한 로봇은 돌봄, 교육, 상담 등 감성 기반 서비스 분야에서 활용 수준과 범위가 점차 확장되고 있다.

AI로 만드는 영화의 미래, 인공지능 예술의 혁신적인 사례들

인류의 역사에 영화가 탄생한 19세기 후반으로 돌아가 보자. 영화의 탄생은 19세기 후반 에디슨과 뤼미에르 형제의 촬영 장비 발명으로 가능했다. 이 기술적 혁신 덕분에 오귀스트 마리 루이 뤼미에르Auguste Marie Louis Nicholas Lumière와 루이 장 뤼미에르Louis Jean Lumière는 1895년 세계 최초의 상업 영화 상영을 통해 영화를 대중화시켰다.

초기 영화는 셀룰로이드 필름과 수동 카메라로 촬영되었다. 이 기술도 이후 자동 필름 카메라와 발전된 필름 기술로 진화하며 더 긴 촬영 시간과 복잡한 편집이 가능해졌다. 1927년 〈재즈 싱어〉The Jazz Singer라는 최초의 유성 영화가 만들어지면서, 음향 기술의 발전이 영화 산업에 도입되었다. 이 때부터 영화가 단순한 시각적 경험을 넘어서 음향과 결합된 종합 예술로 발전하는 계기가 되었다.

기술 혁신에 기반한 영화 예술의 탄생과 발달

1939년 〈오즈의 마법사〉와 〈바람과 함께 사라지다〉는 컬러 필름을 사용한 영화로, 영화의 시각적 표현력을 크게 향상시켰다. 이는 테크니컬러 Technicolor와 같은 색채 기술 발전 덕분이었다. 테크니컬러는 영화와 텔레비전에서 색을 표현하는 기술 중 하나로, 다른 색채 필름보다 색의 선명도가 뛰어나고, 오랜 기간 색이 바래지 않는 특징을 지닌, 20세기 초반에 개발된 혁신적인 색채 영화 기술의 성과이다.

촬영 장비, 자동 필름 카메라, 음향기술, 컬러 필름 등 영화 예술의 탄생과 발달은 기술 혁신을 기반으로 이루어졌다. 같은 맥락에서 디지털 영화와 AI 제작 시스템 등 영화 예술의 변화 또한 첨단 기술들과 운명을 함께 한다.

인공지능 기술의 영화 창작에서의 최근 활용 동향

최근 생성형 AI는 콘텐츠 창작 분야에서 혁신적인 도구로 떠오르고 있다. AI는 텍스트, 이미지, 음악, 영상 등 다양한 형식의 콘텐츠를 생성하는 데 사용되며, 자연어를 이해하고 생성하도록 훈련된 GPT-4와 같은 인공지능 언어 모델은 문서 작성, 시나리오 작성, 대화형 스토리텔링에 활용되고 있다.

OpenAI의 DALL-E와 같은 이미지 생성 AI는 사용자의 텍스트 설명을 기반으로 독창적인 이미지를 만들어내며, 이를 통해 광고, 디자인, 예술 작품 등에서 새로운 가능성을 열고 있다. 음악 분야에서는 AI 작곡 도구들이 등장해, 특정 스타일의 음악을 자동으로 생성하고 있으며, 이는 음악 제작 시간을 단축시키고 창의적인 협업을 촉진한다.

영상 제작에서는 AI가 편집, 효과 추가, 장면 전환 등의 작업을 자동화하며, 효율성을 높이고 있다. 이러한 생성형 AI의 발전은 개인 창작자뿐만 아니라 기업에서도 콘텐츠 창작과 제작 비용을 절감하고 새로운 콘텐츠 아이디어를 구현하는 데 중요한 역할을 하고 있다.

인공지능과의 협업 창작에 들어선 영화 예술 활동

많은 기술 혁신의 과정을 통해 진화를 거듭해왔음에서 영화 예술활동은 인공지능과의 협업 창작이라는 낯선 길로 들어서고 있다. 이 길에는 여러 과제와 어려움들이 기다리고 있다.

영화 창작의 협업자가 되기 위해서는 더 많은 영화에 대한 학습이 필요하다. 이러한 이유로 Open AI, 구글 등과 같이 방대한 데이터와 지식을 소유하고 있는 IT 기업이 생성형 인공지능을 활용해 영화제작의 주체가 될 것으로 예상된다. 뿐만 아니라 생성형 인공지능을 활용하면 기존의 시나리오 작성 등의 몇몇 제한된 작업에서 벗어나 컷 구성, 촬영 계획의 효율화 등 다양한 영화제작 분야에서 활용할 수 있다. 영화 창작 생태계의 질적인 변화를 예상하게 하는 대목이다.

더구나 인공지능이 학습하여 영화 제작에 사용한 데이터에 대한 저작권과 공정 사용의 이슈가 본격적으로 제기될 것이다. 이와 함께 인공지능이 주어진 데이터, 또는 맥락에 근거하지 않은 잘못된 정보나 허위 정보를 생성하는 환영Hallucination 현상의 문제가 더 심각해질 가능성이 있다.

OpenAI와 영화 제작자들이 만든 첫번째 단편 영화 〈에어 헤드〉(이미지 : Digwatch)

정해원의 「AI 영화영상콘텐츠를 위한 AI 예술창작 사례 연구」

인공지능이 '창작을 위한 도구'인지 '콘텐츠 창작자'인지에 대한 질문은 영화예술에서 앞으로 몇십년간 이어질 것이다. 동의대학교 영화트랜스미디어연구소의 전병원은 AI 영화영상콘텐츠를 위한 AI 예술창작 사례를 조사하며 AI 시네마의 가능성을 탐구하는 논문을 발표했다.

이 연구는 영화 창작의 필수 조건인 스토리, 서사, 이미지, 사운드의 창작이 AI에 의해 가능함을 사례조사를 통해 확인했다. 먼저 AI 페인팅 알고리즘인 오비어스Obvious, 갠GAN, Generative Adversarial Network, 캔CAN, Creative Adversarial Network의 시각 이미지 생성을 확인했다.

오비어스는 AI가 생성한 그림이 크리스티 경매에서 432,000달러에 판매된 기록을 세우며 예술적 가치를 인정받았다. 갠은 스스로 창작자와 관객의 이중 역할을 수행하여 이전과는 차원이 다른 시각 이미지를 생성한다.

연구에 따르면 AI 음악 창작도 이미 인간과 협력하여 콘텐츠를 생산하여 유통하는 단계에 들어섰다. 소니의 플로머신즈Flow Machines는 1만3천여 곡을 분석하여 사용자가 선택한 스타일에 맞춰 작곡을 하는 기능을 제공하고 있다. 구글의 마젠타 프로젝트는 딥러닝을 통해 새로운 소리를 만들어내는 신경 신디사이저Neural Synthesizer를 개발했으며, 이는 기존 신디사이저와 달리 딥러닝을 통해 다양한 악기 소리를 학습하여 독특한 음을 만들어낸다.

또한, AI는 이미 드라마 대본을 완성할 수 있고, 빅데이터를 활용한 자동 시나리오 제작 프로그램도 인기를 얻고 있다. 일본에서는 AI가 쓴 공상과학소설이 문학상 심사를 통과했으며, OpenAI의 GPT-2는 인터넷 페이지에서 학습한 단어들을 통해 놀라운 글쓰기 실력을 보여주었다.

AI 시나리오 창작과 영상 편집과 효과 작업의 사례

논문에서는 미국의 소프트웨어 개발자 앤디 허드Andy Herd의 사례를 설명한다. 그는 인공지능을 통해 2004년 종료된 인기 시트콤 〈프렌즈〉 시리즈의 새로운 에피소드를 만들어내는 데 성공했다. 인공지능에게 기존의 〈프렌즈〉 대본 데이터를 모두 학습시켜 등장인물별 특성과 이야기 구조를 파악하게 한 뒤 새로운 에피소드를 작성하도록 했는데, 주인공들이 구사했을 법한 유머를 비롯해 실제 방영분과 유사한 수준의 대본을 만들어냈다.

전병원은 AI 시네마의 가능성을 진단하기 위해 영화 제작의 각 단계에서 AI의 역할을 탐구했다. 시나리오 작성 단계에서는 AI가 소설과 시를 창작할 수 있으며, 기존 데이터의 학습을 통해 새로운 이야기를 만들어낼 수 있음을 확인했다. 또한, 촬영 단계에서는 컴퓨터와 웹 관계망 안에서 통제가 가능한 카메라를 이용한 시각 이미지를 생산할 수 있다. 특히 스케치나 회화의 생성 알고리즘을 활용한 애니메이션 영화는 AI가 더욱 활발히 창작자로 활동할 수 있는 분야라고 설명한다.

편집, 사운드, 색보정 등의 후반 작업에서도 AI의 역할이 두드러진다. 2016년 IBM의 AI '왓슨'Watson은 공포영화 예고편을 제작하며, AI가 시각뿐만 아니라 음악이나 음향효과까지 고려해 영상을 편집할 수 있음을 보여주었다. 구글의 비디오 인텔리전스 API는 저장된 동영상과 스트리밍 동영상에서 다양한 객체와 장면 변화를 자동으로 인식하고 편집할 수 있는 기능을 제공한다.

전병원은 논문에서 마노 비치Mano Vitch의 'AI 장르 컨벤션' 관점에서 웹 다큐멘터리와 데스크톱 다큐멘터리가 포스트 시네마Post-Cinema의 대표적 장르가 될 수 있음을 강조한다. 이 장르는 AI와 웹 다큐멘터리, 데스크톱 다큐멘터리가 존재할 수 있는 환경이 동일하기 때문이다. 컴퓨터와 빅데이터, 인터넷 통신망을 기반으로 창작되는 웹 다큐멘터리와 데스크톱 다큐멘터리는 AI가 큐레이션하여 창작할 수 있는 최적의 조건을 갖추고 있다. 이 연구는 AI 시네마의 출현이 멀지 않은 상황에서 영화 및 영상 콘텐츠 산업에서 진행 중인 혁신적인 변화를 이해하는 데 도움을 줄 것이다.

전병원(2021)
AI 영화영상콘텐츠를 위한 AI 예술창작 사례연구, 〈문화기술의 융합〉, 7(2), 85–95쪽

#생성형 AI
생성형 AI는 주어진 데이터를 학습해 새로운 텍스트, 이미지, 음악, 영상 등을 자동으로 생성하는 인공지능 기술이다. 이 기술은 패턴을 인식하고 학습하여 새롭고 다양한 종류의 콘텐츠를 생성하는 데 활용된다. 창작·교육·산업 전반에서 활용도가 높아서 창의성과 자동화를 동시에 실현하는 기술로 주목받고 있다.

#AI 콜라보레이션형 창작(Collaborative Creation with AI)
인간 창작자와 AI가 상호 작용하며 공동으로 콘텐츠를 창작하는 방식이다. AI는 데이터를 기반으로 다양한 창작 제안을 하고, 인간은 이를 선별·조정하여 최종 예술 결과물로 발전시킨다. 특히 영상예술 분야에서 AI는 시각적 아이디어의 생성자이자 조형의 실험자로 기능하며, 인간은 미학적 판단을 통해 의미를 부여한다.

생성형 AI 서비스 현황과 미래 톺아보기

생성형 AI_{Generative AI}는 주어진 데이터를 기반으로 새로운 데이터를 생성하는 인공지능 기술이다. 이 기술은 패턴을 인식하고 학습하여, 기존 데이터와 유사한 새로운 텍스트, 이미지, 음악, 동영상 등 다양한 형태의 데이터를 생성하는 데 활용된다. 머신러닝, 특히 딥러닝 기술을 통해 기존 데이터에서 학습한 특징을 바탕으로 새로운 데이터를 생성하며, 확률 모델을 사용하여 예측하고 판단하는 과정을 통해 입력 데이터의 분포를 모델링한다.

생성형 AI 개념과 발전 상황

대표적인 생성형 AI 모델로는 생성적 적대 신경망GANs, Generative Adversarial Networks, 변분 오토인코더VAE, Variational Autoencoder, 트랜스포머Transformer 모델 등이 있다. 초기의 오토인코더에서 시작한 생성형 AI는 GANs와 트랜스포머 모델의 발전으로 주목받았다.

GANs는 생성자Generator와 판별자Discriminator의 2개 인공지능이 서로 경쟁하면서 새로운 이미지를 만들어내는 기술이다. 생성자는 무언가를 만들어내는 역할을 하고 판별자는 진짜와 가짜를 구별하는 역할을 한다.

생성자는 판별자를 속이기 위해 점점 더 진짜 같은 이미지를 만들려고 노력하고 판별자는 속지 않기 위해 점점 더 정확하게 진짜와 가짜를 구별하려고 하는 원리이다. GANs는 2014년에 이안 굿펠로우Ian Goodfellow라는 연구자가 개발했는데 예술가, 영화 제작자, 게임 개발자들의 창작에 큰 도움을 주고 있다.

구글이 2017년에 개발하여 발전시키고 있는 트랜스포머Transformer 모델은 자연어 처리 분야에서 큰 진전을 이루어 텍스트 생성, 번역, 대화 생성 등에 널리 활용되고 있다. 사람이 쓰는 언어를 이해하고, 번역하거나 요약하거나, 새로운 문장을 만드는 일을 도와준다. 트랜스포머는 문장을 한 번에 읽을 수 있으며 문장의 모든 단어가 서로 어떻게 관련되어 있는지 한 번에 파악할 수 있다는 장점이 있다.

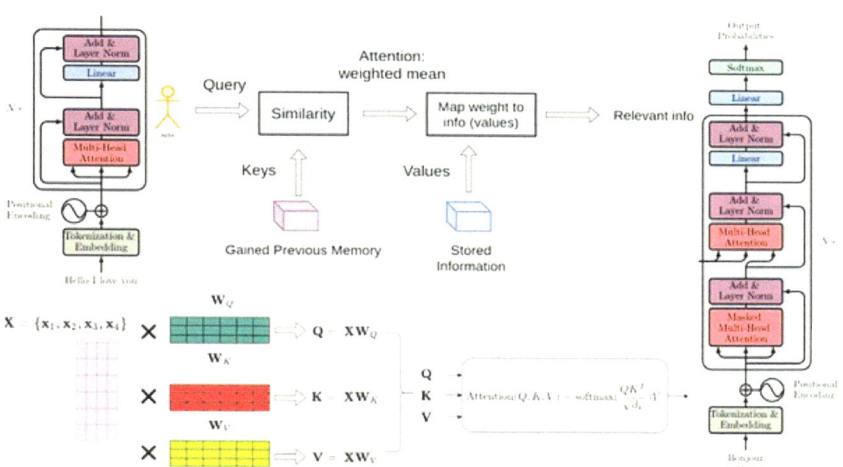

자연어 처리 분야에서 큰 진전을 이루어 텍스트 생성, 번역, 대화 생성 등에 널리 활용되고 있는 트랜스포머 모델(이미지 : Medium)

임광혁의 「생성형 AI 서비스 현황과 미래에 대한 연구」

임광혁의 논문은 생성형 인공지능Generative AI의 현재 상태와 전망을 분석하고 있다. 이 연구는 생성형 AI의 최근 현황에 대해 언어 모델 발전, 음성 합성 및 인식, 멀티모달 생성, 확산 모델, 상용서비스 사례, 프로젝트 기획 및 비즈니스 프로세스, 자료 수집 및 요약, 자료 정리 및 정제, 콘텐츠 생성 등을 구분하여 다음과 같이 설명한다.

생성형 AI는 최근 급속히 발전하여 자연어 처리, 이미지 생성, 음성 합성 및 인식, 멀티모달 생성 등 다양한 분야에서 혁신을 주도하고 있다. 주요 기술로는 언어 모델, GAN, 확산 모델 등이 있으며, 이들은 각각 텍스트 생성, 이미지 생성, 음성 합성 등에 활용된다. 언어 모델에서는 OpenAI의 GPT-3가 대표적이며, 1750억여 개의 매개변수를 바탕으로 다양한 자연어 처리 작업을 수행한다. 이미지 생성에서는 GAN과 확산 모델이 주목받고 있으며, 특히 스타일갠StyleGAN과 DDPM 같은 모델들이 현실적이고 고해상도의 이미지를 생성한다. 음성 합성에서는 웨이브넷WaveNet과 타코트론 2Tacotron 2가 자연스러운 음성 생성을 담당하며, 음성 인식에서는 트랜스포머 기반 모델이 뛰어난 성능을 보인다.

멀티모달 생성 기술은 텍스트, 이미지, 음성 등을 결합하여 새로운 콘텐츠를 생성하는데, DALL-E와 CLIP 모델이 그 예이다. 이러한 기술들은 게임, 영화, 교육 등 다양한 분야에서 활용되고 있다.

상용 서비스 사례로는 프로젝트 기획 및 비즈니스 프로세스에서 윔지컬 Whimsical, 자료 수집 및 요약에서 릴리스 AILilys AI, 자료 정리 및 정제에서 OpenAI의 챗GPT, 콘텐츠 생성에서 미드저니Midjourney, 감마Gamma, 하이젠 HeyGen, 그리고 음성 변환 및 합성에서 일레븐랩스Elevenlabs가 있다. 이들 서비스는 각각 아이디어 시각화, 텍스트 요약, 자연스러운 대화 생성, 이미지 생성, 문서 및 프레젠테이션 작성, 영상 생성 및 편집, 그리고 음성 합성 등의 기능을 제공하며, 다양한 응용 분야에서 생산성과 효율성을 높이고 있다.

더불어 임광혁은 생성형 AI는 다양한 가능성을 지니지만, 여러 기술적 과제와 한계가 있다면서 다음과 같이 설명한다.

첫째, 데이터 편향과 공정성 문제로 인해 모델에 불공정한 편향이 반영될 수 있었고, 공정한 데이터셋 구성 및 편향 감지와 수정 알고리즘이 필요하다.

둘째, 대규모 모델의 자원 문제로, 효율적 모델 설계와 모델 압축, 지식 증류, 분산 훈련 기법 등이 필요하다.

셋째, 생성된 콘텐츠의 품질과 통제 문제로, 일관성과 품질 유지, 특정 속성이나 스타일 반영을 위한 제어 방법이 요구된다.

넷째, 윤리적 문제와 오용 가능성에 대한 정책과 규제가 필요하며, 콘텐츠 출처 검증 및 불법 사용 감지 시스템이 개발되고 있다.

마지막으로, 모델의 투명성과 해석 가능성 문제를 해결하기 위해 '설명 가능한 인공지능'XAI, Explainable AI 기술 등이 연구되고 있다.

임광혁(2024)
생성형 AI 서비스 현황과 미래, 〈한국콘텐츠학회지〉, 22(1), 13-20쪽

#멀티모달 생성 기술(Multimodal Generation Technology)
멀티모달 생성 기술은 텍스트, 이미지, 음성 등 서로 다른 유형(모달리티)의 데이터를 통합적으로 이해하고 이를 활용해 새로운 콘텐츠를 생성하는 AI 기술이다. 각 모달리티의 특성을 결합해 의미와 맥락을 파악하며 창의적이고 자연스러운 콘텐츠 제작을 가능하게 한다.

생성형 인공지능과 창작 저작권의
불안하고도 달콤한 동거

문화와 예술 분야에 생성형 인공지능 기술이 깊숙이 스며들면서, 저작권 문제가 더욱 중요해지고 있다. 생성형 인공지능 활용이 점점 확대되면서 창작 과정, 법적 보호, 경제적 가치, 윤리적 고려사항 등 다양한 측면에서 중대한 영향을 미치고 있다. 최근 인공지능 기술의 발전은 다양한 산업 분야에서 혁신을 가져오고 있지만, 저작권 문제를 둘러싼 법적 논란도 함께 일으키고 있다는 뜻이다.

창작 과정과 작품의 법적 보호의 필요성

생성형 AI는 예술가들이 새로운 아이디어를 생성하고, 창작 과정을 지원하는 도구로 널리 사용되고 있다. 예술가들은 AI를 활용하여 음악, 미술, 디자인 등 다양한 예술 작품을 창작하며, 이는 전통적인 예술 창작 방식을 혁신하고 있다. 하지만 이 과정에서 발생하는 저작권 문제는 복잡하다. AI가 생성한 작품이 기존 저작물을 학습 데이터로 사용하여 창작된 경우, 저작권 침해 가능성이 제기된다. 이로 인해 공정이용 여부와 AI 생성물의 저작권 인정 문제에 대한 법적 논의가 필요하다.

생성형 AI는 방대한 데이터를 학습하여 새로운 예술 작품을 생성한다. 이 과정에서 AI가 사용하는 데이터는 기존 저작물일 수 있으며, 이로 인해 저작권 침해 문제가 발생할 수 있다. AI가 생성한 콘텐츠가 기존 저작물의 무단 복제나 변형으로 간주될 경우, 법적 분쟁이 발생한다. 인공지능이든 인간 창작자든 콘텐츠 창작 과정에서의 저작권 보호는 매우 중요하다.

AI가 생성한 작품이 저작권법에 의해 보호받을 수 있는지에 대한 논의도 필요하다. 현재 대부분의 저작권법은 인간 저작자에 의해 창작된 작품만을 보호 대상으로 하고 있다. AI 생성물에 대한 저작권 인정 여부는 법적 책임과 권리 보호의 문제를 해결하는 데 중요한 역할을 한다. 예술가와 개발자는 이러한 법적 기준을 이해하고, 자신들의 권리를 보호할 수 있는 전략을 마련해야 한다.

또한, 생성형 AI 사용은 윤리적 문제를 제기한다. AI 생성 작품이 기존 예술가들의 창작물을 무단으로 활용한 결과라면, 이는 창작자의 창의성과 노력을 존중하지 않는 행위로 간주된다. 윤리적 관점에서 저작권 문제의 이해와 AI 사용 지침 마련은 공정한 창작 환경을 위해 필수적이다.

예술가들은 AI를 활용하여 음악, 미술, 디자인 등 다양한 작품을 창작하며, 전통적인 예술 창작 방식을 혁신하고 있지만, 이 과정에서 발생하는 저작권 문제는 복잡하다.(이미지 : Hadikarimi)

경제적 가치 보호와 글로벌 환경에 대한 고려

예술 작품은 창작자의 경제적 자산으로 간주된다. 생성형 AI가 생산한 콘텐츠가 저작권 침해로 인해 법적 분쟁에 휘말리게 되면, 이는 창작자와 기업의 경제적 손실로 이어질 수 있다. 저작권 이슈를 이해하고 적절한 보호 조치를 취함으로써, 창작자는 자신의 작품이 공정하게 사용되고 경제적 가치를 유지할 수 있다.

문화예술은 국경을 초월한 활동이다. 생성형 AI와 관련된 저작권 문제는 국제적 영향을 미칠 수 있다. 각국의 저작권법이 다를 수 있기 때문에, 국제적 저작권 기준과 조화를 이루는 것이 중요하다. 글로벌 차원에서 저작권 이

시각예술 작품의 여러 사례들은 예술작품이 지닌 창작의 고유성과 다양성, 경제적 자산으로서의 속성을 보여준다.(이미지 : Wikipedia)

슈를 이해하고 대응하는 능력은 문화예술 분야에서의 생성형 AI 활용을 촉진하고, 국제적 분쟁을 예방하는 데 도움이 된다.

해외에서 발생한 생성형 AI와 관련된 저작권 분쟁 사례는 중요한 교훈을 제공한다. 이러한 사례들은 법적 쟁점과 해결 방안을 이해하는 데 도움을 주며, 국내에서 유사한 문제가 발생할 경우를 대비할 수 있는 전략을 마련하는 데 유용하다.

구창훈의「생성형 AI와 저작권 이슈」

구창훈의 논문「생성형 AI와 저작권 이슈」는 생성형 AI가 인터넷상의 데이터를 학습하는 과정에서 저작권 침해 문제를 야기할 수 있다고 강조한다. 관련하여 공정이용 인정 여부, TDM텍스트 및 데이터마이닝, Text and Data Mining 면책규정 도입 여부, 사적 계약을 통한 해결에 대한 검토가 필요하다는 점을 분석하며 그 법적 및 사회적 해결 방안을 모색한다.

구창훈은 최근 인공지능 기술의 발전이 다양한 산업 분야에서 혁신을 가져오고 있지만, 저작권 문제를 둘러싼 법적 논란도 함께 일으키고 있다는 관점에서 생성형 AI와 저작권 이슈를 네 가지로 구분하여 설명한다.

첫째, 생성형 AI 학습과정에서의 저작권 침해 문제 이슈이다. 생성형 AI는 많은 데이터를 학습하여 새로운 콘텐츠를 생성하지만, 저작권이 있는 자료를 사용하면 저작권 침해 문제가 발생할 수 있다. 생성형 AI의 학습 데이터 사용이 공정이용Fair Use으로 인정될 수 있는지에 대한 논의가 필요하다는 것이다.

둘째, 생성형 AI 생성물의 저작권법상 저작물로서 보호 가능 여부 이슈이다. 이 연구는 AI가 생성한 콘텐츠가 저작권법상 저작물로 인정될 수 있는지에 대한 논의의 중요성도 강조한다. AI 생성물에 대한 저작권 인정 여부와 관련한 법적 기준을 재검토하고, AI 생성물이 법적 보호를 받을 수 있는 방법을 모색한다. AI 생성물 자체는 저작물성Copyrightability, 창작물이 저작물로 인정받을 수 있는 성질이 부인되어 저작권 등록이 거부되기 쉽다. 또한 AI 생성물을 자신의 이름으로 등록하면 형사처벌을 받을 수 있다. AI 생성물을 활용한 2차 저작물은 저작물로 인정될 수 있지만, 공개할 법적 의무는 없다. 다만, 입법적으로 AI 생성 부분의 투명한 공개가 필요하다는 것이다.

셋째, 생성형 AI의 생성물이 학습에 참고한 저작물의 저작권 침해 여부 이슈이다. AI 생성물이 타인의 저작권을 침해할 가능성에 대해 구창훈은 학습 과정과 별개로 다뤄야 한다고 설명한다. 저작권법에 따라 의거성依據性과 실질적 유사성을 판단해야 하며, 학습 데이터로 사용된 저작물이 확인되면 의거성이 인정된다고 본다. 생성형 AI의 특성상, 생성물을 사용하는 제3자뿐만 아니라 이를 활용한 2차 저작물 창작자도 저작권 침해 책임이 발생할 수 있어 신중한 검토가 필요하다고 설명한다.

넷째, 생성형 AI의 저작권 문제의 기술적 요소에서도 발생하는 저작권 침해 이슈이다. 소프트웨어 소스 코드나 모델 가중치 파일 등은 원저작자의 권리와는 별개로, 서로 다른 AI 시스템이 동일하거나 유사한 기능을 구현할 경우 저작권 분쟁이 생길 수 있다. 최근 학계는 연구 재현을 위해 프로그램을 공개하는 추세지만, 상업용 시스템은 구성 요소를 비공개하거나 제한된 라이선스 조건에서만 활용을 허용한다. 따라서 공개되지 않은 시스템 간에 실질적 유사성이 확인되면 법적 분쟁 가능성이 높아진다.

구창훈의 연구에 따르면 생성형 AI의 발전은 문화예술 분야에 혁신을 가져왔지만, 저작권 문제도 심화되고 있다. AI는 기존 저작물을 학습해 새로운 콘텐츠를 생성하며, 이는 저작권 침해 가능성을 내포하기 때문이다. AI와 인간 창작자 간의 협업에서 발생하는 저작권 문제를 해결하기 위해서는 공정이용 인정, AI 생성물의 저작권 인정 여부, 법적 기준의 명확화, 경제적·윤리적 고려가 필수적이며, 국제적 기준 마련도 요구된다.

이 연구는 AI 학습과 생성물의 저작권 침해, 법적 보호 가능성, 책임 문제, 기술적 요소에서의 저작권 침해 가능성 등의 핵심 쟁점을 제시하며 해결책 마련의 필요성을 강조한다.

구창훈(2023)
생성형 AI와 저작권 이슈, 〈방송문화〉, 2023년 겨울호, 30-43쪽

#생성형 AI 저작권

생성형 AI 저작권은 인공지능이 만든 텍스트, 이미지, 음악 등의 창작물에 대한 저작권 보호 여부와 권리 귀속 문제를 다룬다. 전통적 저작권은 인간 창작에만 적용되지만, AI의 창작은 기존 법체계와 충돌한다. 따라서 프롬프트 작성자, 개발자 등 인간의 개입 정도에 따라 권리 인정 여부와 보호 기준 설정에 대한 논의가 진행 중이다.

#학습 데이터 저작권

생성형 AI는 대규모 학습 데이터를 기반으로 작동하는데, 이 데이터가 타인의 저작물을 포함하고 있을 경우 저작권 침해 소지가 있다. 특히 무단으로 이미지, 텍스트 등을 수집·학습하는 경우, 원 저작권자의 권리를 침해할 수 있어 법적 분쟁이 발생한다. 학습단계에서의 저작권 적용 범위를 둘러싼 법리적 쟁점이 점점 중요해지고 있다.

생성형 인공지능 기술이 출판에 끼치는 영향

프롬프트 엔지니어링은 인간과 인공지능의 커뮤니케이션 활동이다. 전문적인 프로그래밍 능력이 없이도 컴퓨터와 인간의 협업이 가능해졌다는 점에서 모든 산업 분야에 큰 영향을 끼치고 있다. 생성형 AI는 텍스트, 이미지, 음악, 영상 등 다양한 미디어 창작에서만이 아니라 카피라이팅과 마케팅, 고객지원과 사업 기획 등에 다양하게 활용되면서 다양한 산업이 인공지능 기술 기반의 융합된 새로운 콘텐츠 생태계를 형성하고 있다.

인간과 인공지능의 커뮤니케이션 활동

생성형 AI와 사용자의 상호작용을 위한 커뮤니케이션의 미디엄Medium이 텍스트뿐만 아니라 코드, 목소리, 이미지, 음악, 영상, 동작 등으로 매우 다양화되어가고 있는 중이다. 인공지능에게 수행해야 하는 작업을 설명하기 위해 작성하는 자연어 텍스트가 프롬프트Prompt인데, 사용자와 인공지능의 대화 방식이라고 할 수 있다. 인공지능과의 대화 수준, 즉 프롬프트 엔지니어링 작업을 어떻게 진행하는가 하는 것이 생성된 결과물의 수준을 결정한다.

그동안 전통적 출판의 과정과 활동은 사람만이 가능한 별도 영역의 활동으로 생각되었다. 하지만 생성형 AI가 확산되면서 인공지능을 활용한 저술 활동과 콘텐츠 생성, 자동화 과정 개발, 인공지능에 기반한 수요예측과 독서 경험 활동 등의 다양한 사례들이 등장하고 있다. 저자와 출판사의 기획과 집필, 제작과 마케팅, 수용자로서의 독자의 활동 등 출판의 가치 네트워크Value Network 전체가 인공지능 기술의 영향을 받고 있다고 할 수 있다.

이승환의 「생성형 AI가 출판 환경에 미치는 영향에 관한 연구」

이승환의 논문에 따르면, 생성형 AI가 출판 환경에 미치는 영향이 심대하다. 이 연구는 출판 프로세스와 원고 글쓰기에 미치는 AI의 영향력을 중심으로 진행되었으며, 그 결과는 출판계의 미래를 새롭게 그려볼 수 있게 한다.

이 논문은 생성형 AI가 기존의 출판 프로세스를 어떻게 대체하거나 효율을 높일 수 있는지를 첫번째 연구 문제로 삼았다. 생성형 AI는 책 제작 과정의 여러 단계를 혁신적으로 변화시키고 있다. 예를 들어, 마케팅 플랜 수립, 이미지 및 동영상 제작, 오디오 콘텐츠 생성 등의 과정에서 생성형 AI가 중요한 역할을 하고 있다. 이러한 기술은 시간과 비용을 획기적으로 절감하여 출판사의 효율성을 크게 향상시킨다.

이 연구는 챗GPT가 이미 여러 출판사에서 마케팅 기획, 홍보 문구 작성 등에서 활용되고 있는 사례를 들고 있다. 뤼튼 에디터Wrtn Editor는 한국의 뤼튼 테크놀로지에서 개발한 인공지능 기반의 글쓰기 보조 도구이다. 이 에디터는 사용자가 글을 작성하는 과정에서 AI가 문맥을 파악하고 자동으로 내용을 완성해준다. 주로 이메일 작성, 보고서 작성 등의 업무에 사용되고 있는데, 출판사 내부 사무 자동화에도 큰 도움이 되고 있다고 설명한다.

원고 글쓰기 변혁의 유형 구분

두번째 연구 문제는 챗GPT가 책 콘텐츠 제작을 어떻게 변화시키는지에 대한 것이다. 생성형 AI는 다양한 방식의 글쓰기에 실험되고 있으며, 이로 인해 저자의 역할과 글쓰기 방식이 변화하여 기획형, 문답형, 콜라보레이션형, 혼합 콘텐츠형 등 다양한 글쓰기 방식으로 활용되고 있는 것으로 분석되었다.

『챗GPT가 추천하는 술과 안주의 페어링』영진닷컴, 2023은 술과 안주를 페어링하는 방법을 제안한 책으로 챗GPT가 단독 저자이다.『챗GPT 영어명언 필사 200』마이클리시, 2023은 챗GPT가 추천한 유명 인사들의 문장을 모은 책으로, 챗GPT와 인간 기획자가 공동 저자이다. 기획형 글쓰기의 사례들이다.

『ChatGPT가 직접 쓴 챗GPT 입문』앤써북, 2023은 인공지능의 개요, 작동 방식, 윤리적 문제 등에 대해 챗GPT가 질문에 답하는 형식으로 구성된 책이다. 『매니페스토』네어북스, 2023는 소설가와 챗GPT가 협업하여 완성한 소설집이다. 작가들이 각각 챗GPT와의 대화를 통해 얻은 내용을 바탕으로 소설을 완성하는 과정을 상세히 공개하고 있다.『생성 예술의 시대: 챗GPT가 말하고

이미 인공지능이 저자로 활동하여 책으로 출판된 사례들이 다수 등장하고 있다.

DALL-E가 그리는, 인공지능 시대의 예술」동아시아, 2023은 인간 저자가 글을 쓰고, AI가 이미지를 생성하여 만든 책이다.

이 연구에 따르면 생성형 AI가 출판 환경에 미치는 영향이 심대하다. 생성형 AI는 이미 기획형, 문답형, 콜라보레이션형, 혼합 콘텐츠형 글쓰기의 다양한 스펙트럼으로 활발하게 활용되고 있는 것으로 나타났다. 생성형 AI의 발전과 확산은 출판에 새로운 기회이자 도전을 안겨주고 있다. 이 논문은 출판 프로세스와 원고 글쓰기에 미치는 AI의 영향력을 중심으로 출판 업계에 미치는 영향을 종합적으로 분석하여, 출판의 미래 대비를 분석한다.

이승환(2023)
생성형 AI가 출판 환경에 미치는 영향에 관한 연구, 〈한국출판학연구〉, 49(2), 83–109쪽

#프롬프트(Prompt)
프롬프트란 생성형 AI에게 수행할 작업을 지시하기 위해 사용자가 작성하는 자연어 텍스트를 의미한다. 프롬프트는 텍스트, 코드, 목소리, 이미지, 음악, 영상 등 다양한 형식의 입력을 포함할 수 있으며, AI가 어떤 결과물을 생성할지를 결정하는 핵심 요소다. 프롬프트의 구성 방식과 정교함에 따라 생성 결과의 품질과 방향이 크게 달라진다.

#출판 산업의 디지털 전환
종이책이 전자책으로 바뀌는 변화를 넘어, 콘텐츠 기획·제작·유통·소비 전 과정이 디지털 환경에 맞게 재편되는 흐름이다. 전자책, 웹소설, 오디오북 같은 새로운 형식의 콘텐츠는 물론, 온라인 기반 유통 플랫폼과 소셜 미디어 마케팅의 확산이 이 변화를 주도하고 있다. 특히 생성형 AI의 도입은 편집, 번역, 표지 디자인, 마케팅 문구 작성 등 다양한 업무를 자동화해, 출판의 효율성과 개인 맞춤형 콘텐츠 생산을 크게 높이고 있다.

인공지능이 문화예술에 미치는 영향, 네 가지 인식 유형 연구

예술 창작은 인간의 고유한 영역인가? 인공지능은 창작행위의 조력자를 넘어서 창작물의 가치가 인정되고 창작의 주체로서 예술 영역을 확장하고 있다. 문화예술 연구자들에게는 곤혹스러운 질문이겠지만, 이미 진행되고 있는 현실이다. 문화예술 현장에서는 이미 다양하고 광범하게 생성형 인공지능 같은 기술을 활용하고 있기 때문이다. 어쩌면 인공지능과 문화예술이 주고받는 영향은 아직 시작 단계일지도 모른다. 더 크고 긴 변화가 우리 앞에 기다리고 있을 수 있다. 그런 의미에서 인공지능과 문화예술에 대한 분석 작업은 중요한 미래 연구 영역에 속한다.

매우 어려운 질문, 인공지능과 문화예술의 미래

미래연구방법Futures Research Methods은 사회과학에서 사용되는데 미래에 일어날 수 있는 다양한 가능성을 탐구 예측하는 방법론이다. 미래 연구는 매우 흥미로우면서도 고단한 작업이다. 미래연구방법은 현재의 상황과 데이터를 바탕으로 미래의 시나리오를 만들고 이를 통해 준비를 위한 다양한 방안을 모색하는 데 의미를 둔다.

구체적 방법에서는 현장 전문가들과 심층면접과 집단심층면접FGI을 하는 방법도 사용되곤 한다. 확실한 예측보다는 가능성을 탐구하고, 다양한 시나리오를 제시하는 데 목적이 있다. 이 작업에서 중요한 것은 급변하는 기술 환경과 사회적 변화 속에서 미래를 예측하며 중요 의사결정을 돕는 결론을 얻어내는 과정이다.

미래연구방법은 현재의 상황과 데이터를 바탕으로 미래의 시나리오를 만들고 이를 통해 준비를 위한 다양한 방안을 모색하는 데 의미를 둔다.(이미지 : Freepik)

인공지능 기술과 문화예술의 융합은 현재진행형

스탠포드대학에서 2021년 발표한 AI백서에 따르면 인공지능은 이미지 구분, 안면 인식, 영상 분야에서 급성장하고 있다. 빅데이터의 발전으로 엄청난 양의 미술과 음악 데이터를 확보하게 되고 인공신경망 기술 발전에 힘입어 인공지능은 다양한 문화예술 영역에서 활용되고 있다. 대표적인 사례가 챗GPT와 미드저니MidJourney 같은 생성형 인공지능들이다.

그렇다면 문화예술이란 무엇인가? 문화Culture는 사회 구성원에 의해 공유되는 지식, 신념, 행위의 총체로서 도구 사용과 더불어 인류의 고유한 특성으로 간주된다. 문화를 구성하는 요소로는 언어, 관념, 신앙, 예술, 도덕, 법률, 관습 등 인간이 사회 구성원으로서 획득한 능력이나 습관 등을 들 수 있다.

예술은 또 다른 이야기이다. 예술은 인간의 감정, 생각, 상상력을 시각적, 청각적, 언어적 미디어를 통해 창조적이고 표현적으로 나타내는 활동이다. 예술의 형태는 매우 다양하다. 회화는 색과 형태로 감정을 표현하고, 조각은 공간을 활용해 이야기를 전한다. 음악은 소리로 마음을 움직이고, 문학은 글자로 세계를 그려낸다. 연극과 무용은 몸짓과 목소리로 감정을 전달하고, 영화는 시각과 청각의 융합으로 현대 사회의 이야기를 담아낸다. 건축 또한 공간을 통해 인간의 창의성과 기능성을 표현한다.

2022년 9월 문화예술진흥법에서는 문화예술에 대하여 문학, 미술, 음악, 무용, 연극, 영화, 연예, 국악, 사진, 건축, 어문, 출판, 만화, 게임, 애니메이션 및 뮤지컬 등 지적, 정신적, 심미적 감상과 의미의 소통을 목적으로 개인이나 집단이 자신 또는 타인의 인상印象, 견문, 경험 등을 바탕으로 수행한 창의적 표현활동과 그 결과물이라고 정의한다.

인공지능이 만든 이 작품은 고전 명화와 현대적 상징이 한 화면에 어우러져 있다. 인간의 상상력과 기계의 계산이 만나 빚어낸 예술적 풍경을 보여준다.(이미지 : Reface)

AI 기술이 문화예술에 미치는 영향에 대한 인식 유형

고정민과 박미연의 논문, 「인공지능 기술이 문화예술에 미치는 영향에 대한 인식 유형 연구」는 인공지능 기술이 문화예술 분야에 미치는 영향을 심층적으로 분석하고 그에 대한 다양한 인식을 유형별로 조사하였다. 이번 연구는 문화예술 전문가, 관련 종사자, 일반 대중을 대상으로 인공지능이 예술 창작, 감상, 교육 등에 미치는 영향을 다각도로 탐구하였다.

이 연구는 34명을 대상으로 하는 전문가 심층면접을 통해 인식 유형을 4가지로 분류하였다. 첫번째는 인공지능을 예술창작의 도구로 인식하는 유형이다. 창의성에 기반한 예술 창작은 인간 고유의 능력이며 인공지능은 창작에 도움을 주는 도구 정도로 인식한다.

둘째, 인공지능을 인간의 창작 행위의 조력자로 인식하는 유형이다. 인공지능의 창작 능력을 인정하되, 창작자에게 영감을 불어넣고 예술의 영역이 확장될 수 있는 데 도움을 주는 조력자라는 의미이다.

셋째, 인간 세계에서 유통될 때 인공지능 창작물의 예술적 가치를 인정하는 유형이다. 인공지능의 창작물이 예술적 가치를 지니며 예술시장에서 예술로 인정될 수 있으며 인공지능이 창작의 주체가 될 수 있음을 인정한다.

넷째, 인공지능은 창작의 주체이며 예술 영역 확장을 이루었다고 인식하는 유형이다. 인공지능의 창작물은 예술의 개념을 확장하고 예술의 발전에 일조한다고 인식한다.

인공지능과 문화예술의 융합은 현재진행형으로, 생성형 AI 등 첨단 기술은 예술 창작과 감상, 교육에 다양한 영향을 미치고 있다. 이에 대한 분석은 미래연구방법을 통해 다양한 가능성을 예측하고 대안을 모색하는 데 초점이 있다. 이 연구는 인공지능에 대한 인식을 네 가지 유형으로 분류했으며, AI를 단순 도구부터 예술 창작의 주체로 보는 관점까지 다양하다. 인공지능 기술이 문화예술 분야에 미치는 다양한 영향을 체계적으로 분석함으로써, 미래의 문화예술 생태계를 이해하게 도와주며 AI 시대의 예술 개념과 문화 생태계 변화에 중요한 통찰을 제공한다.

고정민, 박미연(2022)
인공지능 기술이 문화예술에 미치는 영향에 대한 인식 유형 연구
〈한국콘텐츠학회논문지〉, 23(6), 248-259쪽

#문화예술(Cultural Arts)
문화예술은 사회 구성원이 공유하는 지식·신념·행동양식 등의 총체인 '문화'와 인간 감정과 상상력을 창의적으로 표현하는 '예술'을 아우르는 개념이며 인간의 삶을 반영하고 공동체의 정체성과 감성을 형성하는 핵심 요소로 작용한다. 문화는 언어·신앙·관습·법률 등 인간이 사회 속에서 형성한 삶의 방식이며, 예술은 회화·조각·음악·문학·연극·영화·건축 등 다양한 미디어를 통해 인간 내면과 세계를 표현하는 활동이다.

#창작 주제 전환
인공지능 기술의 발전에 따라 예술 창작에서 인간만이 유일한 주체로 여겨지던 전통적 개념이 변화하는 현상을 뜻한다. AI는 보조도구를 넘어 음악, 미술, 문학 등에서 창작물의 직접적인 생산자 혹은 공동 창작자로 기능한다. 인간은 창작의 전 과정을 지휘하는 주체라기보다, 아이디어 제공자·편집자·큐레이터로서 역할이 재정의된다. 따라서 창작물에서 저자의 개성과 독창성을 드러내는 성질인 창작의 '저자성'(Authorship)이나 '원작자' 개념도 다시 논의되며, 문화예술계는 새로운 법적·윤리적 기준 정립의 필요성에 직면하고 있다.

기술과 예술의 만남, 생성형 AI 영상 제작 사례 분석

콘텐츠 생태계에 다양한 직군과 비즈니스가 인공지능의 영향으로 진화하고 있다. 영상 제작에서도 AI의 가능성은 크지만, 여전히 다양한 한계와 문제점이 있다. AI는 데이터 학습을 통해 깜짝 놀랄 만한 결과물을 만들어내지만, 인물이나 캐릭터의 일관성 유지나 세부 조정에 한계가 있기 때문이다. 그럼에도 불구하고 막대한 작업시간을 소요하는 영상제작에서 인공지능 활용에 거는 기대는 매우 높다고 할 수 있다.

AI 기반 영상 제작의 새로운 패러다임

텍스트만으로 '짧은 시간에 높은 품질의 결과물을 생성할 수 있다'는 점이 생성형 AI의 활용도를 더욱 높이고 있다. 이미지 제작에서는 텍스트에서 이미지를 생성하는 방식Text to Image을 사용하며, 입력된 데이터의 구성에 따라 결과물 스타일이 달라지고 데이터 양은 결과물의 정확성에 영향을 미친다.

영상 제작은 여러 요소를 동시에 생성해야 하므로 사진이나 글과 같은 단일 콘텐츠 생성보다 개발이 어려워 기술이 초기 단계에 있다. 최근 관심을 받는 영상 생성형 AI로는 런웨이 엠엘Runway ML, 메타 메이크 어 비디오Meta Make-A-Video, 구글 이매진 비디오Google Imagen Video, 신세시아Synthesia, 딥브레인 에이아이DeepBrain AI 등이 있다.

이러한 AI들은 사실적인 움직임보다는 여러 이미지를 연결해 사용자 선호에 맞춘 장면을 제작하는 수준을 넘어서고 있다. 런웨이 엠엘의 최신 버전인 GEN-2 플랫폼은 텍스트나 이미지를 영상으로 변환하고 오디오 수정, 립싱크 등의 기능을 통해 3D 및 모션 캡처 기반의 안정적인 움직임을 구현한다.

음악 분야에서 포스텍의 '사운드 투 신'Sound2Scene 기술은 '새가 지저귀는 소리'로 새들이 나뭇가지에 앉아 있는 영상을 만들어낸다. 소리를 시각적 이미지로 변환시키는 것이다. AI는 가사 작성, 코드 설정, 악기 추가 등 음악 제작의 전 과정을 지원하는데, 타린 서던Taryn Southern의 앨범 〈I AM AI〉가 대표적인 예이다. AI 작곡 프로그램인 앰퍼뮤직Amper Music과 사운드로우Soundraw는 분위기에 맞춘 음악을 제작하며, 작업의 효율성을 높여준다.

장운초의 「생성형 AI를 활용한 영상 콘텐츠 제작 과정 연구」

장운초의 논문은 이 기술의 가능성과 한계를 심층적으로 분석하며, 창작자와 AI의 협력 가능성을 탐구한다.

런웨이 엠엘은 크리에이티브 AI 플랫폼으로 광고 및 마케팅 영상 제작, 소셜 미디어 콘텐츠 제작, 영화 및 게임의 프로토타입 영상 제작에 자주 활용된다.(이미지 : Runway ML)

이 연구는 넷플릭스 애니메이션 〈개와 소년〉, AI 애니메이션 〈가위바위보〉, 그리고 화제의 광고 〈발렌시아가의 해리포터〉 등 세 가지 사례를 통해 AI의 구체적 활용을 보여준다. 각 사례는 제작 시간 단축, 비용 절감, 창의적 표현 확대 등 AI의 장점을 부각하는 동시에, 캐릭터의 일관성 유지와 세부 조정의 어려움 같은 문제점을 제기한다.

연구자는 AI가 창작 보조 도구로서 큰 잠재력을 가지고 있다고 평가하며, 미드저니MidJourney의 시드Seed 번호 활용 등을 통해 일관성을 확보하는 방법을 제안한다. 더불어 AI 기술이 창작의 효율성과 혁신을 가능케 하지만, 윤리적 문제와 기술적 한계를 해결하며 창작자의 고유성을 반영하는 노력이 필요하다고 강조한다.

장운초(2024)
생성형 AI를 활용한 영상 콘텐츠 제작 과정 연구
〈커뮤니케이션디자인학연구〉, (88), 315–326쪽

#AI 기반 영상 제작
인공지능 기술을 활용하여 텍스트, 이미지, 음성 등의 데이터를 조합해 영상 콘텐츠를 자동 생성하거나 보조하는 과정이다. 프롬프트 입력을 통해 배경, 캐릭터, 음성, 동작 등을 생성하고 수정함으로써 제작 시간과 비용을 절감하고 창의성을 높일 수 있다.

인공지능과 함께 쓰는 시, 창작에서의 인간 역할

챗GPT는 시 창작 분야에서 2023년 이후 기술적·문학적으로 꾸준한 발전을 이루어 왔다. GPT-4.5, GPT-5 등 후속 버전은 표현력과 구성 능력 면에서 향상되었으며, 교육 현장에서도 시 창작 수업의 보조 도구로 활발히 활용되고 있다.

학생들은 챗GPT가 생성한 시를 분석하고 재창작하면서 언어 감각을 키우고 있으며, 일부 작가들은 챗GPT와의 공동 창작 실험을 이어가고 있다. 일반 사용자들도 역시 챗GPT가 제공하는 시적 언어의 다양성을 수용하며 새로운 창작 방식으로 받아들이는 추세다. 이러한 변화는 인공지능이 인간 창작자의 관점과 감정을 보완하는 유용한 도구로 자리잡고 있음을 보여준다.

볼프강 이저의 빈자리 이론

독일의 문학 이론가 볼프강 이저Wolfgang Iser, 1926-2007는 『독서행위』The Act of Reading, 1976에서 문학 작품 속에 '빈 자리'Leerstelle가 있다고 설명한다. 문학 작품이란 독자의 해석을 전제로 구성되는 열린 구조를 지닌다는 뜻이다. 그 핵심 개념이 바로 '빈 자리'이다.

빈 자리는 작가가 의도적으로 텍스트에 남겨둔 서술의 공백으로, 단순한 생략이 아니라 독자의 상상력과 감정, 경험이 적극적으로 개입하도록 유도하는 장치이다. 이저는 이러한 빈 자리를 통해 독자가 작품에 참여하게 되며, 이로써 텍스트는 비로소 '살아 있는 문학'으로 완성된다고 본다.

이저는 독서란 수동적으로 글을 받아들이는 행위가 아니라, 독자가 의미를 만들어가는 적극적 해석 행위라고 강조한다. 독자는 시를 읽으며 그 빈 자리를 자신의 경험과 생각으로 채우고, 자신만의 의미를 느끼게 된다. 같은 작품도 독자마다 다르게 해석되며, 문학은 독자의 상상 속에서 새롭게 완성된다.

이저는 이에 대해 '빈 자리'를 포함하고 있는 문학적 텍스트를 독자가 읽으면서 그 빈 자리를 '의미'로 채우고 심리투사의 공간으로 활용한다고 설명한다. 시인은 여백과 여운을 남기고, 독자는 이를 자신의 경험과 감정으로 채우며 작품을 완성시키는 것이다.

김민지의 「챗GPT를 활용한 시창작 방안 연구」

한편, 최근 창작자들에게는 챗GPT의 경험을 통해 '창작의 영역이 인공지능에 의해 대체될 수 있다'는 두려움이 확산되고 있다. 하지만, 김민지는 이 논문에서 이러한 두려움이 과장된 것이라고 주장한다. 독자와 작가 사이에 '빈 자리'가 존재하듯, 인공지능과 작가 사이에도 '빈 자리'가 존재하며, 인공지능과 인간이 공존하며 상호보완하는 방법을 찾을 수 있다는 것이다.

우선, 이 연구는 챗GPT를 활용한 시 창작 가능성을 논하면서도 챗GPT가 지닌 명백한 한계를 지적한다. 특히 챗GPT가 창작할 때 '관점'과 '감정'이라는 필수적인 요소가 부재하다고 강조한다. 시는 단순히 언어를 조합하는 것이 아니라 인간의 독특한 관점과 감정이 필수적으로 들어가야 하는 장르이기 때문이다. 따라서 챗GPT가 창작한 시는 완전한 창작물이 아니라 데이터 기반의 생산물에 가깝다는 것이다.

이 연구는 볼프강 이저의 이론인 빈 자리Leerstelle와 미정성未定性 개념을 적용해, 챗GPT가 만든 작품의 빈 자리를 인간 사용자가 자신의 경험과 감정으로 채워야 완성된 창작물이 된다고 주장한다. 김민지는 챗GPT를 인간의 창작을 대체할 도구가 아니라 창작의 보조 수단으로 활용할 것을 제안한다.

김민지는 챗GPT를 활용한 시詩 창작의 구체적 방안으로 두 가지 단계를 제시한다. 첫째, 명령어 조합 단계에서는 사용자가 자신만의 관점을 반영해 구체적이고 정교한 질문을 설정해야 한다. 챗GPT는 명령어에 따라 시의 내용과 스타일을 달리하기 때문에, 명확하고 관계 중심적인 명령어 설정이 시의 방향성과 깊이를 결정짓는다.

둘째, 빈 자리 채우기 단계에서는 챗GPT가 미처 담아내지 못한 감정과 서사Narrative를 사용자가 채워 넣는 것이 중요하다. 시의 정서는 독자의 상상력과 경험을 통해 비로소 완성되기에, 사용자는 작가이자 독자의 시선으로 퇴고와 수정을 거듭하며 시를 완성해 나가야 한다. 이러한 과정을 통해 챗GPT

김민지의 연구는 챗GPT가 만든 작품의 빈 자리를 인간 사용자가 자신의 경험과 감정으로 채워서 완성된 창작물이 된다고 주장한다.(이미지 : Midjourney)

는 단순한 언어 생성 도구를 넘어 창작의 동반자로 활용될 수 있다. 이러한 방식으로 창작된 작품이야말로 인간 고유의 감정과 관점이 결합한 진정한 '시'가 될 수 있다는 것이다.

이 논문은 인공지능이 창작 영역을 완전히 점유하기보다는 인간의 창작을 돕고 확장시키는 방향으로 나아갈 것을 제안하며, 챗GPT와 같은 기술을 활용한 문학 교육과 창작 활동의 가능성에 대한 새로운 시각을 제공한다.

김민지(2023)
챗GPT를 활용한 시창작 방안 연구, 〈한국문학연구〉, (72), 289–316쪽

#문학작품 속 빈 자리(Leerstelle)
볼프강 이저가 제시한 개념으로, 작가가 의도적으로 남긴 서술 공백을 뜻한다. 단순한 생략이 아니라 독자의 상상력, 해석, 감정과 경험을 적극 끌어들여 작품 속 의미를 완성하도록 유도하는 장치다. 이 빈 자리를 통해 독자가 작품에 능동적으로 참여하게 되며, 문학은 독서 행위를 통해 살아 있는 텍스트로 완성된다고 보았다.

#시 교육의 패러다임 전환
챗GPT의 도입은 시 창작 교육에도 큰 변화를 가져온다. 단순한 시 해석이나 창작의 모방을 넘어서, AI와 협업하여 창의적 결과물을 생성하는 새로운 교수학습 전략이 등장한다. 이는 학습자 스스로가 디지털 기술을 도구로 활용해 창작을 실험하고, 결과물을 분석하며 자기반영을 할 수 있게 해 준다. 이 과정에서 교사는 큐레이터와 안내자의 역할을 수행하게 된다.

소설 쓰는 로봇,
작가의 시대는 끝났는가?

글쓰기 등의 창작 작업에 챗GPT와 같은 생성형 AI 도구들이 널리 사용되고 있다. 인간과 AI의 협업으로 만들어진 작품에서 누가 저자인가에 대한 철학적·윤리적·법적 문제가 제기된다. 2024년 논문인 「80%는 나고, 20%는 AI였다 : 생성형 언어 모델과의 공동 집필에서 진정성을 추구하며」It was 80% me, 20% AI: Seeking authenticity in co-writing with LLMs에는 미국 USC와 마이크로소프트 연구진이 프로 작가 19명을 대상으로 진행한 반자동 공동 집필 실험과 인터뷰가 소개되어 있다.

인공지능과의 공동 집필에서의 진정성

이 연구에 참여한 작가들은 자신만의 글쓰기 스타일을 반영한 GPT-4와 일반 GPT-4를 사용해 짧은 이야기를 써보고, 그 경험을 바탕으로 인터뷰에 참여했다. 작가들은 글을 쓸 때 자신의 고유한 목소리와 진정성을 유지하는 것을 중요하게 생각했고, 개인화된 AI에 더 만족감을 느꼈다.

하지만 AI가 쓴 문장은 완전히 자기 글이라고 느끼기 어려워, AI를 공동 저자로 공개하는 데에는 망설임을 보였다. 이는 독자 반응에 대한 걱정도 영향을 준 것으로 보인다. 반면 독자들은 대부분 AI가 관여한 사실을 알아채지 못했고, 작가의 기술 실험에 긍정적인 태도를 보였다. 이 연구는 AI가 창작에 도움을 줄 수 있지만, 작가들은 여전히 자신의 정체성과 진정성을 지키려 한다는 점을 보여준다.

소설 제작 기계 개념과 문학 자동화의 역사

생성형 인공지능 시대, 문학은 어디로 가고 있는가? 노대원의 논문 「소설 쓰는 로봇 : ChatGPT와 AI 생성 문학」은 이 질문에 대한 본격적인 탐색이다. 이 글은 언어 모델 기반 인공지능ChatGPT, GPT-3 등이 문학 창작과 비평, 독서와 교육, 그리고 문화산업 전반에 끼치는 영향력을 조망하며, AI 문학의 현재와 미래를 다층적으로 분석한다.

이 논문은 먼저, 1930년대 '소설 제작 기계' 개념에서부터 시작된 문학 자동화의 역사를 되짚는다. 단순한 발명품의 흥밋거리로 여겨지던 과거에서, 오늘날 실제로 인간과 대화하며 시와 소설을 창작하는 챗GPT에 이르기까지의 변화는, 기술이 예술로 진화해온 여정을 보여준다.

'소설 제작 기계'는 국내에서 1930년 12월 19일자『동아일보』5면에「小說製作機械」소설제작기계라는 흥미로운 제목의 기사로 소개될 정도로 세계적인 관심을 끌었던 모양이다. 이 기사에 의하면 로스앤젤레스의 영화 시나리오 작가 위클리프 힐Wycliffe Hill이 '소설 제작 기계'를 발명했다고 소개되어 있다. 기사에서는 이 기계를 '각본 로봇', '자동뇌'라고도 불렀으며, 서사의 구성 요소를 자동으로 분석하고 조합해 무한한 양의 영화 각본이나 소설을 생산할 수 있는 기계라고 설명했다.

지금 시점에서 평가한다면 실제 이 기계는 '생각하는 기계 장치'라기보다는, 지금으로 말하면 서사 창작 보조 도구에 가까운 '플롯 생성 카드 시스템'이었다. '플롯 로봇 지니 시스템'Plot Robot Genie System이라는 이름으로 불린이 장치는 회전식의 바퀴나 카드판을 이용해 서사의 주요 요소들주인공, 갈등, 해결, 결말 등을 무작위로 결합할 수 있게 되어 있었다.

'소설 제작 기계'라는 개념은, 문학을 기계적인 방식으로 '생산'하거나 '조립'할 수 있다는 생각을 중심에 두고 있다. 이는 단순히 소설을 쓰는 작가 개인의 감정이나 직관에 의존하지 않고 구조, 형식, 규칙 등을 통해 계획적이고 과학적인 방식으로 소설을 창작하려는 시도였다. 이 개념은 빅토르 쉬클롭스키Viktor Shklovsky, 1893-1984 등 소련의 형식주의자들, 특히 러시아 형식주의 Russian Formalism, 또는 이후의 사회주의 리얼리즘과 관련된다.

'소설 제작 기계'에 대한 아이디어는 이미 1930년대에 위클리프 힐의 발명품에서부터 제기되었다. 단순한 부품의 조립을 벗어난 생성 문학의 단계는 인공지능 기술의 활용으로 현실화되고 있는 중이다.(이미지 : DALL-E)

이들은 문학을 언어적 장치나 내러티브 구성 요소의 조합으로 분석하려 했고, 나아가 이런 구성 요소들을 조합하면 기계처럼 '작동하는' 소설을 만들 수 있다고 생각했다. 이 관점에서는 소설을 감성적 표현이 아닌, 논리적 구조물로 보며 작가는 '창조자'가 아니라 '설계자' 또는 '기술자'처럼 기능한다.

노대원의 「소설 쓰는 로봇–ChatGPT와 AI 생성 문학」

최근의 AI 문학의 가능성과 한계에 대한 의견은 매우 다양하다. GPT-3는 인간처럼 글을 쓰고, 챗GPT는 사용자의 요구에 맞춰 시를 짓는다. AI는 유명 작가의 문체를 흉내내는 것도 가능하며, 독자 취향에 맞춘 개인화된 콘텐츠를 생성한다. 그러나 이 모델들이 만들어내는 텍스트는 때때로 환각 Hallucination 현상을 보이며, 오류나 편향을 포함하기도 한다. 노대원은 인공지능의 문학 창작이 인간 작가의 감정, 경험, 맥락 이해에 기반한 서사 구성과는 본질적으로 다르다고 설명한다.

노대원의 논문은 SF 텍스트를 인용하며 미래의 AI 문학을 상상한다. AI가 등장인물, 플롯, 감정 흐름을 조정하며 독자의 반응에 따라 이야기 구조가 바뀌는 '적응형 소설', 독자와 AI가 실시간으로 대화하며 극을 전개하는 '챗봇 드라마', 특정 감정에 최적화된 '공감 중심 소설' 등 다양한 가능성을 열어두고 있다. 이러한 창작 방식은 인간과 AI의 공동 창의성의 실현이며, AI가 단순 보조를 넘어 작가의 파트너가 되는 시대를 예고한다.

무엇보다 중요한 건 이러한 변화가 문학을 어떻게 재정의할 것인가에 대한 통찰이다. AI가 만들어낸 문학을 '진짜 문학'으로 받아들일 수 있을까? 독자가 인간 작가가 아닌 AI의 작품을 읽는 경험은 어떤 변화를 가져올까? 이 논문은 이러한 질문을 제기하며, 문학을 인간 고유의 영역으로 여기던 기존 관념에 도전한다.

교육적 활용과 윤리적 쟁점도 제기된다. AI 문학은 창의적 글쓰기 교육을 새롭게 구성할 수 있는 도구가 되지만, 동시에 인간 작가의 정체성과 역할, AI 생성 콘텐츠의 저작권, 편향된 훈련 데이터 문제, 자본 중심의 AI 콘텐츠 산업 독점 우려 등을 수반한다.

이 논문은 단순한 기술 논의에 그치지 않는다. 문학과 인간성, 기술과 예술, 그리고 포스트휴먼 시대의 문화적 상상력을 잇는 철학적 사유를 담고 있다. 문학의 미래가 AI와 함께 쓰여질 것이라면, 우리는 그 안에서 인간 작가의 역할을 어떻게 재정립해야 할까. 이 연구는 이 중대한 질문을 던지고, 사유의 실마리를 제공한다.

노대원(2023)
소설 쓰는 로봇 – ChatGPT와 AI 생성 문학, 〈한국문예비평연구〉, (77), 125–160쪽

#생성 문학(Generative Literature)
생성 문학은 컴퓨터 알고리즘과 AI 언어 모델을 활용해 창작된 문학의 한 형태로서, 소설, 시, 연극 등 다양한 장르를 포함한다. AI는 방대한 텍스트 데이터를 학습해 인간 언어의 패턴을 모방하며 새로운 텍스트를 생성하고, 이는 문학 창작과 비평 방식에 새로운 가능성과 논의를 불러일으킨다.

인공지능 웹툰 작가,
혁신 확산 이론으로 분석하다

디지털 기술 기반 웹툰 제작은 이미지 생성형 AI와 결합하여 제작 공정을 더욱 효율적으로 개선할 수 있을까? 첨단 기술 발전은 사회 변화를 촉진하고, 다양한 사회·경제적 문제 해결에 핵심 요소로 작용한다. 웹툰 산업 또한 IT 기술과 긴밀하게 연결되어 있으며, 인터넷과 인공지능 기술의 발전은 웹툰 제작 방식에 중요한 영향을 미치고 있다. 웹툰 산업은 디지털 기술과 밀접한 관계를 맺고 있으며, 최근 생성형 AI 기술이 웹툰 제작 과정에 도입되면서 큰 변화를 맞고 있다. 생성형 AI 활용 창작이 본격화되고 있으며 국내 웹툰 업계도 이 혁신과 변화에 대응하기 위해 대형 플랫폼과 스타트업을 중심으로 새로운 기술을 실험하고 테스트하는 단계에 들어섰다.

혁신 확산 이론에 의한 '인공지능 웹툰 작가' 분석

이러한 변화 속에서 웹툰 산업이 지속적으로 성장하기 위해서는 생성형 AI 기반 인공지능 웹툰 작가와 성공 가능성을 연구하는 것이 중요하다. 이승진과 왕덕원은 논문 「인공지능 웹툰 작가의 가능성과 성공에 대한 연구 : 혁신 확산 이론을 중심으로」에서 AI 기술이 웹툰 산업에 미치는 영향을 분석하며, 에버렛 로저스Everett M. Rogers의 혁신 확산 이론을 적용해 AI 웹툰 기술의 확산 가능성을 분석했다.

인공지능 웹툰 작가는 생성형 AI 기술을 활용하여 웹툰 제작 과정에 기여하는 시스템, 또는 창작 도구로 정의될 수 있다. 인간 작가와 협업하여 웹툰의 일부 또는 전체 제작을 담당할 수 있으며, 특히 배경 디자인, 채색, 콘티 제작 등의 반복적인 작업을 자동화하는 역할을 수행한다.

따라서 인공지능 웹툰 작가가 완전한 창작 주체로 인정받을 수 있는지에 대한 논의와 함께, 인간 작가와 AI가 협업하는 형태로 웹툰 제작이 이루어질 가능성은 중요한 연구 과제이다. 협업 제작이 창작자의 노동 강도를 줄이고, 제작 효율성을 높이는 역할을 할 수 있는지도 중요한 문제제기가 될 수 있다.

이승진과 왕덕원은 인공지능 웹툰 작가의 도입 가능성을 분석하기 위해 혁신 확산 이론의 다섯 가지 요소인 상대적 이점, 적합성, 복잡성, 시도 가능성, 관찰 가능성을 중심으로 연구를 진행했다.

상대적 이점 : 인공지능 웹툰 작가는 반복적인 작업을 줄이고 제작 비용을 절감하는 데 기여할 수 있다. 배경 디자인, 채색과 같은 노동 집약적인 공정에서 AI의 도입이 긍정적인 영향을 미칠 것으로 보인다.

적합성 : 현재 네이버 웹툰과 카카오페이지 등 대형 플랫폼들은 AI 기술을 활용한 웹툰 제작 시스템을 개발 중이다. 이는 웹툰 산업의 변화와 맞물려 AI 기술이 자연스럽게 도입될 가능성을 시사한다.

복잡성 : AI 기반 웹툰 제작이 기술적으로 어렵다면 확산이 어려울 수 있다. 그러나 최근 스테이블 디퓨전 등 이미지 생성 AI 기술이 간편화되면서, 비전문가도 쉽게 활용할 수 있는 환경이 조성되고 있다.

시도 가능성 : AI 웹툰 제작 도구가 점진적으로 발전하면서, 창작자들이 AI 활용의 실험적 시도를 할 수 있는 환경이 조성되고 있다.

관찰 가능성 : 최근 일본에서는 AI를 활용해 제작된 만화 〈사이버펑크 모모타로〉(Cyberpunk Momotaro)가 출간되었으며, 미국에서도 AI로 생성된 만화의 저작권 이슈가 논의되고 있다. 이런 사례들은 인공지능 웹툰 작가의 현실적인 적용 가능성을 보여준다.

인공지능 웹툰 작가, 창작의 도구인가 위협인가?

이 연구에서는 AI가 웹툰 제작을 돕는 도구로 활용될 가능성이 크다고 보았다. 캐릭터 디자인이나 스토리 구성 등 창의성이 요구되는 작업에서는 인간 작가의 역할이 여전히 중요하지만, AI가 배경 디자인 및 자동 채색을 담당하게 된다면 작업 효율성을 크게 높일 수 있다는 것이다.

그러나 저작권 문제는 여전히 해결해야 할 과제로 남아 있다. AI가 기존 웹툰을 학습해 새로운 이미지를 생성하는 과정에서 원작자의 저작권을 침해할 가능성이 있기 때문이다. 이에 따라 AI를 활용한 웹툰 제작에 대한 법적, 윤리적 가이드라인이 필요하다는 점도 연구에서 강조되었다.

AI 웹툰 작가는 웹툰 산업의 생산성을 높이고 제작 환경을 개선하는 혁신적인 기술로 자리잡을 가능성이 크다. 그러나 AI 창작물의 저작권 문제와 창의성 논란은 앞으로 해결해야 할 중요한 과제다.

새로운 혁신 기술은 사회 변화를 이끌고, 사회·경제적 문제를 해결하는 데 중요한 역할을 한다. 또한 이러한 기술은 사회·경제·교육 전반과 긴밀히 연결

'미드저니'로 제작된 만화에서 작가가 쓴 본문을 제외한 AI 생성 일러스트에 대해서 미국 내 저작권 등록이 취소된 바 있다.(이미지 : Onmanorama)

되어, 새로운 사회 구조가 형성될 수 있는 토대를 제공한다.

연구에 따르면, AI는 반복적인 작업을 줄여 제작 효율성을 높일 수 있지만, 저작권 문제와 창작의 독창성 문제는 해결해야 할 과제다. AI와 인간 작가가 공존할 수 있는 환경 조성이 앞으로의 웹툰 산업에 중요한 역할을 할 것으로 전망된다. 연구진은 AI 웹툰 기술이 혁신적으로 확산되기 위해서는 법적, 윤리적 논의와 함께 창작자와 AI가 공존할 수 있는 환경 조성이 필요하다고 설명한다. 생성형 AI 기반 웹툰 제작 시스템 도입에 앞서, 인공지능 창작 기술의 발전 과정과 저작권 침해 논란에 대해 논의할 필요가 있다는 의미이다.

이승진, 왕덕원(2023)
인공지능 웹툰 작가의 가능성과 성공에 대한 연구 : 혁신 확산 이론을 중심으로
〈애니메이션연구〉, 19(2), 231–254쪽

#AI 웹툰 작가
인공지능 기술을 활용해 스토리 구성, 작화, 채색, 편집 등 웹툰 제작 전 과정을 자동화하거나 보조하는 창작 주체로, 인간 작가와 협업하거나 독립적으로 콘텐츠를 제작하기도 한다.

#혁신 확산 이론
혁신 확산 이론은 새로운 기술이나 아이디어가 사회 안에서 어떻게 전파되고 수용되는지를 설명하는 이론이다. 로저스가 제시한 이 이론은 상대적 우위, 부합성, 복잡성, 시험 가능성, 관측 가능성 등 다섯 가지 요인을 통해 혁신의 채택 여부를 설명한다. 이 이론은 수용자의 특성과 사회 구조에 따라 혁신이 어떻게 확산되는지를 분석할 수 있어, 인공지능 웹툰 작가와 같은 새로운 직업군의 수용 가능성을 판단하는 데도 유용하다.

AI와 웹툰 제작의 만남, 창작 효율성과 자동화의 가능성은?

웹툰 작가는 일주일에 대개 최소한 1편씩의 작품을 창작한다. 따라서 웹툰 분야에서 작품 완성도와 연재량은 경쟁력을 확보하는 데 필수적인 요소이다. 관련되어, 웹툰 시장이 급성장하면서 작가들의 노동 강도가 높아지는 문제가 제기되고 있다. 한국콘텐츠진흥원의 조사에 따르면, 웹툰 작가들은 주 평균 5.8일을 작업에 할애하며, 하루 평균 10시간 이상을 작업하는 것으로 나타났다.

웹툰 제작 과정과 노동 강도 문제

김지은, 오나예, 박진완은 「웹툰 제작 과정에서의 인공지능 기술 활용 방안 연구」 논문을 통해 웹툰 제작 과정에 인공지능 기술을 도입하여 창작 효율성을 높이고 노동 부담을 줄일 수 있는 방안을 연구하였다.

웹툰은 디지털 이미지 형태의 콘텐츠로 제작되므로, AI 기술을 적용하기에 적합한 특성을 갖고 있다. 또한, 웹툰의 모든 제작 과정이 디지털 환경에서 이루어지기 때문에 새로운 기술을 도입하고 활용하기 쉽다. 이 연구는 웹툰 제작 과정에서 AI 기술이 적용될 수 있는 단계를 분석하고, 실제 작가들의 인터뷰를 통해 AI 활용에 대한 가능성을 모색하였다. 이 연구는 반복적인 작업을 자동화하고 창작자의 개성을 유지하면서도 효율성을 극대화하는 AI 활용 방안에 집중하고 있다.

웹툰 제작 방식은 크게 개인 창작과 팀 창작으로 나눌 수 있다. 개인 창작은 작가가 모든 과정을 직접 수행하며, 팀 창작은 여러 명이 역할을 분담하여 협업하는 형태이다. 또한, 팀 창작 방식에는 자체 스튜디오를 운영하며 웹툰을 제작하고 공급하는 CPContent Provider 형태의 에이전시도 포함된다.

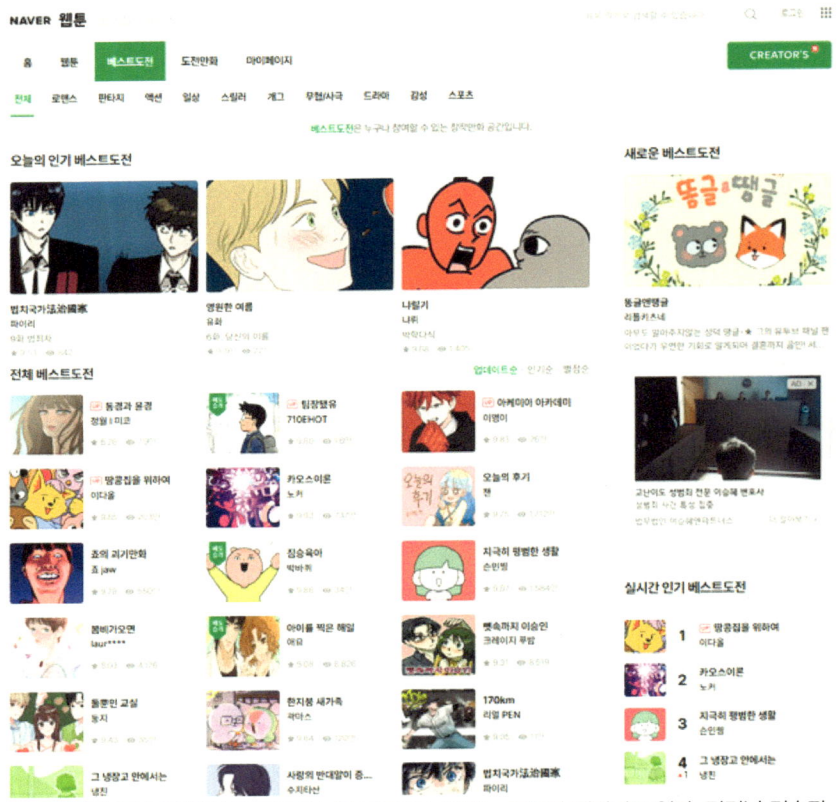

웹툰 시장이 급성장하면서 작가들의 노동 강도가 높아지는 문제가 제기되고 있다. 딥러닝 기술과 도구로 쉽게 채색할 수 있는 소프트웨어에 대한 관심이 높아지고 있다.(이미지 : 네이버)

특히 팀 창작의 경우 세분화된 제작 단계가 존재한다. 주요 제작 단계는 스토리 구성 → 콘티 제작 → 스케치 → 선화 → 채색 → 명암 및 후보정 → 편집의 과정을 거친다. 이 중에서도 선화Inking, 채색Coloring, 명암Shading 작업이 가장 많은 시간이 소요되는 단계로 나타났다.

작품의 기획 단계는 주로 메인 작가가 맡으며, 경우에 따라 한 명이 전체 과정을 담당하거나 글과 그림을 분업하여 두 명이 팀을 이루기도 한다. 글 작가는 스토리와 글 콘티를 통해 기본적인 연출을 구상하고, 이를 바탕으로 그림 작가는 컷 구성과 연출을 구체화하는 그림 콘티 작업을 진행한다.

저자들이 8명의 웹툰 작가를 대상으로 심층 인터뷰를 진행한 결과, 상당수의 작가들이 "반복적인 작업에 대한 피로감을 느낀다"는 의견을 표명했다. 특히 배경 제작, 엑스트라 캐릭터 생성, 선화 작업 등에서 자동화가 이루어진다면 작업 효율이 대폭 증가할 것이라는 기대감이 있었다.

웹툰 제작에 활용 가능한 AI 기술 분석

이 연구는 웹툰 제작 과정에서 활용 가능한 AI 모델을 조사하였다. 주요 기술은 GANGenerative Adversarial Network, 디퓨전Diffusion 모델, 뉴럴 네트워크Neural Network 등을 기반으로 하며, 이를 웹툰 제작에 적용할 경우 창작 과정을 보조하는 역할을 할 수 있다.

GAN은 두 개의 AI가 서로 경쟁하면서 이미지를 생성하는 기술이다. 하나는 생성자Generator로, 새로운 이미지를 만들어내고, 다른 하나는 판별자Discriminator로, 이 이미지가 진짜인지 가짜인지 구별하려 한다. 생성자는 점점 더 진짜 같은 이미지를 만들도록 학습하고, 판별자는 이를 더 잘 구별하려고 훈련된다. 이 과정이 반복되면서, GAN은 실제와 매우 비슷한 이미지를 만들어낼 수 있게 된다. 쉽게 말해, 한쪽이 그림을 그리면 다른 한쪽이 진짜 같은지 감별하는 '게임'을 계속하면서 그림 실력이 점점 향상되는 것이다.

JoJoGAN, AniGAN : 특정 스타일의 인물 생성
AlacGAN, Tag2Pix : 자동 채색 지원
Pix2Pix : 배경 및 사물 이미지 변환

디퓨전 모델 기반 AI는 이미지를 점진적으로 흐리게 한 후 다시 복원하는 과정을 통해 새로운 이미지를 생성하는 기술이다. 먼저 기존 이미지에 노이즈Noise를 추가해 흐리게 만들고, 이후 점진적으로 복원하며 새로운 이미지를 생성한다. 이 과정이 반복되면서 AI는 더욱 자연스럽고 현실적인 결과물을 만들어낼 수 있다. 흐릿한 사진을 점차 선명하게 복원하면서 새로운 그림을 창조하는 원리와 비슷하다.

Stable Doodle : 스케치를 자동으로 정리하여 선화 완성
LoRA : 학습된 스타일을 바탕으로 인물 생성
SmartBrush : 특정 영역을 수정하여 자연스럽게 보정

뉴럴 네트워크 기반 AI는 인간의 뇌처럼 작동하는 인공 뉴런을 활용해 데이터를 학습하고 처리하는 기술이다. 여러 층의 뉴런이 정보를 분석하며 패턴을 찾아 점점 더 정확한 결과를 도출한다. 예를 들어, 웹툰 제작에서는 스케치 심플리피케이션Sketch Simplification을 통해 스케치를 정리하거나, 클립드롭 리라이트ClipDrop Relight를 이용해 자동으로 빛과 명암을 조절하는 데 활용된다. 이 기술은 이미지 생성, 음성 인식, 자연어 처리 등 다양한 분야에서 사용되며, 데이터를 반복 학습하며 점점 더 정교한 결과를 만들어낸다.

Sketch Simplification : 스케치 단계를 단순화하여 선화 작업 보조
ClipDrop Relight : 빛과 명암을 자동 조절하여 분위기 연출

AI 기반 웹툰 제작 프로세스 제안

이 연구는 AI 모델을 웹툰 제작 단계별로 배치하여, 반복적인 작업을 줄이고 창작자가 핵심적인 연출에 집중할 수 있도록 하는 프로세스를 설계하였다. 저자들은 AI 기술을 활용한 웹툰 제작 파이프라인을 제안하고 있는데 핵심적인 내용은 다음과 같다.

콘티 제작 보조 : AI를 활용해 글 작가가 시각적 가이드를 생성하고, 그림 작가가 이를 기반으로 작업을 진행

반복 작업 자동화 : AI가 선화 정리, 배경 생성, 엑스트라 캐릭터 제작 등의 작업을 보조

채색 및 명암 처리 지원 : AI 모델이 색상과 빛을 분석하여 자동으로 채색 및 명암을 추가

후보정 및 편집 지원 : AI를 활용하여 최종 원고의 빛, 색감, 효과를 보정

웹툰 창작 및 제작 환경의 한계를 개선하고자 하는 AI 기반 웹툰 플랫폼들이 등장하고 있다.(이미지 : 리얼툰)

이러한 프로세스를 통해 AI 기술이 웹툰 제작의 전반적인 효율성을 높이고, 작가들의 노동 부담을 줄이는 데 기여할 수 있을 것으로 예상된다. 특히, 반복적인 작업을 자동화하고 창작 과정에서 보조 역할을 수행하는 AI 모델들이 개발됨에 따라, 웹툰 작가들이 보다 창의적인 작업에 집중할 수 있는 환경이 조성될 것으로 기대된다.

그러나 AI 기술이 창작자의 개성을 침해하거나, 저작권 문제가 발생할 가능성도 배제할 수 없다. 따라서 AI를 단순한 도구로 활용하되, 창작자의 개성을 존중하는 방식으로 도입하는 것이 중요하다.

이 연구에는 향후 AI 모델을 실제 웹툰 제작에 적용해 보고, 그 효과를 실증적으로 분석하는 과정이 필요하다. 이를 통해 AI 기술이 웹툰 창작에 긍정적인 영향을 미칠 수 있도록 지속적인 연구와 개선이 이루어져야 한다.

김지은, 오나예, 박진완(2024)
웹툰 제작 과정에서의 인공지능 기술 활용 방안 연구
〈디지털콘텐츠학회논문지〉, 25(6), 1,399-1,409쪽

#뉴럴 네트워크 기반 AI
인간의 뇌 구조를 모방한 인공 신경망을 활용해 데이터를 학습하고 예측하는 기술이다. 입력된 데이터는 여러 층의 뉴런을 거치며 처리되며, 각 층은 정보의 특징을 점차 추출하고 분석한다. 이를 통해 복잡한 패턴이나 관계를 스스로 파악하고, 반복 학습을 통해 결과의 정확도를 높여간다. 이미지 인식, 음성 인식, 자연어 처리 등 다양한 분야에 활용되며, 딥러닝 기술의 핵심으로 자리잡고 있다.

인공지능과 무용의 융합,
예술의 경계를 넘다

'**예술이란 무엇인가?**'라는 질문에 대해 예술철학자이자 미술평론가인 아서 단토Arthur C. Danto, 1924-2013는 기존의 미학적 기준을 넘어서 철학적으로 접근했다. 그가 남긴 중요한 통찰 중 하나는 바로 "무엇이 예술인가보다, 누구나 예술가가 될 수 있다는 가능성"에 관한 관점이다. 단토는 마르셀 뒤샹 Marcel Duchamp의 〈샘〉Fountain 같은 작품을 분석하며, 예술의 본질은 외적 형식이 아니라 '해석의 틀'에 있다고 주장했다. 이는 기존의 미술사적·형식주의

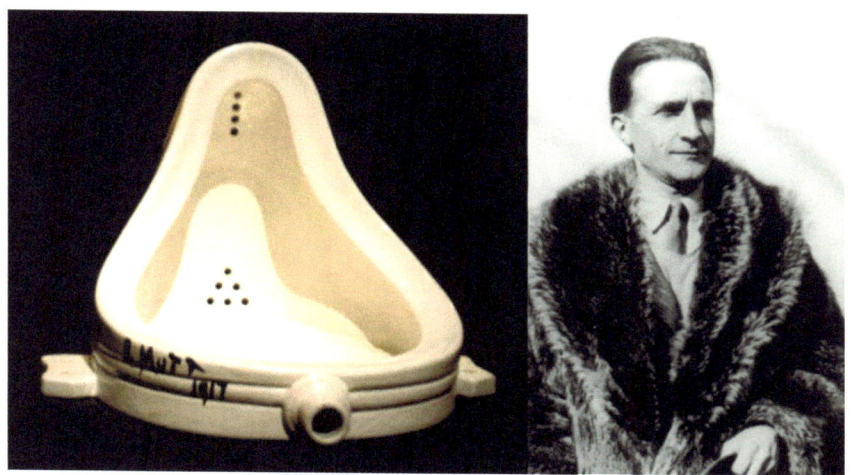

미술평론가 단토는 마르셀 뒤샹(Marcel Duchamp)의 〈샘〉을 분석하면서 예술의 본질은 외적 형식이 아니라 '해석의 틀'에 있다고 주장했다.(이미지 : Museumtv)

적 기준, 즉 '이것은 예쁘니까 예술이다' 또는 '이것은 그리기 어려우니까 예술이다' 같은 기준을 무력화시킨다.

예술의 종말 시대, 누구나 예술가가 될 수 있다

그는 "예술은 더 이상 외형이나 기법에 의해 정의되지 않으며, 예술가의 의도와 그에 대한 철학적 해석 가능성 속에서 의미를 가진다"고 보았다. 이 견해는 1984년 그의 저서 『예술의 종말』The End of Art에서 본격적으로 제시된다. 예술의 종말은 예술이 사라졌다는 의미가 아니라, '예술의 역사적 서사가 끝났다'는 의미이다. 예술이 어떤 정해진 발전 방향이나 절대적인 기준에 따라 움직이지 않는 시대에 접어들었다는 뜻이다.

즉, '누가 만들었는가'보다 '어떤 의미로 받아들여지는가'가 중요하다는 것인데 이러한 철학은 오늘날 AI 창작물의 예술성 논의에서 다시금 부각된다. AI가 만든 작품도 인간에 의해 예술로 해석되고 의미가 부여된다면, 그것 역시 예술로 기능할 수 있다는 사고이다.

그는 "누구나 예술가가 될 수 있다"고 말하며, 예술은 특별한 재능이 있는 사람의 전유물이 아니라 누구나 할 수 있는 행위가 되었다고 보았다. 특정한 테크닉이나 규범, 제도권의 인정을 받지 않아도 창작 의도와 해석의 여지가 있다면 그것은 예술로 간주될 수 있다는 논리이다.

이 말은 특히 디지털 기술과 AI의 발전으로 인해 창작의 장벽이 낮아진 21세기 예술 환경과 정확히 맞물린다. 예술의 문턱이 낮아지고, 정체성 또한 더 포용적으로 변화하고 있기 때문이다.

인공지능은 이제 무용의 세계에도 본격적으로 들어서며, 예술의 창작 주체와 표현 방식을 근본적으로 뒤흔들고 있다. 신체 움직임을 통해 감정과 서사를 전달해온 무용은 오랜 세월 인간의 고유한 예술 행위로 간주되어 왔으나, 4차 산업혁명이라는 시대의 물결 속에서 기술과의 협업을 통한 새로운 패러다임의 가능성이 열리고 있다.

고경희의 「AI와 인간, 무용 패러다임의 변화 가능성」 연구

고경희의 논문은 이러한 예술과 기술의 만남이 단순한 실험이나 유행이 아닌, 예술 본질에 대한 재해석이자 창작 방식의 전환임을 탐구한다. 이 연구는 기술과 예술이 인류 역사 속에서 어떻게 상호작용해왔는지를 조망하며 무용 역시 과거부터 조명, 무대 장치, 에너지 기술 등과 함께 발전해 왔음을 지적한다. 특히 디지털 기술과 인공지능이 무용 창작에 직접적으로 개입하면서, 단지 표현 도구가 아닌 창작 파트너로서의 역할을 수행하고 있다.

영국의 안무가 웨인 맥그리거는 구글 딥마인드와 협력해 자신의 25년간 무용 영상·안무 데이터를 학습한 AI 보조 시스템인 리빙 아카이브를 개발했다.(이미지 : Living Archive)

예컨대, 스웨덴의 '코어-알엔엔'Chor-RNN 기술은 무용수의 신체 데이터를 AI가 학습하여 새로운 움직임을 생성하게 했고, 영국의 안무가 웨인 맥그리거Wayne McGregor는 구글 딥마인드와 협력해 자신의 25년간 무용 영상·안무 데이터를 학습한 AI 보조 시스템인 '리빙 아카이브'Living Archive를 개발했다. 이 시스템은 과거의 창작 패턴을 분석해, 맥그리거가 예상하지 못한 동작 조합과 시퀀스Sequence, 안무 동작들이 순차적으로 연결된 흐름를 제안한다. 국내에서는 안무가 신창호가 AI '마디'Madi와 협업해 〈비욘드 블랙〉Beyond Black을 발표하며, 무용과 AI의 창작 협업을 선도했다.

무용의 본질이 '몸'을 통한 감정 표현이라면, AI는 비물질적인 데이터의 집합이다. 그럼에도 불구하고 AI가 생성한 2차원적 움직임을 안무자가 해석해 무대 위 3차원 퍼포먼스로 구현하면, 그것은 더 이상 단순한 기계적 결과물이 아니라 예술 작품으로 거듭난다. 고경희는 이를 '미적 기술'로 명명하며, 기술 그 자체가 예술로 전이될 수 있는 가능성을 보여준다고 말한다.

또한 AI와의 협업은 무용 창작의 주체성과 예술성에 대한 근본적 질문을 던진다. 예술은 감정의 전달, 철학적 사유, 인간 중심의 의미 해석 등을 포함하는 복합적 행위다. 그렇기 때문에 현재의 AI는 여전히 인간의 감성적 해석과 판단을 필요로 한다. 하지만 향후 기술이 정교화될수록, AI가 보다 정서적이고 창의적인 역할까지 수행하게 될 가능성도 배제할 수 없다. 이는 예술의 주체가 인간이어야만 한다는 전통적 믿음을 다시 생각하게 만든다.

기술의 확장을 넘어 예술 개념 변화

이 연구는 무용과 인공지능의 융합이 가져올 변화는 단지 테크놀로지의 확장이 아니라, 예술 개념 자체의 변화라고 진단한다. 이는 무용의 일회성과 시간적 제한성을 넘어서, 디지털 퍼포먼스로서의 확장성과 반복 가능성, 나아가 대중성과 접근성의 확대라는 새로운 방향성을 제시한다.

고경희는 무용학이 이제 기술과의 만남을 단순한 도전이 아닌 창작 방식의 전환으로 인식하고, 철학적·미학적 차원에서 이를 수용할 준비가 되어야 한다고 주장한다. 무용과 AI의 협업은 새로운 예술 형식을 창출할 뿐 아니라, 예술의 본질적 가치에 대한 새로운 질문을 던진다. AI 시대의 무용은 더 이상 인간만의 무대가 아니라, 인간과 기계가 함께 그려나가는 예술의 새로운 지평이다.

고경희(2021)
AI와 인간, 무용 패러다임의 변화 가능성, 〈한국무용연구〉, 39(1), 1–25쪽

#무용 창작과 AI 기술
무용 창작이란 인간 신체 움직임을 예술적 표현 수단으로 삼아 감정, 의미, 상상력을 드러내는 창의적 행위이다. 최근에는 AI 기술과의 협업을 통해 새로운 움직임을 생성하고, 안무자가 이를 재해석해 무용수의 실제 퍼포먼스로 구현함으로써 무용의 표현 영역을 확장하고 있다.

#신체 패러다임의 확장
인간 신체 중심의 무용 개념이 AI, 센서, 가상기술을 통해 확장되는 흐름을 의미한다. 예를 들어 무용수가 착용한 센서로 움직임 데이터를 수집하고, AI가 이를 분석해 디지털 아바타와 실시간 공동 퍼포먼스를 구성한다. 이처럼 기술을 통해 무용의 신체성이 인간 외의 존재로 확대되며, 새로운 예술 창작의 주체로 기능하게 된다.

#2 문학과 출판의 혁신을 묻다

문학은 시대의 변화마다 새로운 형식을 찾는다. 자가출판, 전자책, 웹소설, 크라우드펀딩까지. 출판의 변화 속에서 작가와 창작, 소통의 길을 탐색한다.

헤르만 헤세가 겪었던
출판사와의 갈등 문제

문학 작가와 출판사 간의 갈등은 오래된 문제로, 헤르만 헤세도 인세 문제와 출판사 변경으로 갈등을 겪었으며, 이는 오늘날에도 접하고 있는 불공정 관행 문제와도 연결된다. 이 책의 공저자 두 사람은 2021년 한국문화예술위원회와 함께 「문학분야 불공정 관행 개선을 위한 실태조사」를 수행한 바 있다. 이 연구에서 문학 작가들이 창작활동에서 겪게 되는 다양한 불공정 관행 실태 문예지 작품 발표, 단행본 출판, 2차 저작권과 전송권 문제, 공모전과 문학상 등를 설문조사와 심층면접 등을 통해 조사·분석하였으며 정책적 대안을 제시하였다.

문학작가와 출판인, 협력과 갈등의 긴밀한 관계

이 연구는 국내 문학출판계에 영향을 미쳤고, 변화하는 출판생태계의 현황을 반영한 표준계약서가 정부에 의해 제시되었으며, 작가들도 관행적으로 받아들이던 불공정 관행에 대한 인식을 새롭게 하는 계기가 되었다.

이에 대해 출판사들의 이익단체인 대한출판문화협회에서는 표준계약서를 거부하고, 자체 출판계약서를 만들어 사용하는 등 반발이 있었다. 그러나, 어떤 형태로든 예전보다는 진일보한 상황이다. 원고청탁과 출판계약이 구두로 이루어지던 예전에 비하면, '계약서를 써야 한다'는 인식이 작가와 출판사 모두에게 뿌리를 내리게 되었다는 점에서 의미있는 연구였다고 할 수 있다.

헤르만 헤세가 경험했던 출판사와의 갈등문제

그런데, 이러한 문학 분야의 불공정 관행이 국내 문제만은 아니라는 연구결과가 있는데, 신종락의 「작가와 출판인 갈등 연구 : 헤르만 헤세와 피셔 출판사 그리고 주어캄프 출판사」가 그것이다.

이 논문은 더욱이 무명작가나 신인작가가 아닌 노벨문학상 수상작가인 '헤르만 헤세'가 겪었던 출판사와의 갈등을 다루고 있다는 점에서 매우 흥미롭다. 헤르만 헤세Hermann Hesse, 1877 ~ 1962는 독일계 스위스인으로서, 시인이자 소설가이며 화가이다.

이 논문에서 신종락은 작가와 출판인 간에는 정치·경제·사회·도덕 및 윤리적 이유 때문에 여러 가지 갈등요소가 내재되어 있다고 밝힌다. 그 중에서도 인세와 관련된 경제적인 문제가 가장 빈번하게 발생하는 갈등문제이다.

독일계 스위스인이며 시인, 소설가, 화가인 헤르만 헤세와 1919년에 피셔출판사에서 출간한 『데미안』 초판 표지(이미지 : 위키미디어)

작가와 출판사의 관계는 매우 긴밀해서, 출판사와 작가가 함께 성장하고 협력하는 관계를 맺게 되지만, 그럼에도 불구하고 작가들은 자주 출판사를 옮기려는 시도를 하게 된다. 작가들이 출판사를 옮기려는 이유가 여러 가지 있겠지만 가장 핵심적인 것은 결국 돈 문제이다. 그래서 적지 않은 작가들이 자신에게 재정적으로 더 많은 이윤을 제공하는 출판사로 옮기려고 한다.

출판사는 지식 산업을 영위하며 경제적 이익을 창출하기 위해 작가의 존재를 필요로 한다. 반대로 작가는 자신의 창작물을 독자에게 전달하고 생계를 유지하기 위해 출판사의 도움이 필요하다. 결국 출판사와 작가는 서로의 필요에 의해 형성된 상호 보완적인 관계라고 할 수 있다. 작가는 작품을 창작하는 예술가라 할 수 있지만, 출판인은 보다 정확히 말해 작가의 이상을 실현하도록 돕는 미디어 사업가라고 볼 수 있다.

이 논문은 피셔 출판사와의 관계 속에서 헤르만 헤세가 보인 다양한 대응과 선택을 분석할 수 있다. 헤세는 출판사와의 관계가 좋았지만 특정 출판사에 종속되지 않으려고 나름대로 계약상 안전장치를 마련해서 자신의 요구를 관철시켰다. 글을 쓸 때도 출판사의 요구와 간섭도 거부하고 자신의 소신을 지킨 작가이기도 하다.

이 논문에서 신종락은 헤세와 출판사의 경제 및 정치적 갈등을 구체적으로 들여다봄으로써 작가의 알려지지 않은 부분들을 발견하고자 하였다. 예를 들면 헤세와 관계를 맺었던 출판인과의 관계, 인세 문제, 베르만 피셔와 페터 주어캄프와의 관계, 그리고 헤세가 어떠한 과정을 거쳐 피셔 출판사에서 주어캄프 출판사로 옮겨갔는지에 대한 상세한 이야기들이다. 더불어 나치 정권 하에서 탄압을 받던 헤세의 정치적 입장이 출판사에 어떤 영향을 미쳤는지에 대한 이야기도 흥미롭다.

피셔 출판사와 주어캄프 출판사, 작가들의 선택은?

1934년에 피셔 출판사의 창립자인 사무엘 피셔Samuel Fischer가 사망하고 후계자인 베르만 피셔Gottfried Bermann Fisher가 출판사를 물려받지만, 2차세계대전 종전 후 피셔 출판사의 소유권을 둘러싸고 베르만 피셔와 주어캄프Peter Shurkamp가 갈등을 빚게 된다.

전쟁 당시 후계자인 베르만 피셔의 유태인 가족들은 나치의 핍박을 피해 비엔나로 옮겨 가서 출판사 지점을 설립했던 반면, 주어캄프를 비롯한 출판사 직원들은 베를린에 남아서 피셔 출판사를 이끌었기 때문이다.

전쟁이 끝난 후 베르만 피셔는 회사를 되찾게 되지만, 주어캄프는 새로운 출판사를 차려 독립하게 된다. 이 과정에서 피셔 출판사는 두 개로 나뉘어지게 되었고 작가들의 소속을 결정하는 문제가 불거진다.

이 문제는 결국 법정에까지 가게 되었으며, 법정에서는 매우 중요한 판결을 내리게 된다. 출판사가 작가들을 선택하는 것이 아니라 작가들이 자신에게 합당한 출판사를 선택하도록 한 것이다. 이 일로 말미암아 헤르만 헤세와 브레히트 등 많은 작가들이 주어캄프의 출판사로 옮기게 되었으며, 피셔 출판사는 큰 타격을 입게 되었다고 한다.

이 사건 외에도 한 시대를 풍미했던 작가들과 출판사 간에 벌어졌던 흥미로운 에피소드들을 풍성하게 접할 수 있다. 헤르만 헤세 이외에도 괴테 등 유명작가들이 출판사와 빚었던 인세 갈등 이야기 등 다양한 에피소드, 이른바 문학계의 뒷 이야기에 관심이 많은 독자들에게도 충분한 흥밋거리가 될 것이다. 헤르만 헤세를 비롯하여 문학을 좋아하는 독자들이라면 매우 흥미롭게 읽을 수 있는 논문이다. 특히 문학분야 불공정 관행에 어떻게 대처할 것인지를 고민하는 작가 지망생과 문학작가들에게는 아주 '현실적인 선배'의 도움을 받을 수 있을 것이다.

헤르만 헤세의 실제 사례를 통해 작가와 출판인 간 정치·경제적 갈등을 분석하며, 작가가 출판사를 선택할 수 있어야 한다는 판결의 의미도 조명하는 이 연구는 문제가 없어 보일지라도 늘 갈등 요소가 산재되어 있는 작가와 출판인 관계에 대한 이면을 관찰하게 해준다.

신종락(2022)
작가와 출판인 갈등 연구 : 헤르만 헤세와 피셔 출판사 그리고 주어캄프 출판사
〈독어독문학〉, 63(4), 103–124쪽

#저작권(Copyright)
저작권은 창작자가 자신의 창작물을 법적으로 보호받을 수 있는 권리로, 문학·예술·음악·출판 등의 분야에서 창작된 저작물에 대해 일정 기간 동안 복제·배포·공연·전시·변형 등을 통제할 수 있는 배타적 권리를 의미한다. 해당 권리는 창작자가 자기 작품에 대한 경제적 보상과 인격적 권리를 보장받을 수 있게 하며, 출판사와의 계약 관계에서도 핵심적인 요소로 작용한다.

#출판계약의 불균형성
출판계약은 출판사가 제시하는 표준계약서에 기반해 체결되며, 작가는 계약 조건을 수용할 수밖에 없는 입장에 놓이는 경우가 많다. 특히 초판 인세율, 판권 사용 범위, 2차 저작권 활용 등의 항목에서 출판사에 유리한 조건이 명시되는 경우가 많아, 계약의 실질적 협상력이 작가에게 부족한 상황이다. 이러한 불균형은 장기적으로 작가의 권리 침해 및 창작의욕 저하로 이어질 수 있다.

망명 문학과 자가출판, 나치 시대 저항의 기록

나치 독재 시기 망명 지식인. 나치 독재로 인해 독일을 떠나야 했던 수많은 작가와 지식인들은 낯선 환경과 정치적 억압 속에서도 문학 창작을 이어 갔다. 이들은 망명지에서 전통적인 출판 시스템에 접근하지 못한 채, 자가출판이라는 독창적인 방식으로 독일 문학의 명맥을 유지했다. 신종락의 논문은 이러한 자가출판自家出版, Self-publishing의 역사와 가치를 심층적으로 분석하며, 독일 문학 전통을 이어간 망명 지식인들의 노력을 조명한다.

나치 독재 시기 자가출판을 통한 문학적 저항과 창작

1933년 나치 정권의 등장으로 시작된 망명은 많은 작가들에게 극심한 정치적, 경제적 위기를 가져왔다. 독일 내 출판 시스템은 독재 정권에 의해 억압되었고, 망명지에서도 주요 출판사들은 주로 유명 작가의 작품만을 출간했다. 무명 작가들에게 출판 기회는 사실상 차단되었으며, 유명 작가조차도 정치적 이유로 작품이 거절되는 일이 비일비재했다.

이러한 상황에서 작가들은 자가출판이라는 대안을 모색했다. 자가출판은 작가가 스스로 출판을 기획하고 실행하며, 독자와 직접 소통하는 방식을 의미한다. 독일 국립도서관에 따르면, 망명 시기에 약 70개의 자가출판사가 설립되었고, 105편의 작품이 이들에 의해 제작되었다. 자가출판은 문학을 상업적 논리에서 해방시켜, 작가들이 정치적, 미학적 목소리를 자유롭게 낼 수 있는 도구가 되었다.

자가출판의 구조와 특징

자가출판은 작가와 출판가의 역할을 통합했다. 작가들은 자신의 작품을 쓰는데 그치지 않고, 인쇄와 유통, 독자와의 소통까지 모두 담당해야 했다. 이는 단순한 작업이 아니었다. 망명지의 열악한 경제적 환경과 기술적 제약 속에서 자가출판가들은 책 제작의 전 과정을 독립적으로 감당해야 했다.

또한 자가출판의 유통은 기존의 서점이나 출판망을 통한 방식과는 달랐다. 많은 작가들이 직접 집집을 방문하며 책을 판매하거나, 강연회와 낭독회를 열어 청중과의 소통을 통해 작품을 소개했다. 이를 통해 독자층은 주로 친구, 지인, 가족과 같은 소규모 집단으로 제한되었지만, 그만큼 작가와 독자 간의 관계는 더욱 긴밀했다.

망명 자가출판의 대표적인 사례로는 오스카 마리아 그라프, 요셉 루이트폴트 슈테른, 막스 츠바이크 등이 있다.

오스카 마리아 그라프Oskar Maria Graf, 1894-1967는 20세기 초 독일에서 왕성하게 활동하던 작가로, 망명 후 경제적 생계를 유지하기 위해 자가출판을 시도했다. 그는 기존에 독일에서 출판한 작품들을 재출간하거나 영어로 번역해 새로운 시장에 선보였으나, 판매는 제한적이었다.

요셉 루이트폴트 슈테른Josef Luitpold Stern, 1886-1966은 자신의 문학을 통해 독자들에게 정치적, 문화적 메시지를 전달하려 했다. 그는 잡지 100집과 단행본 여러 권을 자가출판으로 출간하였으며, 독자들의 구독 신청을 통해 경제적 기반을 마련했다.

막스 츠바이크Max Zweig, 1892-1992는 정치적 억압 속에서도 유대인 학살의 역사적 비극을 다룬 작품 『마라넨』Die Marranen을 출판했다. 이 작품은 나치 독재의 폭력성을 폭로하는 동시에 독일 유대인의 고통을 재조명하는 데 초점을 맞췄다.

자가출판의 문학적 의의와 독자와의 관계

자가출판은 단순히 문학 작품을 발행하는 데 그치지 않고, 망명 문학의 새로운 문학적 장르와 형태를 탄생시켰다. 연구에 따르면 자가출판사에서 출간된 문학출판물로는 시집이 32종으로 가장 많았으며, 그 외 단편소설집 9종, 희곡집 5종이 있었다. 특히 에세이는 그 자유로운 형식 덕분에 망명 작가들 사이에서 큰 인기를 끌었다. 망명 기간 동안 자가출판은 작가들의 정치적, 미학적 요구를 충족시키는 문학적 실험의 장으로 기능했다. 예컨대 나치 독재 하에서 금지되었던 표현주의 문학과 유대 문학은 자가출판을 통해 생명력을 이어갔다. 이는 단순히 상업적 목적을 초월한 진솔한 문학적 시도였다.

자가출판의 가장 큰 특징은 독자와의 직접적인 소통이다. 많은 작가들은 강연회나 작품 낭독회를 통해 독자들과 만났다. 오스카 마리아 그라프는 자신의 책을 팔기 위해 독자를 직접 찾아가거나 구독신청을 받아 판매했다. 그의 동료 작가 슈테른은 잡지를 통해 구독 회원제를 운영하며 안정적인 판매를 도모했다. 이 과정에서 작가와 독자는 익명성을 벗어나 긴밀한 관계를 형성했다.

강연회는 단순히 책을 판매하는 자리만이 아니었다. 작가들은 자신의 정치적, 사회적 견해를 전달하고, 문학의 아름다움을 공유하며 청중과의 교감을 나누었다. 그러나 경제적 어려움 속에서 이 같은 활동은 항상 성공적이지는 않았다. 예컨대, 그라프는 강연회에서 종종 소규모 청중만을 상대해야 했으며, 강연료 또한 한정적이었다.

자가출판은 한정된 독자층과 단발적인 출판이라는 구조적 한계를 가졌다. 그러나 그럼에도 불구하고 독일 문학의 전통을 유지하고 나치 독재에 맞선 저항의 문학적 상징으로 자리잡았다. 문학사의 관점에서, 자가출판은 작가와 독자가 직접 소통하는 새로운 문학적 생태계를 창출했으며, 이는 문학 생산 및 유통의 패러다임 전환을 보여준다.

나치 독재 시기의 망명 작가들은 자가출판이라는 독창적 방식으로 정치적 억압에 저항하고 문학적 정체성을 이어갔다. 이들이 만들어낸 문학적 유산은 단순히 과거의 기록이 아닌, 창작의 진정성과 독창성에 대한 새로운 시각을 제시한다. 신종락의 연구는 이러한 자가출판의 역사를 재조명하며, 문학적 저항의 가치를 후대에 전하고 있다.

신종락(2007)
독일 나치망명시기 지식인의 문학적인 삶과 출판가로서의 작가
〈독일언어문학〉. (37), 273-293쪽

#자가출판(自家出版 Self-Publishing)
자가출판은 작가가 출판사에 의존하지 않고 책의 기획·집필·편집·디자인·인쇄·유통·마케팅 등 전 과정을 직접 주도하는 출판 방식이다. 이는 디지털 기술 발달로 출판 장벽이 낮아지며 확대되었고, 문학 분야에서 특히 활발히 이루어지고 있다. 자가출판은 기존 출판 구조에서 배제되거나 실험적, 비상업적 작품을 추구하는 작가들에게 새로운 창작과 독자 소통의 통로로 주목받고 있다.

전자책은 어떻게 우리 곁으로 다가오고 있나?

백석의 시를 읽고 싶어졌다, 오늘 아침 문득. 나는 침대에 누운 채로 머리맡에 놓여 있던 스마트폰으로 전자책 앱에서 시인 백석白石의 시를 찾아 읽었다. 내 책꽂이에는 백석 시집이 있지만 나는 전자책으로 백석의 시를 읽었다. 만약 지하철을 타고 어디론가 가다가 백석의 시를 읽고 싶었다면? 항상 백석의 시집을 들고다닐 수는 없으니 전자책은 매우 유용한 선택이다.

오늘 아침 문득, 백석의 시를 읽고 싶어졌다

20세기 말에 전자책 회사를 몇 년 다닌 적이 있었다. 그땐 정말 종이책의 아성을 전자책이 금세라도 넘어버릴 것 같은 기세로 많은 업체들이 생겨났다. 그 주역이 되어보고자 열심히 일했지만, 전자책은 정말 느리게 느리게 성장했다. 30년이 흐른 이제서야 조금씩 독자들에게 다가가고 있는 것 같다. 그 이유는 무엇일까?

우선 그때 꿈꾸던 기술들이 이제야 거의 실현되었기 때문이다. 개인이 들고 다니는 컴퓨터인 PDAPersonal Digital Assistant가 대중화된다더니 스마트폰이 그 자리를 완전히 차지했다. 배터리 문제도 한 몫을 했고, 스마트폰이 컴퓨터 수준을 넘어서는 최첨단 장비인지라 화면 해상도, 저장용량, 클라우드 서비스, 통신속도, 저렴한 통신이용료 등 거의 모든 문제가 해결되었다.

모두에게 열려 있는 인터넷 공간에서의 접근성을 높이기 위한 공동의 노력도 눈부셨다. 유니코드Unicode가 개발되어 한글 문제가 해결되었다. 한글, 고어古語한글, 한자 등 더 이상 표현하지 못할 글자가 없어진 것이다. 전자책 초창기에는 각 업체마다 자체적으로 전자책 태그를 사용했는데, HTML5에 기반한 이퍼브EPUB라는 표준 전자책 규약이 생겨나고 시질Sigil이라는 무료 에디터가 공급되어서 출판사나 저자가 직접 전자책을 생산할 수 있게 되었다.

당시에는 바탕체, 굴림체, 돋움체, 궁서체로만 한글을 표현할 수 있어서 항상 궁색함을 벗어나지 못하였는데 최근에는 아름답고 창의적인 무료 웹폰트가 무수히 많아져서 전자책의 타이포그라피도 눈에 띄는 발전을 이루었다.

이런 기술적인 발전과 더불어 구독형 전자책 서비스가 등장한 것이 유효하게 작동하는 듯싶다. 아직 많은 메이저 출판사들이 전자책을 거부하고 있지만, 구독형 전자책 서비스에 볼 만한 책들이 갈수록 늘어나고 있다.

예를 들어 역사공간에서 펴낸 '한국의 독립운동가들' 시리즈, 애플북스의 '한국문학을 권하다' 시리즈, 동북아역사재단에서 출간한 전문적인 학술도서들을 전자책으로 모두 볼 수 있다는 점이 놀라웠다. 시의성 있는 베스트셀러

전자책이 종이책의 재현을 넘어서 멀티미디어 출판으로 진화하는 단계이다. 전자책과 웹의 융합 환경에서 전자책은 새롭게 창작, 개발되는 멀티미디어 콘텐츠로서 출판된다.(이미지 : Medium)

나 신간보다 자료가 되는 책들을 늘려가는 방향을 선택한 것도 '책 아카이브로'서의 전자책 기능을 잘 살린 것이라 생각한다.

물론 종이책은 전자책보다 훨씬 오랜 전통을 갖고 있으며, 체계적이고 유려하고 눈을 덜 피로하게 만든다. 그럼에도 불구하고, 종이책의 미래는 매우 어둡다. 종이책의 경우 베스트셀러가 되지 않는 한 수지타산이 맞지 않는 것은 오래된 일이다. 신간으로 계속 밀어내기를 한다는 것도 오래된 일이다. 그나마 이젠 예전보다 신간수명주기가 짧아져 금세 품절되거나 절판이 되어 버린다. 전자책이라도 있으면 읽을 수 있을 텐데, 불행히도 전자책은 없다.

작가와 출판사가 모두 공들여서 한 권의 책을 내는데, 부디 오래오래 읽힐 수 있도록 한 권 한 권을 소중히 여겨주었으면 한다. EPUB 제작 비용을 더 들이기가 싫다면 PDF 전자책으로라도 꼭 내주길 바란다. PC나 태블릿에서는 PDF 전자책이 보기 좋다. 종이책의 재현이라는 관점에서는 전자책이 종이책의 조판을 따라갈 수가 없기 때문이다.

그런 점에서 전자책 뷰어 회사들이 분발해야 할 점이 많다. 실상 종이책만큼 유려한 전자책을 낼 수 있는 환경이 만들어졌는데도 EPUB의 새로운 기술들이 제대로 반영된 뷰어가 거의 없기 때문이다. 이 책의 공저자인 조정미와 공병훈은 2017년에 「디지털 기술 발전과 전자책 진화 단계 연구」라는 논문을 발표하면서 이 부분의 안타까움을 논한 바 있다.

디지털 기술 발전과 전자책 진화 단계

이 논문은 20세기 말 디지털 기술의 도입 이후 전통적인 종이책 출판이 디지털화되고 전자책 출판으로 진화하는 과정에서 드러난 세 단계를 다음과 같이 분석하고 있다.

첫번째는 기존 종이책이 디지털로 재현되는 단계이다. 텍스트 기반의 무료 전자책 제작 운동이 벌어졌고, 비즈니스 측면에서는 다양한 포맷의 PC기반 전자책 소프트웨어와 전자책 단말기가 출시되었으며 이 단계에서 전자책 출판의 특징은 도서의 디지털 재현 중심이었다는 점이다. 전자책 뷰어에 책장을 넘기는 것 같은 느낌의 그래픽 요소를 넣는 등, 최대한 종이책답게 보이려고 애쓰던 시절이다.

두번째는 출판사와 저자들이 전자책 출판을 적극적으로 활용하기 시작하는 단계이다. 2007년에서 2010년을 전후하여 모바일 디바이스의 확산, 이퍼브라는 전자책 표준의 출현, 전자책 플랫폼의 활성화, 저작 도구와 유통 도구의 대중화 현상이 나타난다. 현 시점도 이 단계에 머물러 있다고 생각된다. 종이책 없이 전자책만 출판하는 온리 전자책Only Ebook의 증가, 작가들의 출판사 창업, 전자책 전문 출판사의 등장이 그 사례이다.

세번째는 전자책이 종이책의 재현을 넘어서 새로운 멀티미디어 출판으로 진화하는 단계이다. 전자책과 웹이 융합되는 환경에서 전자책은 새롭게 창작, 개발되는 멀티미디어 콘텐츠로서 출판된다. 따라서 개발자, 영상 창작자, 창조적 사용자 등 다양한 행위자들이 전자책 출판에 참여하게 된다. 종이책의 디지털 재현과 복원으로부터 시작한 전자책이 종이책의 형식 자체를 넘어서 디지털 콘텐츠가 지닌 속성과 기능을 선택하면서 기술적 환경에 적응하는 방향으로 진화하게 될 것이라고 내다보았다.

궁극적으로 전자책이 나아가야 할 방향을 세번째 단계로 제시한 것인데, 인공지능, VR, AR, NFT, 블록체인 등 새로운 기술들과 콘텐츠의 결합이 완전히 새로운 디지털 퍼블리싱의 영역을 펼쳐갈 것인지 기대하는 바이다.

그러나, 한편으로는 아직도 전자책이 종이책의 재현조차 하지 못하고 있는 것은 아닌가 하는 안타까움도 있지만, 기존의 종이책 출판사가 아닌 새로운 출판 주체의 등장에 의해 이 단계가 이루어질 것으로 예상된다. 마치 활판 인쇄 식자공들이 전산사식으로 옮겨간 것이 아니었던 것처럼, 전산사식 오퍼레이터들이 DTP 디자이너로 변신했던 것이 아니었던 것처럼, 완전히 새롭고 혁신적인 존재들이 등장하여 미래의 책을 만들어갈 것으로 보인다.

2017년에 발표하여 벌써 7년이나 되었지만, 이 논문을 이 시점에 소개하는 것은 한결 가까이 다가온 전자책이 어떠한 과정을 거쳐서 여기에 이르렀는지를 함께 나누고 싶어서다. 조정미와 공병훈은 전자책 회사와 인터넷서점, 출판사에서 전자책이라는 새로운 미디어의 등장을 맞이하며, 전자책 출판 현장에서 경험과 지식을 축적한 실무자였다. 그런 개인적 경험을 기반으로 하여 역사콘텐츠 전공자인 조정미는 새로운 기술의 역사도 기록해야 한다는 관점에서, 미디어 경제 전공자인 공병훈은 새로운 미디어의 출현과 나아갈 방향을 제시해야 한다는 관점에서 이 논문을 썼다.

조정미, 공병훈(2017)
디지털 기술 발전과 전자책 진화 단계 연구, 〈글로벌문화콘텐츠〉, (26), 185-208쪽

#전자책(E-book)
전자책은 디지털 형태로 제작되어 스마트폰, 태블릿, 전자책 리더기 등의 전자기기를 통해 읽을 수 있는 출판물이다. 텍스트뿐 아니라 이미지, 오디오, 영상 등 다양한 멀티미디어를 포함할 수 있으며, 디지털 기술의 발전에 따라 점차 인터랙티브하고 사용자 참여형 콘텐츠로 진화하고 있다. 전자책은 저장과 유통이 용이하고 제작 비용이 낮아 출판 방식의 다양화를 가능케 한다.

웹소설 작가, 그들은 누구인가?
미디어 콘텐츠 생산자로서의 정체성 탐구

소설에 대해 옥스퍼드 영어사전에는 상당히 긴 허구의 산문 이야기로 과거, 또는 현재의 인생을 보여주는 인물과 행동이 다소 복잡한 플롯 속에 묘사되어 있는 것이라고 정의된다. 소설은 역사적으로도 매우 오랜 동안 대중들의 사랑을 받아온 예술장르이다. 소설을 뜻하는 'Novel'은 새로움이라는 의미의 프랑스어 'Nonus'가 이탈리아어 'Novella'를 거쳐 영어로 들어왔다.

웹을 통해 꽃피우는 한국형 판타지

웹Web이 레거시 미디어들을 제치고 가장 대중적 미디어로 역할을 하면서 소설 문학은 웹이라는 미디엄을 통해 창작되고 소비되기 시작했다. 웹소설은 인터넷 공간에서 즐기는 작가의 상상력을 기반으로 창작되는 이야기이다. 온라인 통신에서 소설을 공유하는 행위는 오랜 역사를 가지고 있다. 한국출판문화산업진흥원의 「2022 웹소설 산업 현황 실태조사」에 따르면 웹소설의 시장 규모는 1조390억원으로 추산되며 독자는 578만명에 이르고 있다.

최근에는 웹소설을 웹툰으로 만들고, 이를 다시 영상으로 만들어서 좋은 반응을 얻으면 자연스럽게 웹소설과 웹툰 모두에서 새로운 독자 유입을 통해 매출이 확대되는 선순환 관계가 나타나고 있다. 웹소설과 웹툰 모두에서 콘텐츠를 유료로 즐기는 시장이 형성되었고, 각각의 작품들이 개별적인 매력을 가지면서도 서로 긴밀히 연계되는 방식으로 기획과 마케팅을 진행하기 때문이다. 이처럼 웹콘텐츠가 대중문화의 중심으로 떠오르고 있는 이 상황에서 웹소설 작가들의 정체성에 대한 연구는 콘텐츠 산업의 미래와 새로운 미디어의 창작자를 분석하는 의미를 지닌다.

웹(web)과 소설(novel)이 결합한 웹소설

1990년대 PC통신에 이어 인터넷이 발달하면서 '인터넷 소설' 문화가 확산되기 시작했다. 새로운 작가들이 인터넷을 통해 등장하면서 로맨스, 무협, 판타지 등 다양한 장르에서의 시도가 나타나다가, 2010년대 이후 전문 플랫폼이 성장하면서 본격적인 '웹소설' 시대가 열리게 된 것이다.

2020년대에 들어서는 스마트폰을 통한 웹소설 소비가 확대되고 유료 결제가 확대되면서 모바일 미디어에 최적화된 이야기 창작과 소비문화가 자리잡게 되었다. 최근 들어 〈오징어 게임〉, 〈이상한 변호사 우영우〉 등 한국의 콘

소설은 매우 오랫동안 대중들로부터 사랑받은 예술장르이며, 2000년대 이후 전문 플랫폼이 성장하면서 웹소설 시대가 열렸다.(이미지 : Freepik)

텐츠가 글로벌 IP 시장에 좋은 반응을 보이면서 미디어 생산자로서 웹소설 창작자에 대한 연구의 중요성이 제기되는 중이다.

웹소설 작가란 누구인가?

김미숙은 논문 「미디어 콘텐츠 생산자로서 웹소설 작가의 정체성 연구 : 심층 인터뷰와 자기기술지를 중심으로」를 통해 웹소설 작가들이 어떻게 자신들의 정체성을 형성하고 있는지를 심도 있게 분석했다.

웹소설 작가의 정체성을 묻는 질문에 대해 웹소설 집필 8년차 작가는 "장사하는 거 아닙니까? 작품성을 1순위로 놓지는 않으니까요. 누가 뭐래도 매출이 1순위죠. 매출이 안 나오면 조기 완결해 버리는 거죠. 우린 이야기를 판매하는 게 목적이니까요"라고 답한다. 잘 팔릴 수 있는 웹소설 콘텐츠를 창작하여 독자에게 많이 팔리도록 하는 것이 핵심이라는 것이다.

이에 대해 김미숙은 웹소설 작가가 단순한 이야기꾼을 넘어서, 디지털 시대의 새로운 미디어 콘텐츠 생산자로 자리매김하고 있다고 설명한다. 이들은 빠르게 변화하는 시장의 요구에 발맞추어 작품을 제작하며, 독자들과의 실시간 소통을 통해 창작 과정에 적극적으로 참여한다. 이러한 활동은 전통적인 작가의 역할을 넘어서 미디어 콘텐츠 제작자, 마케팅 전문가, 그리고 커뮤니티 리더로서의 다면적인 역할을 요구한다는 것이다.

김미숙은 이 논문에서 심층 인터뷰와 자기기술지 분석을 통해 웹소설 작가들의 정체성을 연구했다. 모두 10명의 웹소설 작가들을 대상으로 한 인터뷰를 통해 그들의 창작 과정, 독자와의 상호작용, 개인적인 정체성 형성에 대한 다양한 이야기를 수집했다. 논문은 웹소설 작가들이 자아를 표현하고 정체성을 형성하는 과정에서 중요한 몇 가지 요소를 발견한다.

웹소설 작가의 자아 표현과 정체성 형성 요소

웹소설 작가들은 독자들과의 실시간 피드백을 통해 작품을 발전시키며, 이는 작가들의 정체성에 큰 영향을 미친다. 독자들의 반응은 작가들에게 지속적인 창작 동기를 제공하며, 동시에 그들의 작업에 대한 즉각적인 검증을 가능하게 한다.

한 작가는 "독자들의 댓글과 메시지를 통해 작품에 대한 피드백을 즉각적으로 받을 수 있습니다. 이는 작품의 수정과 보완에 큰 도움이 되며, 독자와의 소통이 창작의 중요한 요소로 작용합니다"라고 말한다.

또 다른 웹소설 한 작가는 "처음에는 단순히 이야기를 쓰는 것이 즐거웠지만, 점점 독자들과의 소통이 창작의 큰 부분을 차지하게 되었습니다. 독자 반응은 즉각적이고, 이는 제 작품의 방향성을 결정하는 데 큰 영향을 미칩니다"라고 이야기한다.

웹소설 작가들은 다양한 디지털 플랫폼을 활용하여 작품을 발표하고, 이를 통해 더욱 많은 독자층과 소통한다. 이러한 플랫폼은 작가들에게 창작의 자유를 제공하면서도, 상업적인 성공을 위한 도구로 작용한다.

심층 인터뷰에서 한 작가는 "디지털 플랫폼을 통해 전 세계의 독자들과 소통할 수 있게 되었습니다. 플랫폼의 다양한 기능을 활용하여 독자들에게 더욱 편리하게 다가갈 수 있으며, 이는 작품의 인지도와 인기를 높이는 데 큰 도움이 됩니다"라고 설명한다.

웹소설 작가의 자아 표현과 정체성 형성 요소
= 독자와 상호작용 + 디지털 플랫폼의 활용 + 정체성의 다면성

웹소설 작가들은 단순히 이야기를 창작하는 것을 넘어, 다양한 역할을 수행한다. 이는 그들의 정체성을 복잡하고 다면적으로 만든다. 작가로서의 자부심과 동시에 콘텐츠 제작자로서의 책임감을 느끼며, 이는 그들의 개인적이고 직업적인 삶에 깊은 영향을 미친다.

한 작가는 "작가로서 글을 쓰는 것 외에도, 마케팅과 독자 관리, 커뮤니티 운영까지 모든 것을 신경 써야 합니다. 이는 때때로 부담으로 작용하지만, 다양한 역할을 수행하는 것이 재미있고 보람됩니다"라고 말한다.

디지털 시대의 새로운 창작자로서의 역할

이 논문은 웹소설을 생산하고 있는 웹소설 작가들이 부업이나 겸업을 시작으로 웹소설을 쓰기 시작했으며 진입 장벽이 없고 따로 자본이나 시설비용이 들어가지 않으면서 혼자서도 수익을 올릴 수 있다는 점에서 웹소설의 매력을 꼽았다. 하지만 작가 대부분이 첫 작품에서 혹독한 실패를 경험하며 웹소설을 써서 성공하기 위해서는 철저하게 수요자 입장이 되어 독자들이 원하는 트렌드와 코드에 맞춰 써야 한다는 것을 깨닫게 된다고 설명한다.

김미숙은 결론에서 웹소설 작가들이 디지털 시대의 새로운 창작자로서 중요한 역할을 하고 있음을 강조한다. 그들은 독자들과의 상호작용을 통해 끊임없이 진화하고 있으며, 이는 그들의 정체성을 풍부하고 다양하게 만든다는 것이다.

웹소설 작가는 단순한 이야기꾼을 넘어 디지털 시대의 미디어 콘텐츠 생산자로 자리잡고 있다. 10명의 작가를 인터뷰하여 웹소설 작가의 정체성을 분석한 김미숙의 연구에서 작가들은 실시간 피드백을 통해 작품을 발전시키고, 플랫폼 기능을 활용해 독자와 긴밀히 연결된다.

웹소설 작가들은 자신을 이야기를 파는 사람, 이야기를 만들어내는 사람, 혼자서 지식재산IP을 만들어내는 창작자, 혹은 현실 세계에서 상품을 판매하는 사람이라고 정의했다. 이들은 글쓰기 외에도 마케팅, 커뮤니티 운영 등 다양한 역할을 수행하며 복합적인 정체성을 형성한다. 웹소설은 진입장벽이 낮지만, 독자의 반응과 시장 트렌드에 맞춘 전략이 필수적이다. 김미숙의 이 연구는 웹소설 작가들의 사회적, 문화적 가치를 재조명하고, 그들의 창작 활동을 보다 깊이 이해하는 데 도움을 줄 것이다.

김미숙(2022)
미디어 콘텐츠 생산자로서 웹소설 작가의 정체성 연구
– 심층 인터뷰와 자기기술지를 중심으로
〈한국콘텐츠학회논문지〉, 22(10), 159–183쪽

#웹소설(Web Novel)
웹소설은 디지털 플랫폼을 통해 연재 형식으로 공개되는 서사(Narrative) 중심의 이야기 콘텐츠로, 스마트폰이나 PC로 쉽게 접근할 수 있다. 독자 반응을 실시간으로 수렴하며 서사를 유연하게 구성할 수 있고, 장르적 다양성과 대중성과 결합하여 독립 창작의 새로운 영역을 형성하고 있다. 웹소설은 작가에게는 상업성과 자율성을 동시에 실현할 수 있는 창구이며, 미디어 믹스(Media Mix) 콘텐츠로도 발전가능한 현대 디지털 문학의 한 형태이다.

디지털 시대의 문학, 웹소설의 서사적 변혁

디지털 시대에 문학은 전통적 틀을 깨고 새로운 형태로 변모하고 있다. 웹소설은 인터넷과 모바일 기기의 발전을 기반으로 생산, 유통, 소비 체계에서 혁신적인 방식을 도입하며, 새로운 서사적 특징을 보여준다. 이러한 변화는 기존 문학의 전통적인 형식을 넘어서는 한편, 대중성과 상품성을 중시하는 새로운 문학 생태계를 형성한다.

문학이 틀을 깨고 새로운 형태로 변모하다

웹소설은 기존 소설의 심미성Aesthetic Value과 깊이를 유지하기보다는 독자의 흥미와 몰입을 최우선으로 삼는 서술 방식을 채택한다. 매 연재분마다 독자의 호기심을 유발하고, 다음 편을 기대하게 만드는 '긴장의 연속 플롯'은 이러한 서술의 대표적인 사례이다. 이는 한 회 한 회의 완결성을 강조하며, 독자들이 바로 이해하고 몰입할 수 있도록 짧고 간결한 문장을 활용한다.

최배은의 논문 「한국 웹소설의 서술형식 연구」는 변화의 중심에 서 있는 웹소설의 특징과 의의를 분석한 결과물이다. 웹소설은 디지털 기기와 플랫폼의 특성을 적극 반영하며, 흥미 위주의 서술 방식을 채택해 독자의 관심을 끌고 있다. 이 연구는 웹소설의 생산, 유통, 소비 체계 및 서술 형식을 검토하여 인터넷 미디어와 모바일 기기가 소설에 미친 영향에 대해 분석하였다.

디지털 환경이 문학 서사 형식에 끼친 영향

웹소설은 이전의 인터넷소설이나 장르소설을 바탕으로 하지만, 예전과는 달리 웹소설 유통과 소비에 최적화된 체계적인 웹 플랫폼에서 만들어지고, 퍼지고, 읽히고 있다. 이로 인해 작가와 독자의 범위가 넓어지고 다양한 변화를 겪고 있으며, 여전히 진화하고 있는 중이다.

웹소설은 글을 쓰고, 전달하고, 받아들이는 과정이 동시에 빠르게 이루어지고 있다. 따라서 작품의 질보다는 돈이 되는 이야기를 만드는 데 초점을 맞

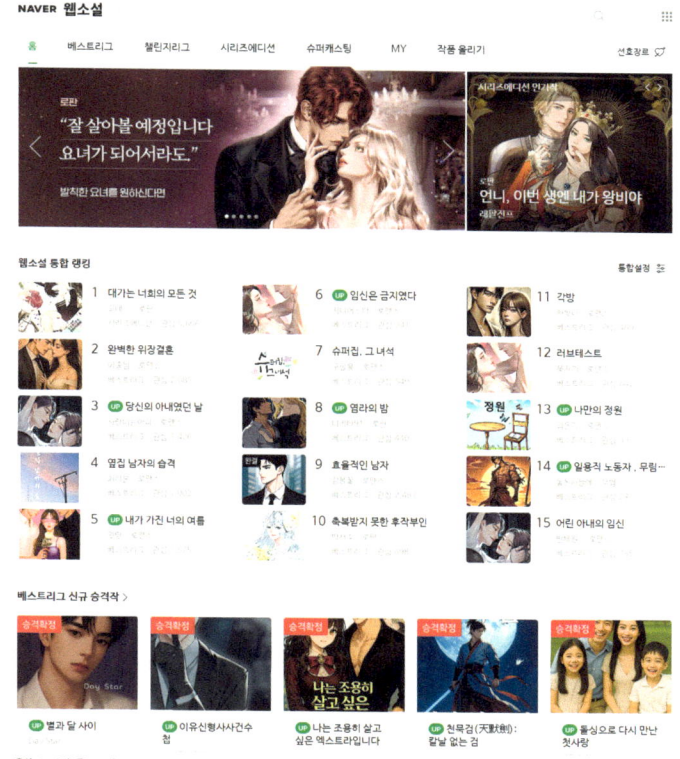

웹소설은 기존 소설의 심미성과 깊이를 유지하기보다는 독자의 흥미와 몰입을 최우선으로 삼는 서술 방식을 채택한다.(이미지 : 네이버)

추는 경향이 있다. 웹소설의 서술 방식은 독자의 흥미와 읽기 쉬움을 가장 중요하게 여긴다. 장르소설의 전통적인 스타일을 따르면서도 모바일 기기에 잘 맞는 형식을 사용한다.

이야기의 전개 방식은 작품 전체의 흐름보다는 각 연재 분량이 얼마나 재미있고 긴장감을 주는지에 따라 결정된다. 문단은 전통적인 글쓰기 규칙과 다르게 짧게 나뉘어지고, 주요 인물은 아이콘, 삽화, 대화 장면 등을 통해 시청각적으로 표현된다. 시간이나 공간을 묘사하는 부분은 거의 없고, 인물의 행동과 시각에 초점을 맞춰 사건이 전개된다.

웹소설 서사 변혁에 대한 분석 내용

최배은의 논문은 웹소설의 생산·유통·소비 체계를 검토하고, 디지털 환경이 서사 형식에 미친 영향을 밝히는 것을 목적으로 한다. 이 연구는 웹소설이 상품성과 대중성을 중시하는 특성으로 인해 전통적인 소설의 형식과 가치를 변화시키고 있음을 문제로 삼는다. 특히, 문학적 심미성을 약화시키는 대신 흥미와 가독성을 강조한 서술 방식을 도입하는 점을 지적한다.

이 논문은 네이버, 조아라, 문피아 등 주요 웹소설 플랫폼에서 인기 작품을 선정해, 해당 서사 형식의 변화를 실증적으로 분석하는 방식으로 진행되었다. 논문은 긴장의 연속 플롯, 시청각적 인물 형상화, 인물 초점화, 문단 파괴 등 네 가지 특징을 중심으로 웹소설의 서술 방식을 체계적으로 규명한다.

웹소설은 독자와의 실시간 상호작용을 통해 형성된 새로운 형태의 서술 방식이라고 연구는 분석한다. 긴박한 플롯 전개와 시청각적 인물 묘사를 통해 흥미를 유발하며, 모바일 기기에 적합한 짧은 문단과 반복 서술을 채택한다. 이러한 방식은 문학의 전통적 미학을 탈피하는 동시에 대중적 미디어로서의 입지를 공고히 한다. 결과적으로 웹소설은 독자가 작품의 주요 수용자이자 결정자로 자리잡는 새로운 문학 생태계를 창출했다.

이 연구는 웹소설이 단순히 소비되는 콘텐츠를 넘어, 디지털 시대의 문학적 가능성을 제시하는 중요한 사례임을 강조한다. 이는 전통 문학의 가치와 기능을 재고하며, 미래 문학의 방향성을 탐구할 단초를 제공한다.

최배은(2017)
한국 웹소설의 서술형식 연구, 〈대중서사연구〉, 23(1), 66~97쪽

#긴장의 연속 플롯
웹소설의 플롯은 연재 형식의 특성상 매 회차 독자의 호기심을 자극하고 다음 회를 기다리게 만드는 방식으로 구성된다. 전통적 소설이 전체 구조의 유기성과 완결성을 중시했다면, 웹소설은 회차별 흥미와 긴장감을 최우선으로 한다. 이를 위해 흔히 '절단신공'이라 불리는 기법을 사용해 사건의 절정에서 끊고, 독자가 계속 이어 읽도록 유도한다. 결과적으로 서사가 근시안적이고 과정 중심적이며, 작품 전체의 완성도보다는 독서 순간의 재미와 몰입감에 무게가 실린다.

#시청각적 인물 형상화
웹소설은 독자가 쉽게 몰입하도록 인물 중심의 서술을 택한다. 대화와 구어적 표현을 통해 인물의 성격, 갈등, 사건이 전개되며, 복잡한 묘사 대신 직관적 이해를 돕는다. 또한 아이콘과 삽화 같은 시각적 요소가 적극적으로 사용되어 인물의 특징과 감정을 강조한다. 이는 독자가 소설을 읽는 과정에서 언어적 해석보다 감각적 반응을 우선하게 만들며, 모바일 기기에서 짧고 강렬한 몰입을 제공하는 장치가 된다. 따라서 웹소설은 언어적 묘사보다 시청각적 효과를 통한 즉각적 몰입을 핵심으로 한다.

문화매개자로서 문학 작가의
새로운 역할과 정체성

문학은 언어를 사용하는 미디어라는 점에서 다른 예술 형식과 구별된다. 게다가, 문학은 특정 장소에 가야만 경험할 수 있는 다른 예술과 달리 시간과 공간의 제약 없이 일상적으로 접할 수 있다는 장점이 있다. 브루디외Pierre Bourdieu, 1930-2002의 설명에 따르면 문학은 대규모의 익명적 시장을 통해 오랜 기간 유통되고 소비된다는 특징도 지닌다.

다른 예술과 구별되는 문학의 특징과 변화 현상들

이 특성들은 문학 작품을 창작하고 감상하는 방식에 차이를 만들어내며, 문학을 다른 예술과 구별짓고 다른 예술과 다른 현상들을 생성한다. 심지어 한국문화예술위원회의 2015년 연구보고서 『문화예술 전문인력 양성 및 지원 패러다임 전환방향 모색』에서는 "문학 분야 창작자에 대한 전체적인 지원은 타 문화예술 장르에 비해 낮은 편이고, 대부분의 문학 분야 지원은 산업 차원에서의 출판 산업 분야에 집중된다"는 특수성을 밝히고 있다.

　문학 작가를 둘러싼 미디어와 사회 환경도 크게 변화하고 있다. 소셜 미디어는 작가와 독자 모두에게 중요한 활동 공간이 되었고 독립서점과 독립출판은 출판 산업에 다양성과 활기를 불어넣고 있다. 문학 작가들이 참여하는 다양한 문학 축제가 국내외에서 열리며 언론과 대중의 주목을 받고 있다. 문학계와 출판계 전문가들은 다른 분야 전문가들과 협력하고 대중과 소통하며 문학의 사회적 영향력을 확대하고 있다. 따라서 문학 작가와 문학 산업 참여자들도 변화에 맞춘 복합적이며 다양한 역량이 요구되고 있다.

예술 경영 관점에서 예술가와 문학 작가

최근, 예술경영은 변화하는 문화 산업과 제도적 환경의 요구에 적응하고 부응하는 예술가상으로 '예술 기업가정신'Art Entrepreneurship을 제시하고 있다. 예술 기업가정신 개념은 예술가를 혁신적 지식과 기술을 통해 커리어를 성공적으로 운영하고 창조적 가치를 창출하는 능동적 주체라는 의미이다. 예술가들은 예술, 예술 관련, 혹은 비예술 일에 동시적으로 복무하는 다중직업 종사자Multiple Job Holder로 정의된다. 문학 작가 또한 전통적 문학 미디어와 비문학 미디어, 온라인과 오프라인 공간을 넘나들며 복합적이고 다중적인 역할과 정체성을 지닌다.

문학 작가들은 창작 활동 외에도 칼럼과 에세이 쓰기, 공공예술 프로젝트 참여, 출판사와 서점 운영, 문학행사 기획, 뉴미디어 등 활동 범위를 넓혀가고 있다.(이미지 : Freepik)

앞서 말한 한국문화예술위원회 보고서에 의하면 문학 작가들은 작품을 쓰는 것만으로 자신의 커리어와 지위를 유지하지 않으며, 이들은 시와 소설 외에의 칼럼 및 에세이 쓰기, 공공예술 프로젝트 참여, 출판사와 서점 운영, 문학행사의 기획 등 활동 범위를 넓혀가고 있다. 특히 뉴미디어를 활용한 활동은 어느 분야보다도 문학이 앞서 나가고 있다고 판단하고 있다.

문화매개자 개념으로 바라본 문학 작가의 새로운 역할과 정체성

한편, 시인이자 사회학자인 심보선은 「문화매개자 개념으로 바라본 문학 작가의 새로운 역할과 정체성」 논문에서 현대 문학 작가의 역할을 문화매개자의 개념을 통해 새롭게 정의하며, 전통적 저자의 이미지에서 벗어나 문학적 가치의 창출 및 확산에 기여하는 새로운 지위를 탐구한다. 변화하는 문화 산업 환경 속에서 작가들은 작품 창작만이 아닌, 문학적 가치를 전달하고 독자와 연결하는 다양한 활동에 종사하며 기존의 문학 제도를 재구성한다.

심보선은 이 논문에서 문학 작가를 이해하는 두 가지 관점인 예술 기업가정신과 창의 노동 개념을 비판적으로 검토한다. 예술 기업가정신은 작가를 경제적·사회적 가치를 창출하는 주체로 바라보며, 그들에게 자기 경영과 지속 가능한 커리어 관리 능력을 강조한다. 반면, 창의 노동 개념은 작가들이 창작 과정에서 자아실현을 추구하면서도 커리어 불안정성에 시달리는 현실을 지적한다. 심보선은 대안으로 문화매개자 개념을 제시하고 있다.

창작을 넘어 작품 가치를 사회화하고 정당화하는 역할

문화매개자는 문학 작품의 창작을 넘어 그 가치를 사회화하고 정당화하는 역할을 수행한다. 작가들이 독립출판, 서점 운영, 문학 행사 기획 등 다양한 활동을 통해 문학의 의미를 전달하고 확장하는 과정에서 나타난다.

또한, 현대 문학 작가들이 직면한 제도적 제약과 불안정성 속에서 집합적 역량을 강화해야 한다고 제안한다. 문학적 자율성의 위협에도 불구하고, 작가들이 다양한 실천을 통해 이를 극복하고 문학적 가치를 새롭게 정의하는 과정을 분석한다. 나아가 문학과 예술 경영의 접목을 통해 작가들이 창의적 도전을 이어가며 사회적 변화를 이끄는 역할을 수행할 수 있음을 강조한다.

문학 작가는 더 이상 고립된 창작자가 아니라 변화하는 환경에 대응하며 문학적 가치를 창출하고 사회화하는 문화매개자로 변모하고 있다. 이들은 창작뿐 아니라 다양한 실천을 통해 문학의 자율성을 유지하며 새로운 정체성을 구축해 나간다. 이 논문은 문학 작가를 단순한 창작자가 아닌 사회적·문화적 가치를 매개하는 주체로 재조명하며, 문학계의 지속 가능한 발전과 변화를 위한 새로운 방향성을 제시한다.

심보선(2021)
문화매개자 개념으로 바라본 문학 작가의 새로운 역할과 정체성
〈예술경영연구〉, (58), 49-88쪽

#문화매개자
창작자와 수용자, 또는 서로 다른 문화 영역 사이에서 의미를 연결하고 소통을 촉진하는 중개자 역할과, 문학에서 독자나 기획자가 작가와 사회를 이어주는 역할을 한다.

문학 창작과 수용자의 소통 방식을 바꾸는 크라우드펀딩

문학 독자는 창작의 동반자가 될 수 있을까? 기존 문학교육에서는 독자를 텍스트의 해석자로 한정하는 경향이 강했다. 하지만 최근 디지털 환경과 크라우드펀딩 플랫폼의 등장으로 독자들은 더욱 능동적으로 문학적 소통에 참여하고 있다.

독자의 역할 확장, 전통적 개념에서 벗어나기

박주형과 진가연의 연구 「능동적 협력자로서의 문학 독자 역할에 대한 고찰」은 이런 변화를 조명하며, 독자가 단순한 소비자가 아니라 창작의 협력자로서 역할을 수행할 가능성을 탐구한다. 이 논문은 전통적인 문학 독자 개념의 한계를 지적하고, 독자가 단순한 수용자를 넘어 능동적 협력자로서 작가와 상호작용하는 방식을 탐구한다. 이를 위해 크라우드펀딩 플랫폼에서의 문학 소통 사례를 분석하고, 독자의 역할을 '접촉하기', '응답하기', '완성하기'로 구분해 연구했다.

문학 독서에서 독자의 역할은 오랫동안 '내포 독자' 개념을 중심으로 논의되었다. 이는 독자가 텍스트의 빈 자리를 능동적으로 채운다는 해석학적 관점에서 출발했지만, 실제 문학 소통의 다양한 양상을 반영하기에는 한계가 있었다. 박주형과 진가연은 이러한 제한적 개념을 넘어, 독자가 문학 작품을 창작자와 함께 만들어가는 존재로 변화하고 있음을 강조한다.

　이를 검토하기 위해 연구팀은 크라우드펀딩 플랫폼에서 진행된 문학 프로젝트를 분석했다. 크라우드펀딩은 창작자가 독자들의 후원을 받아 작품을 창작하고제작하는 방식으로, 독자들은 단순한 구매자가 아니라 기획 과정에서부터 참여할 기회를 가진다. 연구진은 이를 '접촉하기', '응답하기', '완성하기'라는 세 가지 층위로 나누어 독자의 능동적 협력 양상을 분석했다.

최근 디지털 환경과 크라우드 펀딩 플랫폼의 등장으로 독자들은 더욱 능동적으로 문학적 소통에 참여하고 있다.(이미지 : Freepik)

독자는 어떻게 능동적으로 참여하는가?

'접촉하기'는 작가와 독자가 직접적으로 소통하는 방식이다. 전통적으로 독자는 텍스트를 매개로 작가와 간접적으로 연결되었지만, 크라우드펀딩 플랫폼에서는 작가가 프로젝트를 제안하며 창작 의도를 설명하고, 독자들은 후원과 댓글을 통해 이에 응답한다. 일부 프로젝트에서는 독자의 이름을 책에 기재하거나, 북토크 및 작가와의 만남을 리워드로 제공한다. 이는 문학 독서가 단순한 개인적 경험에서 공동체적 경험으로 확장되는 계기를 마련한다.

'응답하기'는 문학적 가치 판단에 대한 독자의 적극적인 개입을 의미한다. 크라우드펀딩 플랫폼에서는 기존 출판 시장과는 다른 방식으로 작품이 평가된다. 출판사나 비평가의 검증을 거치지 않고, 독자들이 직접 프로젝트의 가치와 의미를 판단하고 후원 여부를 결정한다. 예를 들어, 사회적 소수자의 목소리를 담은 시집이나 전통적 문단 시스템을 거부하는 독립출판 프로젝트가 독자들의 자발적 지지를 얻는 사례가 증가하고 있다. 연구진은 이를 통해 독자가 단순한 소비자를 넘어 문학적 기획의 동반자가 될 가능성을 확인했다.

'완성하기'는 독자가 창작 과정에 직접 참여하는 방식이다. 일부 프로젝트에서는 독자들이 특정한 주제나 경험을 제공하면, 작가가 이를 시나 소설로 완성하는 협력적 창작 모델을 시도하고 있다. 또한, 독자가 작품의 일부를 직접 작성하거나 편집 과정에 참여하는 방식도 등장했다. 연구진은 이러한 흐름이 문학을 '완성된 결과물'이 아니라 '함께 만들어가는 과정'으로 인식하게 한다고 설명한다.

문학교육에서의 시사점

이 연구는 문학교육에 중요한 시사점을 제공한다. 기존 문학교육은 텍스트 중심의 분석과 해석을 강조해왔지만, 디지털 시대에는 독자의 참여와 협력이 더욱 중요해지고 있다. 이 연구는 학생들이 문학을 단순히 소비하는 것이 아니라, 창작과 기획 과정에 참여하며 능동적인 경험을 쌓을 수 있도록 교육적 접근이 변화해야 한다고 주장한다.

이를 위해 문학 수업에서는 크라우드펀딩 프로젝트를 활용한 실습을 도입할 수 있다. 학생들이 문학 작품을 기획하고 가상의 크라우드펀딩 프로젝트를 만들어보는 과정은 문학적 소통의 실제적 경험을 제공할 수 있다. 또한, 독서 활동과 창작 활동을 연계하여 독자와 작가의 경계를 허물고, 문학을 더욱 역동적으로 경험할 수 있는 환경을 조성해야 한다.

독자의 역할 변화와 문학의 미래

박주형과 진가연의 논문은 디지털 시대에 변화하는 문학 독자의 역할을 심도 있게 분석하며, 독자가 단순한 수용자가 아닌 능동적 협력자로 전환될 수 있음을 강조한다. 크라우드펀딩 플랫폼에서의 문학 소통 양상은 독자의 능동성을 강화하고, 문학이 개방적이고 다층적인 방식으로 발전할 가능성을 보여준다. 이 연구는 문학교육이 실천적이고 참여적인 방향으로 나아가야 한다는 점을 시사하며, 앞으로의 문학 생태계 변화에 중요한 통찰을 제공한다.

박주형, 진가연(2022)
능동적 협력자로서의 문학 독자 역할에 대한 고찰 : 크라우드펀딩 플랫폼에서의 문학 소통 양상을 중심으로, 〈우리말글〉, (93), 293–324쪽

#크라우드펀딩 문학
독자가 창작자의 작품 기획 단계부터 후원과 아이디어 제공, 피드백 참여까지 함께하는 방식으로, 문학을 공동 창작과 소통의 과정으로 확장시키는 새로운 창작 모델이다. 크라우드펀딩을 통해 독자는 단순한 독서를 넘어 창작 과정에 참여하며 작가와 협력하는 동반자로 자리잡고 있다. 이는 문학교육에도 참여 중심의 전환을 요구한다.

#3 독립indie 문화예술, 미래를 채우다

인디음악, 독립영화, 애니메이션, 인디게임은 주류와 다른 길을 열어왔다.
자유로운 실험과 자기표현이 만들어내는 인디 문화의 힘을 조망한다.

인디음악, 기술과 창의력으로
한국 영화를 채우다

실험과 창의적 자유에 기반한 인디음악들. 국내외에서 주목받던 한국 영화와 드라마 음악 다수가 인디음악가의 작품이라는 사실은 흥미롭다. 인디음악가는 주류 대중음악 산업의 통제에서 벗어나 실험적 음악 작업을 지속하기 위해 새로운 음악 기술을 적극적으로 활용해 왔다. 인디음악은 '인디펜던트 음악'Independent Music의 줄임말로, 메이저 음반사와 독립된 환경에서 만들어지는 음악을 말한다. 이는 일반적으로 상업적인 대중음악보다 음악적 실험과 창의적 자유를 더 중시하며, 제작 과정에서도 독자적인 방식과 미학적 성취를 추구한다.

실험과 창의적 자유에 기반한 인디음악의 탄생

인디음악이 본격적으로 주목받기 시작한 시기는 1940~1950년대로, 리듬앤블루스Rhythm and Blues와 로큰롤Rock and Roll이 태동하던 때이다. 당시 미국 남부의 소규모 인디 음반사들은 대형 음반사가 간과한 틈새시장을 발견하고, 아프리카계 미국 음악을 백인 가수가 재해석하여 새로운 시장을 만들어냈다. 이는 인종적으로 분리된 당시 사회에서 백인 청년층을 주요 소비층으로 하여 큰 인기를 끌었다.

1950년대 미국에서는 백인이 아프리카계 음악을 차용하는 것이 문화적 도전으로 여겨졌다. 이후 민권운동과 반전운동이 활발하던 1960~1970년대 초반, 인디라는 용어는 사회적 저항과 연관된 음악 장르를 대표하게 되었다. 영국의 펑크 록Punk Rock과 미국의 사이키델릭Psychedelic, 개러지 록Garage Rock이 대표적 사례로, 이들은 당시 주류 음악 산업에서 받아들여지지 않던 장르였다. 인디음악은 강한 팬덤과 자유로운 창작 환경, 음악적 담론을 통해 자신만의 독특한 위치를 확립했다.

인디음악은 수평적이고 유연한 구조 덕분에 끊임없이 혁신을 시도할 수 있었고, 그 혁신은 주류 음악에도 큰 영향을 미쳤다. 1960년대부터 1970년대까지 활동했던 록 밴드 비틀즈The Beatles, 스티비 원더Stevie Wonder, 1950- , 밥 딜런Bob Dylan, 1941- 등 당시 메이저 음반사 소속 스타들도 창작 과정에서 음악적 자유를 요구하는 변화를 이끌었다. 이처럼 인디음악의 혁신적인 시도를 주류 음악 산업이 지속적으로 받아들이고 발전시키는 순환 구조를 만들어냈으며, 서구 대중음악사의 중요한 흐름을 형성했다.

인권운동과 반전운동이 활발하던 1960~70년대 주류에 수용되지 않던 펑크 록과 사이키델릭, 개러지 록은 강한 팬덤과 자유로운 창작을 바탕으로 인디음악으로 자리잡았다.(이미지 : Wikipedia)

1990년대 한국에서의 인디음악 등장

한국에서 인디음악은 1990년대 후반에 본격적으로 등장하여 초기에는 록과 펑크 록 중심으로 전개됐다. 당시만 해도 펑크 록 계열이 주를 이루었으며, 이는 해외 포스트펑크Post-punk 인디음악의 영향을 받은 흐름이었다. 그러나 곧 인디음악은 단순한 장르를 넘어, 음악가의 태도와 가치, 자율성을 중시하는 실천적 문화로 확장된다. 홍대 앞 클럽을 중심으로 포크Folk, 모던록 Modern Rock, 하드록Hard Rock, 헤비메탈Heavy Metal, 힙합Hip Hop, 일렉트로니카Electronica 등 다양한 장르의 음악이 폭발적으로 쏟아졌다.

　IMF 이후 연예 산업이 크게 위축된 상황에서 인디음악은 디지털 기술과 인터넷을 통해 공연과 PC통신 같은 새로운 활동 공간을 개척했다. 이러한 변화는 누구나 초보적인 기술과 아이디어로 음악을 창작할 수 있는 환경을 제공했다. 전통적인 장르를 초월하여 다양한 스타일과 요소를 혼합한 매시업 Mashup 및 실험적인 시도들이 인디음악의 대표적 특징으로 자리잡으며 한국 인디음악 문화는 독특한 소수 집단의 열광적인 지지를 받는 컬트적 색채를 띠게 되었다.

조일동의 「인디음악가, 한국 영화를 채우다」

조일동의 연구는 우리가 익숙히 접하는 한국 영화나 드라마 속 배경음악에 담긴 의미를 새롭게 조명한다. 이 논문은 특히 '인디음악가'들이 한국 영상 콘텐츠 산업에서 중심적인 역할을 차지하게 된 과정과 그 배경을 분석하며, 단순히 음악에 대한 분석을 넘어, 음악을 둘러싼 사회적·문화적 구조를 탐색하는 인류학적 접근을 시도한다.

　연구의 출발점은 현재 한국 영화와 드라마는 세계적인 주목을 받고 있지만, 그 속에 담긴 '음악'에 대해 누가 그것을 만들고, 어떤 사회문화적 조건 속에서 형성되었는가에 대한 연구는 부족하다는 문제의식에서 시작된다. 기존 연구들이 선율, 화성Harmony, 악기 등의 음악적 구조에 초점을 맞췄다면, 이 논문은 음악을 만들어내는 주체들, 즉 인디음악가들의 사회적 배경과 그들의 창의적 실천에 주목한다.

논문은 인디음악의 개념과 그 역사적 전개를 소개하면서, 한국 인디음악이 단지 상업성과 거리를 두려는 음악적 실험이 아니라, 디지털 기술과 DIY 문화의 접점에서 생겨난 문화적 운동임을 밝힌다. 1990년대 후반 IMF 경제위기와 함께 등장한 이 음악가들은 홍대앞 클럽과 PC통신을 기반으로 활동하며 자율적 음악 창작 문화를 구축했다.

연구는 또한, 인디음악가들이 한국 영화 산업과 어떤 방식으로 연결되었는지를 역사적으로 추적한다. 1960~70년대에는 미8군 출신 음악가들이 트로트 중심의 대중음악을 벗어나 재즈, 팝 등의 새로운 사운드를 영화에 도입했지만, 이들이 인디음악가로 불리지는 않았다. 반면 1990년대 후반 이후, 디지털 기술과 창의성을 무기로 성장한 인디음악가들이 독립영화와의 협업을 통해 영화 산업에 본격적으로 진입하게 된다.

달파란, 방준석 등 대표적인 인디음악가들은 실험적인 영화에서 먼저 주목받았고, 이후 〈기생충〉, 〈부산행〉, 〈밀수〉 등 대중적 성공을 거둔 작품들의 음악을 담당하며 존재감을 키워나갔다. 이들이 가진 특징은 한정된 예산과 시간을 창의적 기술 활용으로 극복할 수 있는 유연함이다. 이는 한국 영화 산업의 구조적 제약과 맞물리며 이들의 활동 무대를 넓히는 원동력이 되었다.

조일동은 인디음악가들이 한국 영상 콘텐츠의 중심적 음악가로 자리잡은 배경이 단순한 창의성이나 음악적 우수성 때문이 아니라, IMF 이후 재편된 사회경제 구조, 디지털 기술의 발달, 노동 불안정성 등의 사회문화적 조건 속에서 가능했음을 강조한다. 이 연구는 인디음악이라는 장르가 어떻게 영화라는 미디어를 통해 확장되고, 그 안에서 새로운 문화적 의미를 생성해내는지를 보여주는 중요한 사례다.

조일동(2024)
인디음악가, 한국 영화를 채우다 : 음악, 기술, 창의력과 영상산업의 변동
〈한국학〉, .47(2), 7-45쪽

#인디음악(Indie Music)
인디음악은 '인디펜던트 음악'(Independent Music)의 줄임말로, 메이저 음반사와 독립된 환경에서 만들어지는 음악을 말한다. 이는 일반적으로 상업적인 대중음악보다 음악적 실험과 창의적 자유를 더 중시하며, 제작 과정에서도 독자적인 방식과 미학적 성취를 추구한다.

#음악감독으로서의 인디음악가
인디음악가들은 상업영화의 음악감독으로 활발히 진출하며, 영화의 정서와 미학을 음악으로 구현하는 데 기여하고 있다. 영화 〈소공녀〉의 음악감독이자 싱어송라이터인 기린은 영화의 감정선을 섬세한 기타 사운드로 풀어내 호평을 받았다. 〈남매의 여름밤〉의 김강민 감독은 인디 감성을 유지한 음악 구성으로 영화의 정체성을 강화했다. 인디음악가는 단순 배경음악이 아닌 서사와 감정의 통합된 창작자로 자리매김하고 있다.

소규모 문화예술 활동과
크라우드펀딩

한국 문화예술 분야에서 최근 크라우드펀딩이 새로운 자금 조달 수단으로 주목받고 있다. 대표 사례로 큰 흥행 돌풍을 일으킨 영화 〈신명〉2025이 있다. 이 저예산 영화는 후원형과 투자형 크라우드펀딩을 병행해 약 4,200여 명의 참여자로부터 19억 원의 제작비를 모았다. 관객들이 직접 제작비를 모은 덕분에 탄생하게 된 이 영화는 손익분기점관객 30만 명의 두 배가 넘는 70만 관객을 동원했고, 투자형 펀딩에 참여한 후원자들은 현재 90%에 육박하는 수익률을 얻는 성과를 거두고 있다. 관객이 만든 영화가 상업영화와 어깨를 나란히 하는 '크라우드펀딩 성공 신화'가 현실이 된 것이다.

문화예술 영역의 후원형 크라우드펀딩

국내에서 크라우드펀딩이 모습을 드러낸 것은 2011년이다. 초창기에는 주로 문화예술 분야에서 '많은 사람에게서 조금씩' 모금하는 방식으로 자리잡았고, 한국문화예술위원회 같은 공공기관이나 민간 전문기업이 추진을 이끌었다. 크라우드펀딩은 대체로 네 가지 유형으로 구분된다.

'지분 투자형'Equity-based은 스타트업이나 혁신 아이디어에 직접 지분을 넣어 성장 가능성을 공유하는 방식으로, 대표 플랫폼으로 오퍼튠Opportune이 거론된다. '대출형'Lending-based은 개인이나 소규모 사업자에게 소액을 빌려주고 상환 이자를 통해 수익을 얻는 모델로, 머니옥션Money Auction과 팝 펀딩이 활발히 운영 중이다. '후원형'Reward-based은 창의적 프로젝트를 지원하고 리워드를 제공받는 형태로, 텀블벅·펀듀·유캔펀딩 등이 이용자를 모으고 있다. 마지막으로 '기부형'Donation-based은 보상 없이 순수 기부로 사회적 가치를 추구하는 구조로, 해피빈Happybean이 대표 사례로 꼽힌다.

문화·예술 영역에서 가장 활발한 것은 후원형이다. 이때 '펀드'라는 표현은 투자보다는 '대중으로부터 소액을 모은다'는 데 초점이 있으며, 기부와 후원에 가까운 성격을 띤다. 후원자들은 금전적 이익보다 창의적 아이디어가 구현되는 과정과 결과에서 얻는 만족을 중시한다.

세계적 플랫폼 킥스타터Kickstarter는 기업의 정체성을 "프로젝트 창작자가 후원자에게 보상을 제시해 창의적 프로젝트 자금을 모으는 플랫폼"이라고 정의한다. 다시 말해, 문화·예술 분야에서의 크라우드펀딩이란 온라인상에서 불특정 다수를 대상으로 하는 '창의적 프로젝트 자금조달 장치'이며, 후원자에게 제공되는 보상, 즉 심리적 보람은 물론 물질적 리워드까지 포함한 보상이 핵심 요소로 작용한다.

크라우드펀딩, 소규모 문화예술의 자립 기반일 수 있는가?

예술가들이 전통적인 자금지원 체계에서 소외되는 현실 속에서, '크라우드펀딩'은 새로운 가능성으로 주목받고 있다. 김선기와 이상길의 논문 「크라우드펀딩은 소규모 문화예술의 자립 기반이 될 수 있는가?」는 그중 특히 경제적으로 가장 취약한 위치에 놓인 '마이크로 인디 뮤지션'을 중심으로 크라우드펀딩의 실제 효과와 한계를 분석했다. 인디 뮤지션들이 경험한 크라우드펀딩은 선행 논의들에서 제시되는 낙관적이고 희망적인 모습과는 상당 부분 다른 모습을 보이고 있었다는 점에 주목했다. 이 연구는 단순한 낙관적 시선이 아닌, 기술 중심의 이상론을 넘어서 사용자 중심의 비판적 시각에서 접근한다.

김선기와 이상길은 소규모 문화예술 생산의 주체이면서 크라우드펀딩 프로젝트에 대거 참여하고 있는 직업군인 인디 뮤지션 여섯 명과 크라우드펀딩 플랫폼 종사자 두 명을 심층 인터뷰하였다. 이들은 크라우드펀딩이 과연 예술의 자율성과 지속 가능성을 보장할 수 있는가에 대한 해답을 당사자들의 목소리를 통해 찾아나간다.

연구 결과, 인디 뮤지션들이 경험한 크라우드펀딩은 대체로 "필요에 의해 시작된 경제적 선택"이었다. 많은 뮤지션들은 앨범 제작이나 공연 자금을 마련하기 위해 이 플랫폼을 찾았으며, 실제로 일정 금액을 성공적으로 모금하기도 했다. 하지만 그 이면에는 지인 중심의 후원 구조, 과도한 홍보 및 보상 부담, 그리고 창작보다 더 많은 시간을 소모하는 행정적 업무가 있었다.

인디 뮤지션들이 경험한 크라우드펀딩은 대체로 "필요에 의해 시작된 경제적 선택"이었다. 많은 뮤지션들은 앨범 제작이나 공연 자금을 마련하기 위해 이 플랫폼을 찾았으며, 실제로 일정 금액을 성공적으로 모금하기도 했다.(이미지 : Soundof Life)

예술가가 아니라 문화적 기업가가 되어야 하는 압력

이 연구는 대중음악 산업에서 주변화되고 있는 '인디씬'Indie Scene, 즉 독립적인 창작 활동이 이루어지는 현장과 네트워크 내에서도 작은 규모의 창작 영역인 '마이크로인디'Micro Indie에 해당하는 인디 뮤지션들은 크라우드펀딩과 불가분한 관계를 맺고 있다고 설명한다. 특히 이 연구는 인디 뮤지션들이 크라우드펀딩을 통해 자금만이 아니라 기업가적 정체성을 요구받는다는 점을 강조한다. 인디 뮤지션들은 크라우드펀딩 진행 과정에서 홍보와 보상을 적극적으로 실천하는 방식으로 기업가화되기를 요구받고 있었다는 의미이다.

인디 뮤지션의 경제적인 상황은 그들이 크라우드펀딩에 주목할 수밖에 없도록 하고 있었으며 반대로 크라우드펀딩 업체도 인디 뮤지션들을 영업 대상으로 인식하고 있었다. 크라우드펀딩의 성공은 단순히 창작물의 매력만이 아니라, 개인 네트워크를 얼마나 잘 활용하는가, 얼마나 '홍보에 능한가'에 따라 좌우되었다. 즉, 예술가가 아니라 '문화적 기업가'가 되어야 한다는 압력이 존재하는 것이다.

크라우드펀딩의 '구조적 한계'도 명확히 드러난다. 플랫폼의 기술적 문제보다, 이 시스템이 결국 자본과 네트워크를 어느 정도 보유한 이들에게 유리하게 작동하고 있다는 점에서 한계가 있다. 결국 크라우드펀딩이 문화예술의 다양성과 자율성을 확대하는 수단이라기보다, 또 다른 불균형 구조를 재생산하고 있다는 비판이 가능하다.

저자들은 문화의 다양성 확보나 소규모 문화예술에의 자립 가능성도 인디 뮤지션들의 경우에는 제한적이었다고 설명한다. 하지만 인디 뮤지션들의 크라우드펀딩 성공 여부를 결정짓는 것은 그것을 가능하게 만드는 기술적 환경이 아니라 지인들의 도움과 팬덤의 존재 여부로 나타났다고 이야기한다.

이 연구는 크라우드펀딩을 단순히 '좋은 도구'로 찬양하기보다는, 그 가능성을 실현하기 위해 어떤 사회적·제도적 조건이 뒷받침되어야 하는지를 진지하게 묻는다. 크라우드펀딩이 진정한 의미에서 소규모 문화예술의 자립 기반이 되기 위해서는 기술만이 아니라 예술노동의 현실, 후원문화, 정책적 뒷받침까지 함께 논의되어야 할 것이다.

김선기, 이상길(2014)
크라우드펀딩은 소규모 문화예술의 자립 기반이 될 수 있는가?
: 인디 뮤지션들의 펀딩 경험에 대한 분석을 중심으로
〈미디어, 젠더 & 문화〉, 29(4), 5-41쪽

#소규모 문화예술(Small-scale Arts and Culture)
소규모 문화예술은 대중성과 상업성보다는 창작자의 개성과 실험성을 중시하는 예술 활동을 의미한다. 주로 인디 음악, 독립영화, 자가출판, 소극장 공연 등에서 나타나며, 자립 기반이 취약해 외부 자금이나 공동체의 지원이 중요한 역할을 한다. 크라우드펀딩은 이들의 지속가능성을 위한 대안으로 주목된다.

#인디씬(Indie Scene)
인디씬은 대형 음반사나 유통사에 의존하지 않고 독립적으로 음악을 제작·유통·홍보하는 뮤지션들과 그들의 음악활동이 이루어지는 독립적인 현장과 네트워크, 또는 음악시장이나 생태계를 의미한다.

자본과 권력 너머
디지털 시대의 한국 독립영화의 변화

독립영화라는 단어는 이제 단순히 예산이 적은 영화나 마이너한 감성을 다룬 영화를 뜻하지 않는다. 근본적인 의미에서, 자본과 권력으로부터의 독립과 자유로운 창작의지를 내포한다. 삶의 진실과 창작의 자유를 좇는 예술 행위다. 스스로 질문하고, 낯선 시선으로 세계를 응시하며, 가장 솔직한 언어로 이야기를 건넨다.

독립영화, 자본과 권력 너머 자유로운 창작 의지

학계에서는 독립영화를 산업적·미학적·문화적 차원에서 다층적으로 정의해왔다. 산업적 관점에서 독립영화는 메이저 스튜디오, 즉 헐리우드 대형 제작사나 유력 배급사의 통제 밖에서 제작된 영화를 의미한다. 이는 대자본에 종속되지 않고 창작자가 중심이 되는 제작 방식을 뜻한다. 배우, 감독, 촬영감독 등 주요 창작자가 자발적으로 모여 동지적 결합으로 출발하는 경우가 많으며, 이를 우리는 '독립 프로덕션'이라 부른다. 실제로 유럽과 북미의 거의 모든 영화예술운동은 이러한 동인제同人制 형식의 독립 프로덕션을 중심으로 삼아 발전해왔다.

　독립영화는 미학적 실험성에서도 상업영화와 뚜렷이 구별된다. 기존 헐리우드 내러티브의 전형적인 구조갈등-클라이맥스-해결를 벗어나, 파편적 구성, 다큐멘터리적 리얼리즘, 혹은 내밀한 개인 서사 등 다양한 형식의 실험이 이루어진다. 영화는 감정적이고 정치적인 진실을 드러내는 도구이자, 영화언어 자체를 확장하는 실험장이 된다.

한편, 문화적·정치적 관점에서 독립영화는 주류 영화에서 소외된 목소리를 담아내는 중요한 미디어이다. 이민자, 여성, 성소수자, 소수 민족 등 다수 사회로부터 주변화된 존재들의 이야기를 통해, 독립영화는 자본 중심 서사의 공백을 채우고 비주류 문화를 대변한다. 하미드 나피시 Hamid Naficy 는 이를 '강조된 시네마' Accented Cinema 라 불렀다. 경계 밖에서 만들어진 이 영화들은 언어, 정체성, 권력의 경계를 가로지르며 새로운 시선을 제시한다.

'독립영화'라는 단어는 단순히 예산이 적은 영화나 마이너한 감성을 다룬 영화를 뜻하지 않는다. 근본적인 의미에서, 자본과 권력으로부터의 독립과 자유로운 창작의지를 내포한다.(이미지 : Kifv)

최근에는 넷플릭스, 유튜브, 비메오Vimeo 등 디지털 플랫폼의 확산으로 독립영화의 배급 경로가 넓어지고 있다. 영화제 역시 그 생태계를 지탱하는 중요한 기반이다. 선댄스영화제, 로테르담국제영화제, 부산국제영화제 등은 단지 상영 공간이 아니라 자금 조달, 네트워크 구축, 해외 진출의 기회를 제공하는 중심지다. 더불어 할리우드와 독립영화 사이의 중간 지점을 가리키는 '인디우드'Indiewood처럼 독립성과 상업성을 조화시키는 새로운 흐름도 등장하고 있다.

이도훈의 「한국 독립영화의 지연된/불완전한 디지털화」

한국 독립영화는 어떻게 디지털 기술을 받아들이고 변화해왔을까? 이도훈은 1990년대 중반부터 2000년대 중반까지 약 15년간 한국 독립영화가 디지털화되는 과정을 면밀히 추적한 논문 「한국 독립영화의 지연된/불완전한 디지털화」를 통해, 기술 변화와 영화의 정체성이 어떻게 맞물리는지를 '불완전하게 디지털화된 한국 독립영화의 진실'을 분석한다.

이 연구는 '디지털 전환'이란 키워드를 통해 기존 운동권 중심 독립영화 논의의 공백을 메우고자 한다. 연구자는 1999년부터 2009년까지 발행된 「계간 독립영화」 1호부터 37호까지를 분석 대상으로 삼아, 해당 시기 한국 독립영화 진영 내에서 디지털화가 어떻게 인식되고 실천되었는지를 규명한다.

논문은 디지털화 과정의 세 단계를 제시한다. 첫째, 1990년대 중반에는 디지털 장비에 대한 기대와 불안이 공존했다. DVDigital Video 캠코더와 저가 편집 장비의 등장으로 기술 진입 장벽이 낮아졌지만, 또 다른 방식의 상업화와 자본 순응에 대한 우려도 적지 않았다. 둘째, 2000년대 초반부터는 디지털 장비의 본격적인 도입과 함께 장편영화 제작이 활성화되었고, 이에 대한 미학적 논의도 활발해졌다. 디지털 특유의 리얼리즘과 기동성, 일상성 등 새로운 미학이 실험되었으며, 공공 및 민간 차원의 지원도 확대되었다. 셋째, 2000년대 중반 이후로는 디지털 후반작업과 상영의 필요성이 대두되었지만, 여전히 독립영화 진영에서는 이에 대한 제도적 기반이 미비하여 '불완전한 디지털화'가 이뤄졌다는 점이 지적된다.

적에서 동반자로, 디지털이 바꾼 상업영화와의 관계

1990년대까지 한국의 독립영화는 상업영화와 뚜렷한 대립 구도 속에 있었다. 자본과 검열에 저항하며 '치열하고 정직한 장면'을 만들어내던 독립영화는, 시각적 스펙터클을 앞세운 대중 지향적 상업영화와는 분명히 다른 위치를 자처해왔다. 그러나 1990년대 중반부터 시작된 디지털 기술의 도입은 이 구도를 근본적으로 뒤흔들었다.

이 논문에 따르면, 디지털 장비의 보급과 활용은 단순한 기술 수용을 넘어 한국 독립영화의 정체성 재편과 상업영화와의 관계 재정립이라는 중대한 변화를 이끌었다. 그동안 적대적이던 독립영화와 상업영화는 디지털이라는 공통 기반을 통해 상생의 길로 나아가기 시작한 것이다.

디지털 캠코더와 편집 장비의 등장은 제작비 절감과 기술 장벽의 완화를 가능하게 했고, 이는 독립영화인들에게 새로운 창작 환경을 제공했다. 〈눈물〉2001, 〈마이 제너레이션〉2004 등의 작품이 DV 및 HD 포맷으로 제작되며 디지털 독립영화 시대의 서막을 열었다. 상업영화도 〈쉬리〉1999, 〈은행나무 침대〉1996 등을 통해 디지털 시각효과 가능성을 실험하고 있었다.

이처럼 양 진영은 동일한 기술 기반 위에 서게 되었다. 디지털 장비 사용의 일상화는 독립영화와 상업영화의 기술적 경계를 허물었고, 상영 형식과 유통 방식에서도 유사성이 확대되었다. 디지털 상영관의 증가와 디지털 후반작업 필요성은 독립영화도 상업적 배급망에 접근할 수 있는 가능성을 열어주었다.

무엇보다 디지털화는 독립영화가 갖고 있던 전통적인 반反상업적 정체성을 재구성하게 만들었다. 독립영화는 단지 상업영화에 반대하며 서사적 통일성, 매끄러운 이야기, 관객의 몰입을 유도하는 장치에 저항하는 '반反영화'가 아닌, 기술을 매개로 한 실험성과 자율성을 추구하는 '대안영화'로 거듭나게 된 것이다. 이는 '적대'를 넘어서 '참조'와 '공존'으로 이어지는 새로운 관계 설정을 의미한다.

이 연구는, 한국 독립영화가 디지털화를 적극적으로 수용했음에도 불구하고 상영과 후반작업이라는 측면에서 제도적 기반이 부족했기에, 그 디지털화는 '지연된', 그리고 '불완전한' 형태로 남았다고 결론짓는다. 이 논문은 영화가 기술을 통해 재구성되고, 새로운 정체성을 획득하며, 제도 및 상업적 구조와의 관계를 재설정해나가는 과정을 보여주는 중요한 작업이다.

이도훈(2025)
한국 독립영화의 지연된/불완전한 디지털화
〈프리뷰〉, 제22-1호, 2025, 89-124쪽

#독립영화
대형 자본과 권력에서 독립해 창작자의 자율성과 표현의 자유를 중시하는 영화다. 상업적 성공보다 삶의 진실과 사회적 메시지에 집중하며, 실험적이고 개인적인 색채가 강하다.

독립 애니메이션의 실험과 저항, 장이론으로 본 창작의 자유

독립 애니메이션은 대형 자본과 시스템에 의존하지 않고 창작자의 열정과 실험정신으로 만들어진다. 표현의 자유, 형식 실험, 사회적 메시지를 담는 이 장르는, 상업 애니메이션과는 전혀 다른 제작 방식·유통 구조·주제의식을 갖는다. 자율성과 실험성을 중심으로 형성됐지만, 아직 사회적 활동과 권력이 교체되는 장場, Field으로서의 자율성은 미약하다. 표현의 자유가 핵심이다.

상상력은 자본 크기와 비례하지 않는다

대형 스튜디오와 방송사의 지원 없이, 창작자의 열정만으로 완성되는 독립 애니메이션은 "상상력은 자본 크기와 비례하지 않는다"는 사실을 증명해온 장르다. 대형 스튜디오나 방송사의 지원 없이, 한두 명의 창작자가 전 과정을 책임지는 독립 애니메이션은 예술의 본질이 어디에 있는지를 묻는다. 반면 상업 애니메이션은 체계적 시스템과 대규모 자본을 바탕으로 대중의 취향을 정교하게 겨냥한다. 이 두 세계는 형태도, 목표도, 이야기하는 방식도 확연히 다르다.

　가장 큰 차이는 제작 방식이다. 독립 애니메이션은 대개 기획부터 각본·연출·작화까지 한 명 또는 소수 창작자가 모든 과정을 책임진다. 이는 '개인 창작자 중심의 생산 구조'로 정의되며, 자율성과 실험성의 토대 위에 선 창작 방식이라 평가된다. 반면, 일반 애니메이션은 수많은 전문가들이 역할을 분담해 대규모 자본의 스케줄에 따라 작품을 완성하는 시스템 중심 구조를 따른다.

표현의 자유 또한 독립 애니메이션의 강점이다. 형식적 실험과 새로운 시각 언어의 탐색은 독립 애니메이션만의 특권이라 해도 과언이 아니다. 자아 탐구, 사회적 소수자, 젠더Gender, 철학적 질문 등을 담아내는 이 장르는 일종의 '시각적 에세이'로 기능한다. 독립 애니메이션의 서사 연구에서는 이를 '새로운 영상 문법을 창조하는 영역'이라고 평가한다. 일반 애니메이션은 대중성과 이해 가능성을 최우선에 두며, 친숙한 캐릭터와 보편적인 이야기 구조를 선호한다.

유통 방식 또한 차이를 보인다. 독립 애니메이션은 영화제, 독립 상영관, 혹은 소셜 미디어와 같은 비주류 경로를 통해 관객과 만난다. 여러 연구들은 이를 '자립적 유통 네트워크'로 정의하며, 독립 애니메이션만의 정체성과 접

대형 스튜디오와 방송사의 지원 없이, 창작자의 열정만으로 완성되는 독립 애니메이션은 "상상력은 자본의 크기와 비례하지 않는다"는 사실을 증명해온 장르다. (이미지 : ZippyFrames)

점을 형성한다고 설명한다. 반면 일반 애니메이션은 방송, 극장, OTT 플랫폼을 통한 대중 유통 채널을 적극 활용한다.

무엇보다도 주제의식에서 두 장르의 거리는 더욱 두드러진다. 독립 애니메이션이 문화적 다양성과 표현의 자유를 확장하는 도구로서 활용되는 것이다. 반면 일반 애니메이션은 가족, 우정, 성장 등 보편적 가치를 중심으로 구성되며, 이는 상품화와 2차 콘텐츠 확장에 용이한 구조다.

독립 애니메이션은 한정된 자원으로 새로운 이야기와 시선을 제시하며, 예술과 표현의 본질적 자유를 일깨운다. 이는 단순히 '작은 규모의 작품'이 아니라, 상업적 프레임을 넘어선 또 다른 상상력의 방식이자 문화적 실험이다.

정해진의 「한국 독립 애니메이션의 출발과 창작의 장 연구」

한국의 독립 애니메이션은 상업 애니메이션의 틀에서 벗어나 실험성과 예술성을 추구하는 창작의 장으로 출발했다. 하지만 그것이 하나의 독립된 예술 영역으로 자리를 잡았는가라는 질문은 여전히 현재진행형이다. 정해진의 논문 「한국 독립 애니메이션 장 연구 : 1990년대 장의 발생과 형성을 중심으로」는 이 지점에서 출발한다. 이 연구는 한국 독립 애니메이션의 기원이 된 1990년대를 중심으로, 이 창작 활동이 어떻게 사회적·제도적으로 자리잡았는지를 분석하며, 그 장場이 과연 자율성을 획득했는지에 대해 질문한다.

이 연구의 이론적 틀은 사회학자 피에르 부르디외피에르 부르디외Pierre Bourdieu, 1930-2002의 '장이론'場理論, Field Theory이다. 장이론은 사회를 여러 개의 '게임판'처럼 구분해서 바라보는 방식이다. 예를 들어 문학, 예술, 과학, 정치 같은 각각의 분야는 고유한 규칙과 가치를 가지고 있으며, 그 안에서 사람들은 서로 경쟁하며 자기 자리를 확보해간다. 문학 장에서는 문학성이, 스포츠 장에서는 기록이 중요한 것처럼, 각 장에는 그 장에서만 의미 있는 '자본'이 있다. 이 자본을 더 많이 확보한 사람이 더 큰 영향력을 가지며, 장 안에서 중심에 가까운 위치를 차지한다.

부르디외는 이 장을 하나의 게임에 비유한다. 게임마다 규칙이 다르고, 그 안에서 통용되는 승리 조건이 다르다. 예를 들어 예술 장에서는 '기술력'보다 '창의성'이나 '작가적 개성'이 더 중요한 자본이 될 수 있다. 이처럼 장 안에서 어떤 자본이 중요하게 여겨지느냐에 따라 게임의 양상이 결정된다. 그리고 장이 성립하려면, 그 안에 참여하는 이들이 그 게임에 일정 부분 동의하고 참여해야 한다. 즉, 자신이 속한 장에서 어떤 규칙이 존재하는지 알고, 그 규칙을 따르며 경쟁하거나 협력하는 것이다.

한국 독립 애니메이션의 생성 배경과 미완의 자율적 예술 장

정해진은 부르디외의 장이론을 바탕으로, 1990년대 한국 독립 애니메이션의 생성 배경과 창작자들의 활동, 여전히 미완의 '자율적 예술 장'이라는 한계를 분석한다. 이를 통하여 한국 독립 애니메이션 장의 구성 요소들을 두 가지로 구분하여 분석하는데, 첫번째는 '작품을 직접 생산하는 창작자', 두번째는 '작품의 가치와 의미를 만들어내는 담론 생산자'다. 이 두 행위자가 어떻게 등장하고, 어떻게 상호작용하며 장을 만들어갔는지가 핵심 분석 대상이다.

1990년대 한국은 민주화 운동 이후 문화 전반에서 표현의 자유와 다양성에 대한 갈망이 컸다. 이 시기 산업 현장에서 출발한 애니메이션 감독들과, 미술대학이나 독립영화운동 흐름에서 파생된 창작자들이 각각의 방식으로 독립 애니메이션을 만들어냈다. 〈와불〉1991, 〈오래된 꿈〉1994, 〈히치콕의 어떤 하루〉1999 등의 작품은 상업성보다는 작가 개인의 메시지와 실험적 형식을 중심으로 창작되었다.

문제는 창작 이후였다. 작품을 상영하고 논의할 수 있는 공간이 부족했던 것이다. 대부분의 독립 애니메이션은 비제도권 영화 상영회나 소규모 공동체 내에서 소개되는 데 그쳤다. 이는 장 안에서의 가치 판단과 자본 교환이 원활하게 이루어지기 어려운 구조였음을 의미한다.

1990년대 후반부터 정부는 애니메이션을 미래 문화산업으로 인식하고 정책적으로 육성하기 시작한다. 이와 함께 대학 내 만화·애니메이션 학과가 속속 생겨났고, 새로운 세대의 창작자들이 다양한 기법과 주제를 실험하며 활동을 넓혀갔다. '인디애니페스트' 같은 독립 애니메이션 전용 영화제도 이 시기부터 등장하면서, 창작자들이 자신의 작품을 공식적으로 선보일 수 있는 공간도 조금씩 늘어났다.

그러나 정해진은 여전히 한국 독립 애니메이션 장의 '자율성'은 미약하다고 분석한다. 장이 자율성을 가지려면, 그 장에서 어떤 가치가 중요한지, 누가 중심 행위자인지를 스스로 정의하고 논의할 수 있어야 한다. 즉, '무엇이 좋은 독립 애니메이션인가'라는 질문을 끊임없이 던지고, 이에 대한 비평과 논쟁이 활발히 오가야 한다. 하지만 한국에서는 이를 가능케 할 담론의 장이 제대로 형성되지 못했다.

전문 잡지들은 짧은 생을 마치고 폐간되었고, 관객과 창작자가 서로 소통할 수 있는 비평 플랫폼도 부재하다. 그 결과 독립 애니메이션은 '단편' 또는 '비상업 애니메이션'이라는 모호한 정의 아래 소비되고 있으며, 장의 고유 자본이 무엇인지조차 불분명한 상태다.

정해진은 독립 애니메이션을 둘러싼 질문, "왜 이 형식이어야 하는가?", "무엇이 독립적인가?", "예술로서 애니메이션이 할 수 있는 것은 무엇인가?"

에 대해 장 안의 구성원들이 진지하게 고민하고 논의할 수 있어야 한다고 강조한다. 그것이 바로 자율적이고 독립적인 예술 장으로서 독립 애니메이션이 자리잡는 첫걸음이기 때문이다.

정해진(2024)
한국 독립 애니메이션 장 연구 : 1990년대 장의 발생과 형성을 중심으로
〈만화애니메이션연구〉, (77), 131-163쪽

#부르디외의 장이론(Field Theory)
사회를 문학, 예술, 정치 등 여러 개의 독립된 '장'(場)으로 나누어 설명한다. 각 장은 고유 규칙과 자본이 존재하며, 참여자들은 그 규칙에 따라 경쟁하며 자기 위치를 확보한다. 예를 들어 문학 장에서는 문학성, 스포츠 장에서는 기록이 중요한 자본이 된다. 자본을 많이 가진 이가 장의 중심에 가까워지고 더 큰 영향력을 행사한다. 부르디외는 이를 하나의 게임에 비유하며, 장은 참여자들이 그 규칙에 동의하고 따라야 성립된다고 본다.

#독립 애니메이션
상업적 자본이나 거대 제작사의 통제 없이, 창작자가 자율적으로 기획, 제작, 유통을 수행하는 애니메이션을 의미한다. 1990년대는 한국 독립 애니메이션 장의 태동기였다. 이 시기 한국에서는 개인 창작자의 예술적 실험과 사회적 메시지를 담은 작품들이 등장하며, 독립 애니메이션만의 미학과 사회비판적 성격이 강조되었다. 이는 주류 애니메이션과의 차별성을 기반으로 독자적인 장을 형성해나갔다

디지털 시대의 새로운 경제 질서, 인디 게임에서 꽃피다

디지털 정보의 무한 복제가 가능해지며 상품 생산의 한계비용이 제로에 가까워지는 사회, 이 시대를 경고한 학자가 있다. 세계적 미래학자 제레미 리프킨Jeremy Rifkin, 1945-은 기술 발전이 전통적인 자본주의 경제 시스템을 흔들고, 종말로 몰아가고 있다고 진단한다. 그는 자본주의의 대안으로 '협력적 공유 사회'Collaborative Commons라는 새로운 경제 모델을 제시했다.

협력적 공유 사회라는 경제 모델

리프킨이 제시한 협력적 공유 사회란 생산수단 대중화와 협력적 공유, 네트워크를 통한 자본과 에너지의 분산적 공유를 기본 원칙으로 한다. 기존 '공유 경제'Sharing Economy와는 구별된다. 공유 경제는 우버나 에어비앤비 같은 플랫폼을 통해 알려졌지만, 실질적으로는 중앙집중형 자본주의 시스템으로 작동하며, 플랫폼 노동자들에게 실제 소유권이나 권한을 주지 않는다.

반면, 협력적 공유 사회는 민주적인 소유권 구조와 수평적 협업 네트워크를 강조한다. 이는 생산수단의 공유와 협력을 바탕으로, 자본주의의 경쟁 원리가 아니라 수평적 협력 네트워크로 작동하는 사회를 의미한다. 이 새로운 패러다임에서는 소유권보다는 네트워크에 대한 접근권Access이 중요해지며, 기존의 독점적이고 중앙 집중적 자본 구조는 분산적이고 민주적인 협력 구조로 대체된다. 리프킨의 이론은 오늘날 인디 게임 시장, 크라우드펀딩, 3D 프린팅 등 실제 산업 현장에서 하나씩 그 실체를 드러내며, 다가오는 미래의 경제를 구체적으로 보여주고 있다. 제레미 리프킨은 수평적 협력 네트워크로 작동하는 협력적 공유 사회의 다섯 가지 요건을 제시한다.

사물인터넷 기반의 커뮤니케이션 : 모든 사물이 네트워크로 연결되어 정보가 실시간으로 교환되는 환경을 말하며, 수평적 협력과 개방적 접근을 촉진한다.

대중 생산수단의 확산 : 3D 프린터나 게임 엔진처럼 누구나 쉽게 접근하고 활용할 수 있는 도구를 통해 직접 생산에 참여할 수 있게 되는 것을 의미하며, 생산의 민주화를 촉진한다.

네트워크 접근권 확대 : 자산 소유보다 네트워크 참여와 연결성이 더 중요해지는 사회를 의미하며, 개인이 글로벌 협업과 정보 생산에 적극적으로 참여할 수 있는 기반이 된다.

자율적 자본 유입 : 크라우드펀딩처럼 대중이 자발적으로 자본을 투자해 초기 비용을 마련하는 방식으로, 거대 자본에 의존하지 않고 협력적 경제 생태계를 가능하게 한다.

협력적 자본 인프라의 구축 : 생산과 소비 주체들이 자산과 자본을 공동으로 소유하고 운영하는 구조로, 플랫폼 협동조합처럼 민주적이고 지속 가능한 경제 활동을 가능하게 한다.

2025년 주목받는 인디게임들. 협력적 공유 사회는 민주적인 소유권 구조와 수평적 협업 네트워크를 강조한다. 이는 생산수단의 공유와 협력을 바탕으로, 자본주의의 경쟁 원리가 아니라 수평적 협력 네트워크로 작동하는 사회를 의미한다.(이미지 : No Small Game)

박성준과 박치환의 '협력적 공유 사회 모델과 인디 게임 시장' 연구

박성준과 박치환의 논문 「제레미 리프킨의 협력적 공유 사회 모델과 인디 게임 시장」은 자본주의를 대체할 새로운 경제 시스템으로 협력적 공유 사회에 대한 제레미 러스킨의 이론을 바탕으로 인디 게임 시장이 이 새로운 패러다임을 어떻게 구현하고 있는지를 분석한다. 연구의 출발점은 '협력적 공유 사회'가 단순한 '공유경제'와 다르다는 인식이며, 인디 게임 시장이 협력적 공유 사회의 원리를 실제 구현하고 있는지를 탐구했다.

인디 게임이란 대형 자본이나 기존 퍼블리셔Publisher, 게임의 유통과 마케팅 주체의 영향력에서 독립하여 개인 또는 소규모 개발자가 주도적으로 제작하는 게임으로, 주로 창작자의 개성과 독창성을 강조한다. 논문은 인디 게임 시장이 활성화될 수 있었던 주요 요인으로 글로벌 네트워크를 통한 다양한 가상공간의 형성, 생산수단의 대중화게임 엔진의 무료화, 크라우드펀딩을 통한 자본 유치, 글로벌 플랫폼을 통한 유통 구조의 변화, 게임잼Game Jam, 제한된 시간에 모여 팀을 이루어 하나의 게임을 기획·제작하는 행사과 같은 협력적 개발 문화를 제시했다.

유니티Unity와 언리얼Unreal 같은 주요 게임 엔진들이 무료화됨에 따라 인디 게임 개발자들이 큰 자본 없이도 쉽게 게임을 개발할 수 있게 되었다. 스팀Steam 같은 글로벌 유통 플랫폼은 별도의 퍼블리셔 없이도 개발자들이 직접 소비자와 소통하고 판매할 수 있는 구조를 제공하여, 인디 게임의 독립성과 자율성을 강화했다. 또한, 킥스타터Kickstarter나 텀블벅Tumblbug 같은 크라우드펀딩 플랫폼은 게임 제작의 초기 자본을 소비자와의 직접적인 협력을 통해 조달하게 해줬다.

글로벌 게임잼 행사를 비롯한 다양한 국제적 협업 이벤트는 개발자들 간의 즉흥적이고 분산적인 협력 문화를 구축하며, 국가와 지역을 넘어선 새로운 형태의 창작 공동체를 만들어냈다. 이는 전통적인 상업 게임 시장과는 다르게, 이익 창출보다 창작 가치와 공유 문화 자체를 중심으로 하는 협력적 공유 사회 모델을 뚜렷하게 보여준다.

인디 게임 개발자들은 거대 자본에 종속되지 않은 채 생멸하는 유연한 공간, 즉 리프킨이 강조한 '공간 게릴라' 방식의 다각화된 가상공간을 활용하여 독립적이며 자유로운 창작 활동을 한다. 플랫폼을 중심으로 개발자와 소비자가 긴밀히 협력하는 프로슈머의 구조를 형성하고, 게임은 기업의 독점 상품이 아니라 공동체 전체의 공유재로 기능한다.

박성준과 박치환은 인디 게임 시장이 리프킨이 말한 협력적 공유 사회의 전형을 실현하고 있으며, 문화콘텐츠 산업 전반에 이 모델이 적용될 수 있다고 설명한다. 특히 정보 기반 상품이 중심이 되는 시대에서 협력과 공유는 단순한 윤리가 아니라 지속가능한 산업 생태계를 위한 실천 전략임을 인디 게임 시장이 입증하고 있다.

박성준, 박치환(2018)
제레미 리프킨의 협력적 공유 사회 모델과 인디 게임 시장
〈문화콘텐츠연구〉, (13), 103-138쪽

#인디 게임(Indie Game)
인디 게임은 대형 투자사나 퍼블리셔에 의존하지 않고, 소규모 개발자나 개인이 독립적으로 제작한 게임이다. 상업적 성공보다 창작자의 개성과 자유로운 표현을 중시하며, 실험적이고 독창적인 콘텐츠가 많다. 창작의 자율성이 핵심이다.

도시의 얼굴을 바꾸는 예술, 공공디자인으로서의 그래피티

그래피티Graffiti**는 1960년대 후반** 미국 필라델피아와 뉴욕의 빈민가에서 청소년들의 자기 표현과 항의의 수단으로 시작됐다. 1967년 필라델피아에서 한 학생이 'Cornbread'라는 이름으로 학교와 도시 곳곳에 자신의 이름을 쓰기 시작했다. 데이트 상대에게 깊은 인상을 주기 위해 이름을 버스 경로 곳곳에 적었던 그의 행동은, 이후 전 도시적 명성을 획득한 첫 그래피티 작가의 탄생으로 이어졌다.

그래피티, 거리 예술에서 현대 미술의 한 장르로

지하철과 건물 벽에 이름이나 메시지를 남기며 존재를 드러낸 이 문화는 초기에는 도시 미관을 해치는 불법행위로 간주됐다. 그러나 점차 사회적 메시지와 독창적인 시각 언어를 담기 시작하면서 예술계의 관심을 끌었다.

그래피티는 거리나 벽면 등에 그림, 글씨, 기호 등을 그리는 시각 예술로, 공공장소에서 이루어지는 표현 활동을 의미한다. 인류의 역사에서 보더라도 그래피티의 개념은 원시인이 그들이 지내는 장소를 긁고 상처내어 그린 그림인 그라피토Graffito에서 비롯되었다고 쉽게 추측할 수 있다.

1980년대에는 키스 해링Keith Haring, 1958-1990, 장미셸 바스키아Jean-Michel Basquiat, 1960-1988 같은 작가들이 갤러리와 미술관에 진출하며 그래피티는 현대 미술의 한 장르로 자리잡았다. 뉴욕 지하철역 낙서로 시작한 키스 해링은 1980년대 그래피티 아트의 아이콘으로 자리잡았다. 그는 굵은 선과 원색을 활용해 춤추는 인물, 개, 아기 등 반복되는 상징을 그려내며 대중적 언어를 창조했다. 해링의 작품은 갤러리뿐 아니라 거리, 벽, 포스터, 티셔츠에까지 확장되며 예술과 일상의 경계를 허물었다. 특히 그는 에이즈 인식 캠페인, 반핵 운동, 인종차별 반대 등 사회적 메시지를 작품에 담아낸 것으로 유명하다. 짧지만 강렬했던 그의 활동은 예술을 사회적 실천의 도구로 만든 대표적 사례로 오늘날까지 영향력을 이어가고 있다.

최근에는 정체를 공개하지 않은 영국의 거리 예술가이자 사회운동가인 뱅크시Banksy가 풍자적인 그래피티로 세계적인 명성을 얻고 있다. 1990년대 이후로 활동하고 있는 그는 권력, 전쟁, 소비주의, 자본주의, 환경 파괴 등의 사회 문제를 날카롭고 유머러스하게 비판하는 작업을 이어오고 있다. 런던, 브

뱅크시는 영국 출신의 거리 예술가로, 정치적 풍자와 사회 비판을 담은 그래피티 작품으로 세계적인 주목을 받고 있다. 그의 작품 〈카펫 아래를 쓸고 있는 하녀〉(Maid Sweeping Under Carpet)(이미지 : Amazon)

리스틀 등 도시 곳곳에 남긴 그의 작품은 정치적 메시지를 담은 시각 예술로 평가되며, 현대 그래피티 문화를 대표하는 상징적 존재가 되었다. 특히 2018년에는 그의 작품이 경매 직후 파쇄되어 전 세계적 화제를 모으기도 했다.

현재 그래피티는 도시문화의 상징이자 세계적 예술 흐름 속에서 사회비판, 정체성, 대중성과 창의성을 아우르는 현대 시각예술의 중요한 표현 방식으로 인정받고 있다. 학문적 관점에서 그래피티는 비공식적이고 자발적인 시각 커뮤니케이션 방식으로, 사회적 메시지나 정체성 표현 수단으로 분석된다.

거리라는 열린 공간에 그려진 만큼 시민들과의 소통을 전제로 하며, 특정 세대나 하위문화Subculture의 정서를 담아내는 문화적 기록이 되며, 최근엔 도시재생이나 공공디자인 영역에도 활용되며, 도시 공간 활력과 창의성을 더하는 미디어로 주목받는다.

류재우와 이미정의 「공공디자인으로서의 그래피티 역할에 대한 연구」

류재우와 이미정은 오늘날 도시 공간에서 점차 그 존재감을 확장하고 있는 그래피티를 공공디자인의 시각에서 접근한다. 부정적으로 인식되어온 그래피티가 실제로는 도시의 분위기를 환기시키고, 사회적 메시지를 전달하며, 시민들과의 소통을 가능케 하는 '공공디자인'으로 기능할 수 있다는 문제의식이 이 연구의 출발점이다. 저자들은 특히 그래피티가 도시 환경 개선과 문화적 가치 창출에 기여할 수 있음을 강조한다.

여기에서 공공디자인이란 시민이 경험하는 삶의 질을 높이기 위해 공공장소와 시설, 정보 등에 적용되는 디자인을 말한다. 흔히 볼 수 있는 버스정류장, 거리 표지판, 공원 벤치, 심지어는 공공 안내판까지 모두 그 대상이다. 단순한 장식을 넘어서서, 어린이·노인·장애인을 비롯하여 누구나 쉽게 이해하고 안전하게 사용할 수 있도록 기능성과 심미성, 접근성을 함께 고려하는 것이 공공디자인의 핵심이라고 할 수 있다.

논문은 문헌조사와 사례연구를 통해 그래피티의 정의와 역사, 종류를 정리하고, 실제의 그래피티 사례들을 중심으로 그 사회적·공간적 역할을 분석했다. 국외 사례로는 뉴욕과 런던 등에서의 대형 그래피티 프로젝트를, 국내 사례로는 서울 시내 가림막, 공공기관, 모델하우스 외벽, 일반 담장, 문화이벤트 등 다양한 장소에서 활용된 그래피티의 활용 사례를 조사하였다.

이 연구에 따르면, 그래피티는 도시 내 다양한 공간에서 각기 다른 방식으로 활용되며 긍정적 변화를 이끌고 있다. 대표적 사례 중 하나는 공사장 가림막이다. 기존에는 단순한 차폐물로만 기능했던 가림막에 그래피티가 그려지면서, 삭막했던 거리 풍경이 활기차고 예술적인 공간으로 재탄생하고 있다. 시민들은 이런 변화에 대해 "일상 속 작은 전시회 같다"며 반가움을 표한다.

도시 풍경 바꾸는 그래피티의 변신

공공기관의 외벽도 그래피티를 품기 시작했다. 획일적이고 무채색으로 채워졌던 건물 외벽이 그래피티를 통해 생기를 얻으며, 공공서비스에 대한 친근한 이미지를 형성하는 데 기여하고 있다. 디자인과 행정의 만남이 도시의 얼굴을 새롭게 바꾸고 있는 셈이다.

부동산 홍보 전략 측면에서도 건물 외벽이나 모델하우스 벽면에 그래피티를 도입함으로써 브랜드 이미지를 강화하고, 예술적 감성까지 전달한다. 단순한 상업 광고를 넘어 감각적인 시각 자극이 소비자의 관심을 끌고 있다. 또한, 시가지 담장 역시 그래피티의 캔버스로 변모하고 있다. 지역 주민들이 직접 참여하거나 지역 정체성을 반영한 메시지를 담아내는 경우도 많아, 도시의 개성과 스토리를 전달하는 데 큰 역할을 하고 있다. 이는 단순한 미화 작업을 넘어 도시 구성원과의 공감대를 형성하는 과정이기도 하다.

마지막으로, 그래피티는 문화 이벤트에서도 비중을 차지한다. 축제나 거리 전시와 연계된 그래피티는 시민들의 참여를 유도하고, 예술에 대한 접근성을 높이며, 도시를 '살아있는 갤러리'로 탈바꿈시킨다.

류재우와 이미정은 그래피티가 단순한 낙서를 넘어 공공디자인 요소로 기능함으로써 공사장 가림막, 공공기관 외벽, 모델하우스, 시가지 담장, 문화행사 등 다양한 공간에서 도시 정체성을 드러내고 시민과 소통하며 도시에 생기를 불어넣고 있다는 점을 강조한다. 이는 법과 제도의 정비, 작가와 지역사회의 협업, 예술성과 공공성이 공존하는 방향으로 그래피티 활용이 나아가야 함을 시사한다. 불법과 예술의 경계에 놓인 그래피티가 도시의 공공디자인 요소로 확고히 자리매김하기 위해서는 사회적 인식 변화와 제도적 뒷받침이 필요하다는 점을 분명히 하고 있다.

류재우, 이미정(2007)
공공디자인으로서의 그래피티 역할에 대한 연구
〈일러스트레이션 포럼〉, 8(15), 181–198쪽

#그래피티(Graffiti)
그래피티는 거리나 벽면 등에 그림, 글씨, 기호 등을 그리는 시각 예술로, 공공장소에서의 표현 활동이다. 그래피티는 1970년대 미국 뉴욕의 빈민가에서 청소년들의 자기 표현과 항의의 수단으로 시작됐다. 지하철과 건물 벽에 이름이나 메시지를 남기며 존재를 드러낸 이 문화는 초기에는 도시 미관을 해치는 불법행위로 간주됐다. 그러나 점차 사회적 메시지와 독창적인 시각 언어를 담기 시작하면서 예술계의 관심을 끌었다.

독립출판의 다양성과 자율성, 새로운 출판문화의 형성

작가, 앤디 위어 Andy Weir는 화성에 혼자 남겨진 과학자의 생존기를 다루는 내용의 소설을 블로그에 연재하는 중에 독자들로부터 전자책으로 출간해 달라는 요청을 받게 된다. 그는 아마존의 독립출판 플랫폼인 KDPKindle Direct Publishing에서 책을 펴냈고, 큰 성공을 거둔다. 2015년 개봉되어 큰 인기를 끈 리들리 스콧 감독의 영화 〈마션〉The Martian의 원작이 바로 이 소설이다.

독립출판의 시대가 오고 있다

독립출판, 또는 인디출판은 개인 또는 소규모 공동체가 자신의 취향, 세계관, 신념 등을 콘텐츠로 삼아 책을 만드는 자립적 출판행위이다.

최근 출판사를 통하지 않고 자신이 만든 텍스트와 이미지를 책으로 출판하는 활동이 활발해졌다. 누구나 책을 출간하는 일이 더욱 쉬워지고 있으며, 크라우드펀딩에 기반한 출판과 플랫폼을 통한 출판 등 방법 또한 매우 다양해지고 있다. 국내에서는 카카오가 자사의 블로그 서비스인 '브런치'를 이용하는 사용자들에게 셀프 출판 지원을 제공하고 있다. 2015년 시작된 브런치는 카카오의 심사를 거친 아마추어 작가들이 자기계발서, 여행기, 경제 해설, 소설 등 다양한 글을 자유롭게 공유할 수 있는 플랫폼인데, POD_{Print on Demand} 방식의 출판을 연결시킨 것이다. 나아가, 독립출판으로 탄생한 책들은 영화와 드라마 등 다양한 콘텐츠의 재료로 활용되는 사례들로도 이어지고 있다.

그럼에도 불구하고 온라인서점과 대형유통망을 중심으로 출판 자본이 집중되면서, 출판 시장이 점점 '잘 팔리는 책' 위주로 재편되는 현상은 여전하다. 전통적인 출판사와 유통업체들은 판매 효율성을 중시해 소수의 도서에만 자원을 집중시키는 구조를 만들었다. 이러한 기성 출판이 점차 거대화되고 안정적인 콘텐츠만을 추구하며 획일화되는 상황에서, 독립출판은 창의성과 실험정신의 공간으로 자리잡았다.

리들리 스콧 감독의 영화 〈마션〉은 화성에 홀자 남겨진 과학자의 생존기를 다룬 작품으로, 작가 블로그 연재 중에 팬들의 요청으로 전자책으로 독립출판한 소설이 원작이다.(이미지 : Raditt)

독립출판은 정책적 지원과 거리가 있는 특정 주제를 분석하는 연구자에서 부터 특별한 주제와 소재를 콘텐츠를 창작하는 개인이나 소규모 공동체가 자신들의 성과와 경험, 목소리를 표현하는 역할을 하고 있다. 기존 시장에서 주목받지 못한 다양한 가치를 드러내는 도구가 되었다.

독립출판은 기존 시장과 새롭고 실험적인 유통 방식들을 활용하고 있으며 제작자들은 사회적으로, 혹은 개인적으로 의미있는 주제를 자신만의 방식으로 풀어내며 출판 활동을 이어가고 있다. 상업 출판이 미처 담아내지 못한 다채롭거나 실험적이고 전위적이거나 낯선 사회적 풍경들이, 바로 이 독립출판의 활동들에 살아숨쉬고 있다.

권수빈의 「독립출판물 구성에 관한 분석」

권수빈은 「독립출판물 구성에 관한 분석」이라는 논문을 통해, 독립출판이 만들어내는 창작의 양식과 그것이 담아내는 사회적 의미를 깊이 있게 들여다보았다. 연구는 독립출판물의 형식과 내용을 중심으로 그 성격을 분석하며, 기성출판과는 다른 독립적인 문화 생산 방식의 가치를 제시한다.

이 논문은 기존 연구들이 주로 독립출판 제작자나 유통 경로에 집중했던 데 반해, 실제로 만들어진 독립출판물 자체에 주목한다. 과연 독립출판물은 어떤 형식과 내용을 통해 독립적인 출판문화를 형성하고 있는가? 독립출판이 대안이거나 저항이라면, 그것이 담고자 하는 사회적 메시지는 무엇인가? 이러한 질문에서 출발한 이 연구는, 독립출판이 단순히 기성출판의 틈새를 메우는 것이 아니라 '새로운 표현의 장'이라는 점을 강조한다. 다채로운 판형, 평범한 일상의 힘, 조용한 저항의 언어들. 독립출판은 단지 작은 책을 넘어, 지금 이 시대 가장 자유로운 출판문화의 실험장이자 무대가 되고 있다.

독립출판물의 키워드 : 실험성, 자율성, 사회성, 공동체성

연구 결과에 따르면, 독립출판물은 크게 세 가지 키워드로 그 성격을 설명할 수 있다.

첫번째는 바로 형식의 실험성이다. 독립출판물의 상당수는 에세이와 잡지 형식을 취하지만, 그것이 기존 출판의 틀 안에 있다는 뜻은 아니다. 오히려 이들은 표준화된 판형版型이나 제본製本을 과감히 벗어나며 삼각형 책, 포스터형 인쇄물, 심지어 손으로 한 장 한 장 제본한 핸드메이드 북까지 등장한다. 제작자의 기획 의도와 표현 욕구가 책 형태 자체에 스며드는 것이다. 이는 단순히 '읽는 책'이 아니라, '느끼는 오브제Objet'로서 책을 재정의하는 시도다.

두번째 특징은 일상과 취미, 개인의 작은 이야기들에 집중하는 내용의 자율성이다. 『만두만』은 만두 그림만으로 구성된 드로잉북이고, 『연필』은 연필이라는 사물 하나에 천착한 사전형 출판물이다. 『쏘-스』나 『THE KOOH』는 전공이나 직업과는 상관없는, 순수한 취미와 '덕질'을 주제로 삼는다. 주류문화가 외면하기 쉬운 이런 작고 사적인 이야기들은 오히려 더 깊은 공감대를 만들어낸다. '내가 좋아서 만든 책'이 누군가에게 의미 있는 책이 된다는 사실은, 독립출판이 지닌 문화적 가능성을 잘 보여준다.

세번째는 사회적 이슈에 대한 독립출판만의 접근 방식이다. 퇴사, 비혼非婚, 페미니즘 같은 주제는 기성출판에서도 흔히 다루지만, 독립출판에서는 그것을 '나의 이야기'로 풀어낸다. 『계간홀로』는 연애를 하지 않는 삶, 젠더와 퀴어Queer 이슈를 중심으로 연대의 장을 만들고, 『사표』는 퇴사 이후의 허무와 무력함을 외면하지 않고 담아낸다. 화려한 성공 대신 무명과 혼란을 이야기하며, 사회적 담론에 개인의 진솔한 목소리를 더하는 방식이다.

『한숨의 기술』에는 "공동체라고 부르기엔 몹시 헐겁고 유동적이지만 말이다"라는 문장이 등장한다. 독립출판은 각자의 창작 욕구를 실현하는 수단인 동시에, 공감과 연대 기반의 느슨한 커뮤니티를 형성해낸다. 이는 콘텐츠의 차이를 넘어 문화를 만들어가는 방식의 전환이라는 의미를 지닌다.

결국 독립출판물은 형식과 내용 모두에서, 주류 출판이 감당하지 못하는 영역을 자유롭게 오간다. 누구에게나 열려 있지만, 누구나 시도할 수는 없는 이 세계. 독립출판이란 이름 아래 모인 책들은 그렇게 조용하지만 뚜렷하게, 오늘의 출판 지형을 다시 그리고 있다.

권수빈은 독립출판이 단지 기성출판의 대안에 머무르지 않고, 하나의 출판 문화 씬Scene을 형성하고 있다는 점을 명확히 밝힌다. 이 문화는 실험적 형식, 자율적 내용, 느슨한 공동체성이라는 세 가지 키워드로 요약될 수 있다. 연구자는 앞으로 수용자 연구까지 확대된다면, 독립출판에 대한 이해가 한층 더 깊어질 수 있을 것이라 전망한다.

권수빈(2024)
독립출판물 구성에 관한 분석, 〈인문사회 21〉, 7(6), 841-857쪽

#독립출판(Independent Publishing)
독립출판은 개인 또는 소규모 공동체가 자신의 취향, 세계관, 신념 등을 콘텐츠로 삼아 책을 만드는 자립적 출판행위다. 출판사가 개입하지 않고 제작자가 스스로 기획·제작한다는 의미에서 자기출판(Self-publishing), 소규모로 제작하고 유통한다는 측면에서 소규모출판(Small Publishing)이라고 불리고 있다.

표현의 자유가 책이 되는 독립출판의 흐름을 읽다

역사학자, 요한 하위징아는 인간을 '호모 루덴스'Homo Ludens, 즉 '놀이하는 인간'으로 정의하며, 인간의 문화는 놀이를 통해 형성되고 발전해왔다고 주장했다. 그의 관점에 따르면 종교, 법, 예술, 철학, 전쟁 등 인류의 주요 문명 요소들은 모두 놀이적 요소에서 기원한 것이다. 하위징아는 놀이가 단순한 여가 활동이 아니라 인간 고유의 창조적 행위이며, 규칙과 상징을 통해 공동체적 가치를 형성하는 문화적 기초임을 강조했다. 인간이 생존을 넘어 의미와 질서를 창출하는 존재임을 시사한다.

독립출판의 놀이적 인간의 성격

독립출판에서도 요한 하위징아Johan Huizinga가 말한 인간의 '호모 루덴스'적 성격을 확인할 수 있다. 수익을 목적으로 하거나 대중을 상대로 사상이나 정보를 전달하려는 목적이 아니라, 소수 개인의 관심사나 취향, 신념을 자유롭게 표현하고 나누기 위한 방식으로 발전해왔다. 처음에는 개인의 놀이처럼 시작된 소규모 출판 활동이 점차 타인과의 공유를 통해 관심을 끌게 되었고, 문화현상으로 자리잡게 된 것이다.

최근의 출판 시장에서 '독립출판'이라는 키워드는 더 이상 주변부의 이야기가 아니다. 개인이 자신의 목소리를 출판이라는 형태로 표현할 수 있게 된 시대, 독립출판은 단순한 출판 형식의 하나를 넘어 하나의 문화적 현상이자 사회적 움직임으로 자리잡고 있다.

박정명의 「독립출판 문화의 전개양상에 관한 고찰」

박정명은 그의 논문 「독립출판 문화의 전개양상에 관한 고찰 : 독립서점과 독립출판물페어를 중심으로」를 통해 독립출판의 기원과 변천을 추적하고, 이 문화를 형성하는 주요 요소인 독립서점과 출판물페어를 중심으로 그 전개양상을 분석한다.

박정명은 독립출판물이 점차 문화적, 산업적 중요성을 확보해가는 상황에서, 이를 본격적으로 수집하고 활용하기에 앞서 독립출판 문화에 대한 체계적 이해가 선행되어야 한다는 문제의식을 제기한다. 특히 "독립출판이란 무엇인가"라는 질문에 대해 학계나 출판계가 명확한 정의를 내리지 못한 상황에서, 독립출판의 개념과 유통 구조를 분석함으로써 이를 문화적 현상으로 바라본다.

저자는 문헌연구와 사례연구 방법을 통해 독립출판 문화를 분석한다. 독립출판 발생 배경 파악을 다양한 학술논문, 신문기사, 잡지, 인터뷰, 홈페이지 자료 등을 시대별로 수집 정리하였으며, 대표적 사례로는 미국의 뉴욕아트북페어와 한국의 서울아트북페어, 이를 주관하는 독립서점 '프린티드 매터'와 '유어마인드'의 운영 방식을 집중 분석하였다.

사회의 문화적 배경에 따른 독립출판의 차이

연구는 독립출판 문화가 국가와 사회의 문화적 배경에 따라 상이하게 형성되었음을 보여준다. 미국의 경우, 독립출판은 18세기 토마스 페인Thomas Paine,

1737~1809의 자가출판을 시작으로, 체제 저항과 예술적 표현의 수단으로 발전해왔다. 이는 미술공예운동과 개인출판운동, 현대의 아티스트 북 운동과 연결된다. 반면 한국의 독립출판은 1990년대 이후 민주화와 기술발전, 개인주의라는 사회문화적 변화에 기반하여 확산되었다.

미국의 독립출판은 저항성과 공공성을 기반으로 하고 있으며, 한국은 개인의 자율적 표현 욕구가 중심이 된다. 이 차이는 각국의 독립서점 운영 방식과 출판물페어의 프로그램 구성에서도 뚜렷하게 드러난다.

미국의 '프린티드 매터'Printed Matter는 아티스트 북의 유통과 교육을 중점으로 하는 뉴욕의 비영리 서점으로, 예술성과 실험성을 기준으로 독립출판물을 선정하고, 도서관 및 미술관과의 협업을 통해 공공기관으로의 유통도 적극적으로 수행한다. 반면 한국의 '유어마인드'는 제작자 개인의 창의성과 표현 지점을 중심으로 독립출판물을 수집하며, 한국 독립출판 문화의 대표적인 허브로 기능한다.

미국 뉴욕의 비영리 독립서점 프린티드 매터 전경(이미지 : Printed Matter)

두 독립서점은 각각 뉴욕아트북페어와 서울아트북페어를 주관하고 있는데, 이들 페어는 단순한 판매의 장을 넘어 독립출판의 동향을 조망하고, 관련된 사회적 이슈를 논의하는 공론의 장으로 기능한다. 특히 뉴욕아트북페어는 예술도서관 사서들과 함께 민주주의와 정보리터러시 증진을 목표로 하는 컨퍼런스를 운영하며, 서울아트북페어는 독립출판의 제작과정 공유 및 실무 교육에 중점을 둔다.

이 연구는 독립출판 문화가 국가마다 다른 문화적 기저 위에서 출발해 각기 다른 방향으로 발전했음을 명확히 드러낸다. 또한 독립서점과 출판물페어가 단순한 유통경로를 넘어 문화 형성과 공공기록의 관문으로 기능한다는 점을 강조한다. 박정명은 독립출판물이 기성 출판 체계와 다른 방식으로 사회와 시대를 반영하고 있기 때문에, 공공기관에서의 수집과 기록, 분류에 대한 논의가 필요하다고 제언한다. 이는 향후 독립출판물의 문화적, 사회적 가치를 보존하는 기반이 될 수 있을 것이다.

박정명(2018)
독립출판 문화의 전개양상에 관한 고찰 : 독립서점과 독립출판물페어를 중심으로
〈인문사회 21〉, 9(1), 399-412쪽

#독립서점(Independent Bookshop)
독립서점은 독립출판 문화의 주요 유통 경로로서 개인이나 소규모 출판사의 실험적, 비상업적 출판물을 중심으로 판매하는 서점이다. 상업적 기준 대신 운영자의 철학과 취향을 바탕으로 창작자의 개성과 독창성을 존중하여 책을 큐레이션하며, 생산자와 소비자를 연결하여 관련 문화 확산에 기여한다. 또한 문화공간으로서 독자와 적극 소통하는 역할을 수행한다.

독자들이 독립출판물을 선택하는 이유는 무엇일까?

독립출판물, 새로운 문화 트렌드로 자리잡아가고 있는 독립출판물을 소비하는 이유와 동기를 소개하는 「독립출판물 구매 동기에 관한 탐색적 연구」가 있어서 눈여겨 볼만하다. 연세대학교 문헌정보학과 백가연과 김기영이 학술대회에서 발표한 논문이지만, 20대 소비자를 대상으로 하는 심층 면접을 수행하였고, 그 생생한 목소리들을 담고 있어 흥미롭게 읽힌다. 독자들이 독립출판물을 선택하는 이유는 무엇인지. 독립출판물 소비자들의 독특한 동기와 그들의 문화적 인식을 확인하는 데에 도움이 될 만한 논문이다.

독립출판물이 가진 희소성과 독창성은 소비자들에게 특별한 가치를 부여하며 구매를 자극하는 중요한 요인으로 작용하고 있었다. 이는 특정 서점에서만 구매 가능한 책의 판형이나 주제 등에서도 나타난다.(이미지 : Independent)

기성출판과 다른 매력 요소와 하위문화로서의 출판

백가연과 김기영은 독립출판물이 소비자에게 기존 출판물과 차별화된 매력을 제공한다고 이야기한다. 소비자들은 독립출판물에서 느껴지는 '날것의 친밀감'과 '정제되지 않은 솔직함'을 긍정적으로 평가한다. 독립출판물이 가진 희소성과 독창성은 소비자들에게 특별한 가치를 부여하며 구매를 자극하는 중요한 요인으로 작용하고 있었다. 이는 특정 서점에서 구매 가능한 책 판형이나 주제 등에서도 나타난다.

> "뭔가 진짜 뭐 에세이류 이런 것 많잖아요. 근데 그건 아무리 에세이류여도 좀 포장한 느낌 있고, 되게 정리되어서 나온 하나의 정말 예쁜 홀 케이크, 이런 느낌인데. 근데 독립출판물은 약간 정제되지 않은 날 것의 느낌이 있어서 되게 좋았어요. 진짜 정말 솔직하고 진짜 그냥 친한 사람이 얘기해 주는 그런 느낌이라서 기대하지 않았는데 되게 공감을 많이, 공감을 많이 했던 기억이 있었죠." – 독자 인터뷰 중에서

독립출판물은 하위문화적 특징을 가진다. 소비자들은 이를 통해 타인과 차별화된 정체성을 가지려 하며, 비슷한 취향을 가진 공동체와 연결되는 경험을 통해 연대감을 느낀다고 이야기한다. 기존 출판시장에서 다루지 않던 비주류의 이야기를 발견하고 이를 소비함으로써 자신의 가치관을 확립하고자 하는 20대의 경향을 보여준다.

> "왠지 나만 알고 싶은 또 그런 거 인디충의, 독립병이 좀 있잖아요. 그러면 좀 자연스러웠던 것 같아요. 저는 왜냐면 다른 콘텐츠였어도 그런 걸 좋아하니까." – 독자 인터뷰 중에서

소비와 생산의 연결

흥미롭게도 연구 대상자들은 독립출판물 소비를 단순한 구매 행위로 여기지 않았다. 독립출판물은 소비자들이 스스로 출판물 제작을 계획하고 준비하는 데 참고자료로 활용되며, 잠재적인 생산 활동으로 이어지는 교두보 역할을 한다는 점이 확인되었다. 독립출판물 소비를 자신의 독립출판물 생산과 연결해서 받아들이는 것이다.

이 연구는 독립출판의 지속 가능성을 위해 소비자의 역할을 재조명했다. 특히, 독립출판물의 주요 소비층인 20대가 가진 구매 동기를 면밀히 분석하며, 독립출판물이 단순한 문화적 유행을 넘어 정체성과 자율성을 표현하는 중요한 매개체임을 밝혀냈다.

독립출판물은 창의성과 개성을 중시하는 현대 소비자들의 요구를 반영하며 독립적인 출판 생태계를 형성하고 있다. 그러나 지속적인 발전을 위해서는 소비자의 욕구를 충족시키고 이들을 생산의 주체로 유도하는 전략적 접근이 필요하다.

백가연, 김기영(2020)
독립출판물 구매 동기에 관한 탐색적 연구
〈제27회 한국정보관리학회 하계학술대회 발표논문집〉, 267-270쪽

#하위문화(Subculture)
하위문화는 주류 문화의 지배적 가치관과 규범에서 벗어나 특정 집단이나 계층 내에서 형성된 고유한 문화적 특성을 말한다. 이는 음악, 패션, 언어 등 독자적 표현 방식을 통해 정체성을 드러내며, 기존 사회 체제에 대한 저항성을 내포하기도 한다.

#4.대중문화, 미디어 트렌드를 열다

팬덤, 숏폼 콘텐츠, 케이팝, 버추얼 아이돌까지. 새로운 미디어 환경 속에서 대중문화가 어떻게 변화하고 확장되는지를 살펴본다.

미디어 플랫폼과
팬덤의 시대가 열리다

중요하고 어려운 질문을 던져보자. 미디어 융합 환경에서 콘텐츠를 전달할 수 있는 최선의 방법은 무엇인가. 디지털 기술 혁명이 미디어 산업에 가져온 변화를 '융합'이란 단어로 요약할 수 있다. 처음부터 텔레비전 방송과 영화는 별개의 기술과 산업에 기반하여 탄생했다. 방송과 영화는 자신들만의 고유한 미디어와 콘텐츠 속성을 지니고 있었다.

콘텐츠를 전달하는 최선의 방법은 무엇인가?

하지만 디지털 기술에 기반하여 미디어 융합과 경계 없음이 본격화되었고 트랜스미디어Transmedia의 시대가 활짝 열려 버렸다. 사용자들의 사랑을 받는 웹툰이 각색되어 영화와 드라마가 되고, 배경과 스토리가 새롭게 추가되기도 한다. 웹소설이 종이책 소설이 되었다가 애니메이션이 되고, 다양한 캐릭터로 개발되어 우리의 일상에서 또다른 관점으로 재현된다. 하나의 콘텐츠가 미디어와 장르, 플랫폼들을 넘나들며 자유롭게 변신하는 환경이 되었다.

사용자는 자신이 좋아하는 콘텐츠를 어떤 미디어와 장르로 소비할지 자유롭게 선택하기 시작했다. 혼자가 아니라 여럿이 함께 하면 재미와 즐거움은 증폭된다. 팬덤Fandom을 형성하고 공감과 우정의 감정을 함께하는 집단이나 커뮤니티를 형성하고, 다양한 팬콘텐츠가 창작되고 상품들이 개발된다.

극장 개봉을 위해 필름이 물리적 공간을 이동하던 과거와 달리 온라인을 기반으로 하게 되면서 지리적, 시간적 제약이 사라졌다. 드라마 등의 다양한 콘텐츠 제작은 다국적 프로젝트로 진행되고 글로벌 팬덤 현상이 일상화되어 가고 있다. 사용자들이 콘텐츠 IPIntellectual Property를 중심으로 하는 팬덤을 통해 영향력을 확대하고, 저비용으로 콘텐츠가 창작·유통되면서 개인 크리에이터의 시장 영향력이 다이내믹하게 성장하고 있다. 공감과 우정과 감정과 취향이 중심이 되는 팬덤 경제는 작은 규모의 창작자들의 지속가능한 성장을 원동력으로 보이지 않는 미래를 열고 있다.

팬들의 공통체이자 하위문화로서의 팬덤

팬덤이란 특정한 가수나 배우, 운동선수나 예술가, 또는 드라마나 영화 같은 미디어 콘텐츠 등 공통의 관심사에 대해 매우 좋아하며 충성심 같은 감정을 공유하는 조직된 공동체Community이자 그 하위문화를 뜻한다. 하위문화는 한 사회의 지배적이거나 전통적인 문화를 부정하거나 저항하거나 일탈한 문화나 일부 집단이나 소수가 즐기는 취미적 속성이 강한 문화를 가리킨다.

팬덤 공동체의 구성원은 자기자신을 팬으로 생각하고 미디어 생산물을 적극적으로 해석하는 역할을 수행하는 능동적 수용자일 뿐 아니라, 적극적인 참여를 바탕으로 새로운 대중문화를 생산하는 주체이다. 공동체가 형성되어 펼치는 다양한 활동과 헌신과 애착, 공감을 지닌 현상 전체에 대하여 팬덤이라고 부른다.

〈해리포터〉의 팬들은 소설과 영화의 스토리가 종료되어 작가와 감독이 떠났음에도 불구하고 해리포터의 세계에 남아 원작이 다하지 못한 이야기들을 이어나간다. 이들의 세계에서는 존과 헤르미온르가 우여곡절 속에 결혼

하고 아이를 낳아 키우며 마법 세계를 엄습해오는 새로운 위협에 맞서 싸우며 헤쳐나간다. 팬덤에 의해 이어지고 있는 네버엔딩 스토리들로는 셜록 홈즈Sherlock Holmes 작가와 작품 팬덤, 영화 〈스타트렉〉Star Trek이나 〈매트릭스〉Matrix , 퍼리 팬덤Furry_fandom 같은 캐릭터 팬덤 등이 대표적이다.

팬덤에 의해 이어지고 있는 영화 〈매트릭스〉의 팬아트(이미지 : Deviantart)

존 피스크(John Fiske)의 팬덤에 대한 연구

팬덤 현상은 미디어와 커뮤니케이션에서의 수용자에 대한 연구에 심각한 질문들을 던진다. 단순하고 수동적인 존재에서 자율적으로 의미를 생산하고 능동적이며 참여적으로 활동하는 존재로 드러나기 시작한 것이다. 대중문화에 무기력하고 즐거움에 의식이 마비되는 존재가 아닌 주체적이며 저항적인 특징들이 밝혀지기 시작했다.

존 피스크는 대중문화 연구를 통해 팬덤의 특징을 세 가지로 정리하여 설명한다. 그의 연구는 2024년 현재 관찰되는 미디어 플랫폼과 팬덤의 변화를 이해하는 데 중요한 기준을 제공한다.

첫번째 특징은 차별과 구별이다. 어떤 특정한 스타나 미디어 콘텐츠를 좋아하는 활동을 자기 정체성의 요소로 삼으며 이를 통해 다른 사람들과 차별성을 드러낸다는 개념이다.

두번째 특징은 생산성과 참여이다. 적극적인 참여를 통해 새로운 문화를 생산해내는 주체이며 팬들이 만들어 문화 자체가 대중문화와 산업에서 중요해지고 있다는 점이다. 어떤 스타와 콘텐츠를 받아들이고 이해하며 표현을 공유하는 단계을 넘어, 팬픽Fanfic의 사례처럼 직접 텍스트를 만들어내는 생산적 단계로 나아간다는 것이다.

세번째 특징은 문화자본의 축적이다. 팬덤 활동은 공동체에서 정체성을 만들어나가고 지식과 취향을 축적하여 자산이 되는 하위 문화자본Subcultural Capital이 된다는 점이다.

성장하는 팬덤 플랫폼

플랫폼에 대한 연구와 논의에 기반하여 설명하자면, 팬덤 플랫폼이란 다양한 기술들을 활용하여 스타와 사용자를 연결하는 팬덤 커뮤니티를 활성화하여 팬덤 활동의 문화적, 경제적 가치를 높이기 위한 시스템이다.

하지만 최근 국내 사례에서 팬덤 플랫폼을 기획하고 비즈니스 공간으로 운영하는 주체는 연예기획사들이다. 여기에서 중요한 문제의식이 제기된다. 팬덤의 참여문화는 자발적이면서 하위문화로서 존재해왔다. 미디어 융합과 콘텐츠 IP와 글로벌 시장이 중요해진 환경에서 팬덤을 비즈니스 경쟁력을 위한 원동력으로 활용하는 전략이 출현한 셈이다.

대표적인 팬덤 플랫폼의 사례가 하이브의 〈위버스〉, NC소프트의 〈유니버스〉 같은 플랫폼이다. 이 팬덤 플랫폼들은 서비스를 통해서 비대면 공연을 관람하거나 커뮤니티에 참여하고, 관련 굿즈Goods들을 구매할 수 있다. 과거에 팬덤 커뮤니티들이 자발적으로 펼쳤던 활동을 기획사가 독점하여 한 자리에 모아 두고 부가수익을 창출하는 비즈니스 공간으로 변화시킨 것이다.

이 플랫폼들은 코로나 팬데믹으로 비대면 공연이 확대된 2020년 말부터 본격적으로 성장하기 시작했다. 물론 비즈니스 관점에서 팬덤 플랫폼은 매우 중요하다. 팬덤 참여 사용자들의 활동 데이터들을 수집하여 분석할 수 있으며, 이렇게 수집된 빅데이터는 콘텐츠 전략 수립에 매우 필요한 자원이 된다.

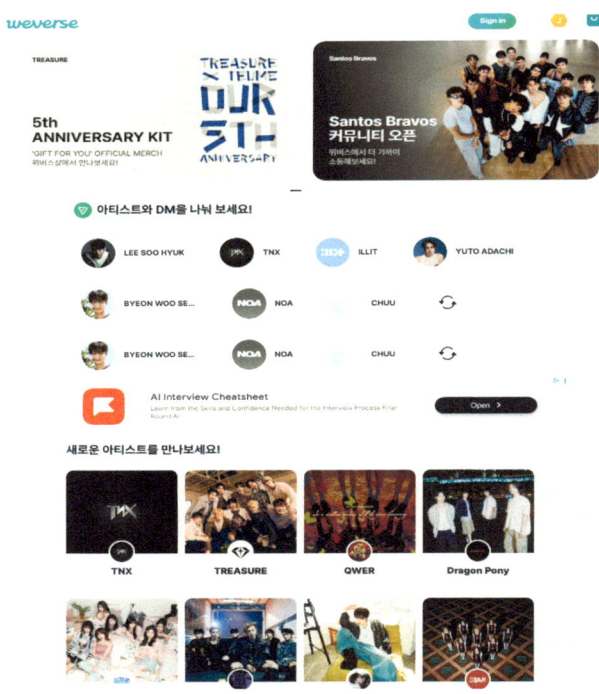

연예기획사 하이브의 팬덤 플랫폼 〈위버스〉(이미지 : Weverse)

강신규의 「커뮤니케이션을 소비하는 팬덤 : 아이돌 팬 플랫폼과 팬덤의 재구성」

강신규의 논문은 팬 플랫폼이 팬 활동의 주된 무대가 되고 팬 플랫폼 없는 팬덤을 상상하기 어려운 상황에서, 아이돌과 팬 간의 커뮤니케이션에 주목해 새로운 팬덤의 양상과 의미를 밝히는 것을 목적으로 한다.

이 논문을 읽으며 우리는 변화하는 아이돌 팬 플랫폼의 풍경을 살펴볼 수 있다. 포털 사이트의 카페, 소셜 네트워크 서비스, 커뮤니티 사이트 갤러리/게시판 등을 통해 자생적으로 운영되어오던 무료 팬 커뮤니티는 유료 기반 플랫폼에 흡수된다.

팬 모집과 관리, 공지사항 전달, 자체 콘텐츠 유통, 온·오프라인 굿즈 판매 및 이벤트 예매, 그리고 팬과 팬 간 커뮤니케이션에 이르기까지 팬 활동 전반이 팬 플랫폼을 통해 이루어진다. 하지만 다른 무엇보다 팬 플랫폼의 강력함은, 아이돌과 팬이 직접 커뮤니케이션할 수 있는 완전히 새로운 방법을 제공한다는 데서 비롯된다. 그로 인해 팬들은 자신이 좋아하는 아이돌, 또는 아이돌들을 구독하고, 자유롭게 댓글이나 프라이빗 메시지를 주고받는다.

이 논문은 팬 플랫폼과 팬덤 변화에 대해 다음과 같이 분석한다.

첫째, 기존의 팬덤 관련 이론이 팬 플랫폼과 그로 인한 팬덤 변화를 분석하기에 적절하지 않거나 제한적임을 지적하고, 새로운 분석틀인 커뮤니케이션 소비론을 동원한다. 최근의 대중문화에서 어떤 텍스트들이 수용자와 커뮤니케이션하기 위해 창작되고 소비되는 흐름을 포착하여, 팬 플랫폼과 팬덤을 함께 설명하기에 적절할 것이라는 판단에서다. 다만 보다 입체적인 분석을 위해 여러 학자들에 의해 고안된 개념들, 그리고 다른 자료들을 통해 제시된 관련 논의도 함께 활용한다.

둘째, 팬 플랫폼과 그 수용이 보이는 여러 양상들을 드러내고, 그것들이 아이돌 산업과 팬들에게 어떤 영향을 미치는지, 팬들은 그것을 어떻게 이해하고 의미를 만들어내는지 짚어본다.

셋째, 앞선 과정들을 토대로 커뮤니케이션 소비로서 팬덤이 갖는 의미를 논의한다.

이 연구는 디지털 기술의 발달로 콘텐츠가 웹툰, 드라마, 영화 등 다양한 장르와 플랫폼을 넘나드는 트랜스미디어 환경에서 소비되고 있다고 설명한다. 이 과정에서 팬들은 콘텐츠를 소비하는 데 그치지 않고, 능동적 수용자이자 창작 주체로 자리잡으며 팬덤 커뮤니티를 형성하고 있다. 팬덤은 이제 단순한 소비자 집단이 아닌, 콘텐츠를 창작하고 유통하는 주체로 떠오르고 있다는 것이다. 또한, 위버스, 유니버스 등 팬덤 플랫폼은 아이돌과 팬 간 직접 소통을 가능하게 하며, 문화·경제적 가치 모두를 확대시키고 있다.

강신규(2022)
커뮤니케이션을 소비하는 팬덤 : 아이돌 팬 플랫폼과 팬덤의 재구성
〈한국언론학보〉, 66(5), 5~56쪽.

#팬 플랫폼(Fan Platform)
아이돌과 팬 사이의 디지털 소통을 중개하는 모바일 기반 서비스로, 기업이 설계한 커뮤니케이션 환경에서 팬의 참여를 유도하고 수익화하는 구조를 가진다. 위버스(Weverse), 버블(Bubble), 유니버스(UNIVERSE) 등에서 팬은 유료 구독을 통해 메시지 수신, 사진 열람, 팬 게시판 참여, 굿즈 구매 등을 경험한다. 이는 팬의 정서적 몰입을 강화하고, 플랫폼 기업에게는 안정적 수익 모델을 제공하는 시스템이다. 팬은 단순한 수용자를 넘어 '소통 소비자'로 재규정되며, 플랫폼은 팬덤 문화를 재구성하는 핵심 매개로 작동한다.

우리는 항상 무엇인가의 팬이다

존 피스케John Fiske는 팬덤을 단순한 오락 소비가 아닌, 문화 권력에 대한 일상의 저항으로 해석했다. 그는 팬을 수동적 소비자가 아닌, 콘텐츠를 자기 식으로 해석하고 재구성하는 능동적 주체로 보았다. 팬은 공식 서사를 따르기보단 그 '틀'을 비틀고, 주류가 설정한 '정답'을 거부한다. 주인공보다 악당에 감정이입하며 팬아트를 만들고, 배경에 머물던 조연에게 새로운 서사를 부여한다. 피스케는 이를 '기호 권력'Semiotic Power이라 부르며, 팬이 의미를 새롭게 창조하는 문화의 공동 제작자Co-producer라고 강조했다.

덕질을 이해하려면 '내 삶의 일부'가 된 보편적 문화현상인 20대 여성들을 중심으로 팬덤이 어떻게 확산되고 일상화되었는지에 대한 문화인류학적 관점이 필요하다.(이미지 : Seoulbeats)

문화 권력에 맞서는 팬덤의 반란

피스크는 엘리트들이 정한 고급문화만이 가치 있다고 여기는 관점에 반기를 들었다. "진짜 흥미로운 건 사람들이 TV를 어떻게 보고, 친구와 수다 떨며 자기 해석을 만들어가는 과정"이라는 그의 말처럼, 팬덤은 즐기기만 하는 공간이 아니다. 팬카페, 디시인사이드Dcinside, 소셜 미디어 같은 온라인 커뮤니티에서 팬들은 해석을 공유하고, 콘텐츠를 비판하고, 나아가 2차 창작을 통해 새로운 세계를 창조한다.

특히 남성 중심 콘텐츠를 여성 팬들이 여성 서사로 재해석하거나, 소외된 소수자 캐릭터를 중심으로 한 팬픽을 창작하는 행위는 주류 미디어의 권력 구조에 맞서는 문화적 반항이다. 팬덤은 자신만의 시선으로 세계를 다시 쓰는 공간이며, 그것이 때로는 작은 혁명이 된다. 피스케에게 팬은 '보는 사람'이 아닌, 세상을 다시 해석하고 말을 걸 수 있는 사람이다. 팬덤은 곧 대중의 자율성과 창의성, 그리고 문화 권력에 균열을 내는 실천의 장인 것이다.

이응철의 연구 「우리는 항상 무엇인가의 팬이다」

팬질은 더 이상 특별한 소수가 즐기는 취미가 아니다. 이응철은 「우리는 항상 무엇인가의 팬이다」 논문을 통해 팬덤이 어떻게 일상화되며, 젊은 세대의 문화적 자기표현과 정체성 형성에 어떤 역할을 하는지를 분석한다. 덕질을 이해하려면 '내 삶의 일부'가 된 보편적 문화현상인 20대 여성들을 중심으로 팬덤이 어떻게 확산되고 일상화되었는지에 대한 문화인류학적 관점이 필요하다는 것이다.

이 논문은 한국 사회에서 팬덤이 가지는 의미와 그것이 일상 속에서 어떻게 자리잡았는지를 탐구한다. 특히, 대중문화 콘텐츠를 열성적으로 소비하고, 생산에까지 참여하는 청년들의 팬덤 활동을 단순한 취미로 치부하는 기존 시선에 문제를 제기한다. 팬덤은 더 이상 특정 스타나 장르에만 국한되지 않으며, 그 범위와 형태가 점점 다양화되고 있음을 밝히고자 했다.

팬덤의 문화 실천에 대한 주요 결론들

이응철은 2014년부터 3년 동안 자신이 담당한 수업을 통해 학생들로부터 자문화기술지Self-ethnography 형식의 자료를 수집하고, 심층 면담과 온라인 커뮤니티 분석을 병행했다. 주로 1990년대 초중반 출생의 20대 여성들을 중심으로 자료를 수집하였으며, 총 277건의 팬덤 관련 기록을 바탕으로 범주화 및 분석을 진행했다. 연구는 팬덤이 어떻게 일상적인 문화 실천으로 자리잡았는지를 다음과 같은 다섯 가지 키워드를 중심으로 설명한다.

일상화 : 팬질은 더 이상 '특이한 취미'가 아니라 성장 과정 중 자연스럽게 겪는 의례적 경험으로 인식된다. 대다수의 청년은 어린 시절부터 다양한 형태의 팬덤에 참여해 왔고, 이는 취향과 정체성 형성의 중요한 경로로 작용했다.

다양화 : 팬의 대상은 아이돌에 국한되지 않는다. 만화, 게임, 스포츠, 클래식, 역사, 정치인에 이르기까지 팬덤의 범위는 넓고도 세분화되어 있으며, 덕질은 '전문성'을 요구하는 정보 기반의 활동이 되었다.

생산과 소비의 혼종화 : 팬은 단순한 소비자가 아니라 굿즈 제작, 팬픽 창작, 소셜 미디어 콘텐츠 생산 등 능동적인 생산자이다. 팬덤 내부에서 '존잘'(능력자), '연성러'(2차 창작자), '소비러'(팬 소비자) 등의 분화가 이루어진다.

온라인 플랫폼의 개인화 : 트위터와 같은 소셜 미디어는 팬 개개인이 자신의 취향을 표현하고, 정보를 수집하며, 커뮤니티를 형성하는 공간이 되었다. 이는 전통적인 팬클럽 중심의 공동체 팬덤에서 탈중심적, 개별화된 팬덤으로의 전환을 보여준다.

취향의 은폐와 젠더 이슈 : 팬덤에 대한 부정적 인식과 성차별적 시선은 여전히 존재한다. 여성 팬은 '빠순이' 등으로 불리며 하찮게 여겨지고, 스포츠나 게임 등의 영역에서는 '얼빠'로 낙인찍히는 일이 흔하다. 이로 인해 많은 여성 팬들은 자신의 취향을 '일코'(일반인 코스프레)하며 숨긴다.

이 연구는 팬덤을 단순한 대중문화 소비가 아닌 '자기 삶을 재구성하는 문화적 실천'으로 본다. 팬덤은 청년들에게 정체성과 소속감을 부여하며, 그들의 일상과 감정, 사회적 관계를 새롭게 조직하는 힘이 있다. 팬은 더 이상 미디어와 콘텐츠의 수동적 소비자가 아니다. 오늘날의 팬은 생산자이자 기획자, 소비자이자 비평가다. 팬은 콘텐츠를 자기 식으로 해석하고 재창조하는 능동적 주체이며, 이는 기존 엘리트 중심 해석에 균열을 내는 행위다. 이 논문은 팬덤을 재조명하며, 그 다양성과 일상성을 통해 한국 사회 청년문화의 새로운 지형을 보여준다.

이응철(2016)
우리는 항상 무엇인가의 팬이다 : 팬덤의 확산, 덕질의 일상화, 취향의 은폐
〈한국문화인류학〉,49(3), 95-135쪽

#존 피스크의 팬덤 이론
존 피스크는 팬(Fan)을 수동적인 소비자가 아닌 능동적이고 창의적인 문화 생산자로 본다. 팬들은 대중문화 콘텐츠를 단순히 소비하지 않고, 이를 해석하고 재구성하며 자신만의 의미와 가치를 부여한다. 이 과정은 팬들 사이의 연대와 공유 문화를 형성하며, 주류 문화나 권력 구조에 대한 저항적 실천으로도 이어진다. 팬덤은 문화적 참여와 표현의 장으로 기능한다.

#취향의 은폐(Concealment of Taste)
취향의 은폐는 개인의 팬 활동이나 콘텐츠 취향을 외부 시선이나 사회적 규범 때문에 드러내지 않는 현상이다. 이는 여전히 일부 팬 활동이 비주류로 간주되거나 조롱의 대상이 되는 현실에서 비롯되며, 팬의 정체성과 자율성 사이의 긴장을 드러낸다. 팬덤의 확산과 함께 이 문제는 더욱 복잡해지고 있다.

숏폼 콘텐츠의 미학적 형식과
서사 경험의 변화 톺아보기

짧은 영상들이 끊임없이 확산되고 있다. 새로 등장한 틱톡뿐만 아니라 기존의 소셜 미디어인 유튜브와 페이스북에서도 마찬가지이다. 정보의 홍수 속에서 긴 영상을 보고 있을 인내심이란 더이상 존재하지 않는 모양이다.

소셜 미디어의 여전한 강세 속에 짧은 영상의 부상

소셜 미디어는 여전한 강세를 보이는 가운데 뚜렷한 변화를 겪고 있다. 미국 성인 사용자의 83%가 유튜브를, 68%가 페이스북을 사용하고 있는 것으로 조사되었지만, 틱톡의 성장이 눈에 띈다. 사용자는 2021년 21%에서 2024년 33%로 크게 증가하였으며, 젊은 층에서 더욱 두드러진다Search Engine Journal.

국내외 주요 소셜 미디어 연간 이용률은 2023년 기준 유튜브 93%, 네이버 밴드 47%, 인스타그램 39%, 카카오스토리 37%, 페이스북 31%, 틱톡 19%, 트위터현재 X 15% 순으로 나타났다. 인스타그램은 전년 대비 3%포인트 신장했지만. 틱톡은 5%포인트 신장하였다. 네이버 밴드와 카카오스토리도 전년 대비 4%포인트 늘긴 했지만, 둘다 코로나19 이전과 비슷하거나 못한 수준이다갤럽리포트. 페이스북과 트위터도 답보 상태라는 것을 고려해 보면 숏폼Short-form을 앞세운 틱톡의 성장은 매우 눈에 띄는 현상이라고 할 수 있다.

틱톡은 전 세계적으로 월간 활성 사용자 수가 10억 명을 넘어서며 짧은 영상 콘텐츠의 강자로 자리매김했다. 틱톡의 짧은 영상 형식은 사용자들이 쉽고 빠르게 소비할 수 있어 큰 인기를 끌고 있다. 기업들은 틱톡을 활용해 짧고 재미있는 콘텐츠를 제작하고 있으며, 인플루언서 마케팅을 통해 넓은 범위의 관객층과 소통하고 있다.

짧고 간결한 동영상 형식을 띠고 있는 숏폼 콘텐츠는, 틱톡에서 시작하여 소셜 미디어 전체 판도를 바꾸어 놓았다. 유튜브를 비롯한 소셜 미디어 플랫폼에서 가장 큰 인기를 끌고 있는 콘텐츠는 숏폼이 되었다. 긴 영상들도 별도의 숏폼을 만들어서 사용자의 관심을 끄는 것이 필수적인 홍보방법이 되었다. 그 원인은 무엇일까? 박미영의 논문 「숏폼의 미학과 시간성 : 유튜브를 중심으로」를 통해 숏폼 콘텐츠가 어떻게 디지털 시대의 미학적 형식과 서사 경험을 변화시키고 있는지 살펴볼 수 있다.

미국 성인 사용자의 83%가 유튜브를, 68%가 페이스북을 사용 중이다. 틱톡의 사용자는 2021년 21%에서 2024년 현재 33%로 크게 증가했고 젊은 층에서 더욱 두드러진다. 사진은 2025년 2월 기준 가장 인기있는 유튜브 크리에이터 8명(이미지 : Sendsshort)

디지털 인터페이스와 촉각적 시각성

이 논문에서는 디지털 모바일 스크린의 발전이 숏폼 콘텐츠의 미학적 형식에 끼친 영향을 강조한다. 전통적인 영화 관람 방식에서 이미지와 관객 사이의 거리가 중요했다면, 디지털 스크린에서는 터치와 같은 촉각적 상호작용이 시각적 경험을 활성화시키는 주된 요소로 작용한다고 설명한다. 이는 관객이 단순히 보는 것을 넘어 스크린과의 직접적인 상호작용을 통해 더 깊은 몰입을 경험하게 한다.

이야기를 중심으로 하는 서사 영화Narrative Film에서는 카메라와 캐릭터와의 동일시Identification를 통해 관조적 이미지가 관객의 정서적 경험으로 전환된다. 그러나 디지털 모바일 스크린의 이미지는 터치와 같은 촉각적 상호작용을 통해 의미를 창출할 수 있다. 대표적인 터치 제스처로는 탭Tap, 스와이프Swipe, 스크롤Scroll, 드래그Drag, 프레스Press, 핀치Pinch, 스프레드Spread가 있다. 이러한 제스처들은 캐릭터와의 동일시와는 다르게, 체화된 경험의 조건을 형성하여 몰입 상태를 유도한다.

롱폼의 변환과 빈곤한 이미지, 그리고 서사 결핍

유튜브에서 인기를 끌고 있는 드라마/영화 리뷰 영상은 숏폼의 다양한 형식 중 하나로, 기존의 롱폼 콘텐츠를 새로운 방식으로 재구성한다. 대표적인 예로 tvN D ENT티비 앤 디 엔터, 디글 클래식, 샾잉 등의 채널에서 제공하는 요약형 리뷰 영상은 시청자에게 주요 장면과 핵심 내용을 빠르게 전달하며, 이는 중첩과 하이퍼 읽기Hyper Reading와 같은 미학적 전략을 사용한다.

저작권 문제로 인해 분석형 리뷰 영상들은 종종 저화질의 이미지나 서사와 무관한 배우 사진을 사용한다. 이러한 빈곤한 이미지는 정보 자본주의와 플랫폼 경제의 맥락에서 새로운 미학적 의미를 갖는다. 논문에서는 이러한 이미지들이 기존의 고화질 콘텐츠에 대한 반작용으로서 사색의 시간을 유발할 수 있다고 설명한다.

숏폼 콘텐츠의 또 다른 특징은 1분 코미디와 같은 새로운 장르의 등장이다. 유튜브 숏츠에서 인기를 얻고 있는 '편의점 고인물'과 '1분 뮤지컬'은 깊이없는 미학Depthlessness을 통해 현실에 대한 비판적 해석을 제공한다. 이는 반복적인 웃음 속에서 현실을 풍자하고, 동시대의 '인지 자본주의'Cognitive Capitalism를 비판하는 잠재력을 지닌다.

디지털 시대 새로운 미학적 형식과 서사 경험의 변화

숏폼 콘텐츠는 단순히 짧은 시간 안에 재미를 제공하는 것을 넘어, 디지털 시대의 새로운 미학적 형식과 서사 경험의 변화를 상징한다. 이는 디지털 모바

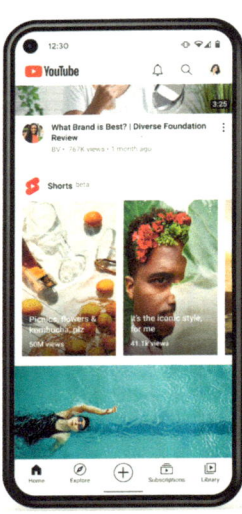

숏폼 콘텐츠는 새로운 미학적 형식과 서사 경험의 변화를 상징한다.(이미지 : Variety)

일 스크린의 발전과 촉각적 시각성, 롱폼의 변환, 빈곤한 이미지의 미학적 가능성, 그리고 깊이없는 새로운 장르의 등장을 통해 명확히 드러난다. 이러한 변화는 숏폼 콘텐츠가 앞으로도 중요한 문화적, 미학적 현상으로 자리잡을 것임을 시사한다.

　박미영의 연구는 이러한 숏폼 콘텐츠의 미학적, 문화적 의미를 탐구하며, 디지털 시대의 새로운 서사 경험을 이해하는 데 중요한 기여를 하고 있다.

박미영(2022)
숏폼의 미학과 시간성 : 유튜브를 중심으로, 〈씨네포럼〉, (42), 9–31쪽

#숏폼 콘텐츠(Short-form Content)
숏폼 콘텐츠는 짧은 시간 내에 정보를 전달하고 감정을 유발하는 영상 형식으로, 주로 1분 내외의 분량을 갖는다. 유튜브 쇼츠, 틱톡, 릴스 등이 대표적이며, 빠른 소비와 즉각적 반응을 유도한다. 이 콘텐츠는 정보의 압축, 강한 시각적 자극, 감각적 몰입을 특징으로 하며, 디지털 환경에서 새로운 서사적 미학을 만들어낸다.

#비선형적 시간성(Non-linear Temporality)
이야기의 전개 순서가 직선적이지 않고, 감각적 단편들이 병렬적으로 구성되는 시간 인식을 의미한다. 유튜브 쇼츠나 틱톡 영상처럼 순서보다 인상적 순간의 반복과 조합이 중요한 콘텐츠에서 자주 나타난다. 예를 들어, 한 요리 영상이 결과물부터 보여준 뒤 재료 소개나 조리 과정을 순차 없이 배치하는 경우, 이는 서사보다는 시청자의 관심을 빠르게 끌고, 감각적 몰입을 유도하는 방식이다. 이러한 시간성은 숏폼 콘텐츠의 속도감과 주의 집중 구조에 부합하며, 현대인의 소비 패턴과 긴밀히 연결된다.

케이팝 아이돌 그룹 뉴진스의
뉴트로 전략

최근 대중음악에서 뉴트로Newtro 전략이 큰 인기를 끌고 있다. 뉴트로는 새로움New과 복고Retro를 결합한 용어로, 과거의 문화를 현대적으로 재해석하여 새로운 가치를 창출하는 트렌드이다. 대중음악의 뉴트로 전략이 효과적인 이유는 무엇일까? 많은 조사들은 한국 사회에서 뉴트로 전략이 다양한 세대의 감성을 자극하고, 새로운 경험을 제공하며, 지속 가능한 문화로 자리잡고 있기 때문이라고 설명한다.

뉴트로 전략은 X세대와 MZ세대 모두에게 어필하는 특성을 지닌다. X세대에게는 과거의 향수를 불러일으키고, MZ세대에게는 새로운 경험과 신선함을 제공한다. 뉴트로는 과거의 문화를 현대적으로 재해석하여 새로운 가치를 창출하는데, 이는 특히 1990년대의 음악과 패션 요소를 현대적인 감각으로 재구성하여 큰 인기를 끌고 있다.

슈퍼내추럴과 푸른 산호초의 뉴트로 열풍

뉴진스NewJeans를 둘러싸고 하이브의 방시혁과 어도어의 민희진이 벌인 대립은 대중들에게나 연구자들에게나 엄청난 사회적 현상이자 이슈로서 받아들여지고 있다. 이 나비효과는 매우 길고 큰 변화로 이어질 것으로 예상된다. 이 심각한 갈등이 벌어지고 있던 2025년 초여름 뉴진스의 일본공연에서 일본인의 뉴트로 감성을 폭발시키는 노래가 등장한다.

뉴진스는 2025년 6월 도쿄돔에서 열린 이 공연에서 일본 데뷔 더블 싱글 앨범인 〈슈퍼내추럴〉Supernatural을 선보였는데, 이 곡은 걸그룹 뉴진스의 콘셉트를 드러내는 흥미롭고 매력적인 곡이다. 그런데, 이날 공연에서 관객들의 엄청난 인기와 관심을 불러일으킨 곡은 바로 하니가 팬서비스로 불러준 〈푸른 산호초〉였다.

〈푸른 산호초〉는 마츠다 세이코松田聖子, 1962-가 1980년도에 발표한 곡으로서 용솟음치던 일본 산업의 최고 전성기가 품었던 밝은 미래를 상징하는 노래이다. 하니는 청순하고 발랄하던 마츠다 세이코의 젊은 날을 오버랩시키며 1980년대를 그리워하는 일본인들에게 가슴벅찬 향수를 불러일으켰다.

뉴진스의 노래가 개인의 일상을 도시적 분위기에서 담은 시티 팝City pop 스타일을 강하게 담고 있다는 점도 뉴트로 전략의 일환이다. 시티 팝은 1980년대에 정점을 찍은 일본 대중음악의 장르이다. 그런 의미에서 〈슈퍼내추럴〉과 하니가 부른 〈푸른 산호초〉는 제이팝J-pop에 기반하여 케이팝K-pop으로 기획된 뉴트로 곡이라고 할 수 있다.

뉴트로 전략을 활용하여 많은 팬층을 공략하는 케이팝 아이돌 그룹 뉴진스(이미지 : Wikipedia)

뉴진스 그룹과 민희진의 뉴트로 전략

뉴진스 그룹은 2022년 데뷔 이후 많은 팬층을 확보해왔다. 멜론 차트에서 12주 연속 1위를 기록하고 미국 빌보드 '핫 100' 차트에도 진입하는 등 큰 성과를 거두었다. 뉴진스의 성공 비결은 여러 가지가 있겠지만, 그 중 하나는 뉴트로를 기반으로 한 음악과 뮤직비디오 전략이었다.

예를 들어, 뉴진스의 대표곡 〈Attention〉, 〈Hurt〉, 〈Hype Boy〉, 〈Ditto〉, 〈OMG〉 등은 90년대 알앤비R&B와 같은 과거의 음악 장르를 현대적으로 재해석하여 대중에게 친숙하면서도 새로운 느낌을 주었다.

뉴진스의 데뷔와 활동을 이해하기 위해서는 민희진閔熙珍, 1979~ 아트 디렉터의 경력과 활동을 중요하게 살펴볼 필요가 있다. 그는 서울여자대학교 시각디자인학과를 졸업하여 2002년 SM 엔터테인먼트에 공채로 입사했다. 입사 당시 민희진은 아이돌 음악보다 음반 커버 작업에 관심이 있어 SM에 지원한 것으로 알려져 있다. 그는 1980년대와 1990년대에 10대를 보냈으며 2000년대에 엔터테인먼트 회사에서 활동했다는 점에 주목할 필요가 있다.

소녀시대를 시작으로 f(x), 샤이니, EXO, 레드벨벳과 같은 아이돌 그룹의 브랜딩을 담당했다. 소녀시대의 'Gee', 엑소 '으르렁'의 교복과 레드벨벳 〈Ice Cream Cake〉의 뮤직 비디오 등이 민희진의 손을 거쳤다. 2019년에 하이브로 영입되어 브랜딩 실무의 총괄자로 활동했다. 2021년 10월에 하이브가 자본금 161억원을 출자해 만든 자회사 어도어의 대표로 임명되었다. 그리고, 2022년 8월 1일에 5인조 다국적 걸그룹인 뉴진스가 데뷔했다.

뉴진스의 뮤직비디오는 과거와 현대를 결합한 독특한 시각적 요소로 구성되어 있다. 예를 들어, 〈Attention〉 뮤직비디오는 80년대와 90년대의 전자제품과 의상을 활용하여 과거의 향수를 자극하면서도 현대적인 연출 기법을 통해 신선함을 더했다. 〈Hurt〉 뮤직비디오는 자연스러운 메이크업과 스타일링을 강조하여 '자연스러움'이라는 뉴트로적 미학을 구현했다.

신유진의 논문 「대중음악에서 나타나는 뉴트로 전략 연구 : 아이돌 그룹 뉴진스를 중심으로」는 뉴트로 전략을 활용한 아이돌 그룹 뉴진스NewJeans의 성공 사례 분석 작업으로서 2020년대 걸그룹 중심의 대중음악의 이해과 연구를 위해 중요한 도움을 준다.

신유진(2023)
대중음악에서 나타나는 뉴트로 전략 연구 : 아이돌 그룹 뉴진스를 중심으로
상명대학교 석사학위논문

#뉴트로(Newtro) 전략
뉴트로 전략은 '새로움'(New)과 '복고'(Retro)의 결합으로, 과거의 문화나 스타일을 현대적으로 재해석하여 새로운 가치를 창출하는 마케팅 및 문화 전략이다. 이는 X세대에게는 향수를, MZ세대에게는 참신함을 제공하여 세대 간 공감대를 형성한다. 특히 대중음악 분야에서는 1990년대의 음악과 패션을 현대 감각으로 재구성해 큰 인기를 끌고 있으며, 다양한 세대의 감성을 자극하고 지속 가능한 문화로 자리잡고 있다.

케이팝 여자 아이돌의
브랜드 스토리텔링 전략

케이팝 아이돌은 사람인 동시에 하나의 브랜드이다. 아이돌은 회사의 체계적인 시스템 아래에서 발굴되고 성장한다. 이후, 상업적 기획에 맞춰 팀으로 구성된 대중문화 상품이 된다. 아이돌 소속사는 앨범과 곡만 계획하는 것이 아니다. 아이돌 브랜드를 더 튼튼하게 만들 방법도 찾는다. 그중 가장 효과적인 방법이 스토리텔링이다.

브랜드 스토리텔링은 이런 이유로 나온 개념이다. 더 정확히 말해서 브랜드 스토리텔링은 '브랜드 정체성'과 사람들이 느끼는 '브랜드 이미지' 사이의 격차를 줄이기 위해 생겨났다. '브랜드 정체성'은 브랜드가 이루고자 하는 이상적인 목표를 가리키지만, '브랜드 이미지'는 실제로 사람들이 브랜드를 어떻게 알고 느끼는지에 대한 현실 인식을 가리킨다.

브랜드가 원하는 이상적인 모습과 실제 모습 사이에는 항상 차이가 있게 마련이다. 이 간격을 자연스럽게 메우기 위해 필요한 것이 바로 브랜드 스토리텔링, 브랜드의 이야기를 알기 쉽게 들려주는 전략이다.

아이돌 콘텐츠 스토리텔링 역할과 확장 연구

박은경의 논문은 「K-pop 여자 아이돌의 브랜드 스토리텔링 확장에 관한 사례 분석」은 K-pop 4세대 여성 아이돌 그룹 에스파Aespa와 르세라핌LE

SSERAFIM의 브랜드 스토리텔링 사례를 분석하여 아이돌 콘텐츠에서 스토리텔링의 역할과 확장 방식을 체계적으로 정리했다.

연구는 아이돌을 단순한 음악적 존재가 아닌 하나의 브랜드로 간주하며, 스토리텔링이 아이돌 정체성의 전달과 팬덤 강화에 중요한 역할을 한다는 점에 주목한다. 박은경은 브랜드를 '강화'하는 스토리텔링 방식과 '확장'하는 스토리텔링 방식을 각각 발견하였다.

에스파의 세계관은 앨범과 동영상 콘텐츠를 통해 일관되게 전개되며, 세계관이 앨범의 핵심 스토리라인과 긴밀히 연결된다. 이는 브랜드 정체성을 강화하는 반면, 세계관 실패 시 브랜드 전체에 끼칠 수 있는 위험도 존재한다.

반면, 르세라핌의 세계관과 앨범 스토리텔링은 독립적으로 운영되며, 각각 별도의 서사를 구축한다. 이러한 방식은 브랜드 리스크를 분산시키는 장점이 있지만, 두 콘텐츠의 연관성이 약해 브랜드 통합성이 낮아질 우려도 있다.

이 연구는 K-pop 4세대 여성 아이돌 에스파와 르세라핌이 브랜드 스토리텔링을 통해 독특한 아이덴티티를 구축하고 있다고 설명한다. 에스파는 수직

K-pop 4세대 여성 아이돌 그룹 르세라핌(LE SSERAFIM)은 5인조 다국적 걸그룹이다. 쏘스뮤직 소속으로 2022년 5월 2일에서 현재까지 활동 중이다.(이미지 : Wikipedia)

적 확장으로 팬덤과의 긴밀한 연결을, 르세라핌은 수평적 확장으로 콘텐츠 다양성을 추구한다. 이 논문은 아이돌 콘텐츠의 스토리텔링 전략을 체계적으로 분석하여 브랜드 관리와 확장의 새로운 방향을 제시한다.

박은경 (2023)
K-pop 여자 아이돌의 브랜드 스토리텔링 확장에 관한 사례 분석
〈한국엔터테인먼트산업학회논문지〉, 17(6), 1–14쪽

#브랜드 스토리텔링(Brand Storytelling)
브랜드 스토리텔링은 브랜드가 지닌 정체성과 메시지를 이야기 구조로 전달하는 전략이다. 이는 브랜드가 추구하는 아이덴티티와 소비자의 인식 간 간극을 좁히기 위한 방법으로, 앨범 콘셉트나 세계관을 통해 구체화된다. 특히 케이팝 아이돌은 서사적 구조를 활용해 음악, 영상, 출판 등 다양한 매체를 아우르며 팬과의 감정적 연결을 강화한다. 이 전략은 브랜드 이미지의 일관성과 소비자의 몰입을 유도하는 데 효과적이다.

가상과 현실의 융합, 버추얼 아이돌 공연의 새로운 가능성

버추얼 아이돌Virtual Idol은 디지털 휴먼Digital Human의 개념을 기반으로 실제 인간이 아닌 소프트웨어로 만든 가상의 인간이 디지털 공간을 기반으로 활동하는 가수 캐릭터이다. 최근 디지털 콘텐츠 시장에서 눈에 띄는 발전 중 하나는 '버추얼 아이돌'이라는 새로운 엔터테인먼트 형태이다.

버추얼 아이돌과 디지털 휴먼은 모두 컴퓨터 그래픽과 인공지능 기술을 활용해 만들어진 가상의 인물이라는 점에서 공통점이 있다. 버추얼 아이돌은 주로 음악·공연 활동을 중심으로 팬과 소통하며, 세계관과 캐릭터성이 강조된다. 반면 디지털 휴먼은 광고, 고객 상담, 교육 등 다양한 산업 분야에서 인간을 대체하거나 보조하는 역할에 활용된다.

기술적으로는 모션 캡처, 3D 모델링, 음성 합성 등이 기반이 되며, AI 대화 기능을 탑재하면 팬 소통이나 서비스 대응이 가능해진다. 최근에는 두 개념이 융합되어, 버추얼 아이돌이 디지털 휴먼의 기능을 탑재해 상업·엔터테인먼트 활동을 동시에 수행하는 사례가 늘고 있다.

버추얼 아이돌 특성이 공연 수용자 태도에 미치는 영향

황서이와 기찬의 논문 「버추얼 아이돌 특성이 버추얼 아이돌 공연 수용자 태도에 미치는 영향」은 이러한 버추얼 아이돌의 특성이 공연을 관람한 소비자들의 몰입 경험Flow, 공연 만족도, 재관람 의도에 어떤 영향을 미치는지 분석하였다. 저자들은 기존 사례 연구에 의존하던 학문적 한계를 넘어서, 실제 소비자의 인식을 과학적으로 분석해 이 현상이 가지는 문화적·산업적 가능성을 제시하고자 했다.

황서이와 기찬은 총 470명을 대상으로 설문조사를 진행하며, 버추얼 아이돌 '메이브'MAVE:의 공연 영상을 관람하게 한 후 데이터 수집을 진행했다. 이를 통해 몰입 경험과 공연 만족, 재관람 의도 간의 관계를 살펴보았으며, 구조 방정식 모형 분석과 매개효과 분석을 수행했다. 연구는 다음과 같은 네 가지 결과를 도출했다.

버추얼 아이돌 특성과 몰입 경험 : 매력성과 유사성은 긍정적 영향을 미쳤으나, 상업성은 부정적 영향을 끼쳤다. 반면, 초월성, 맞춤성, 안정성은 몰입 경험에 유의미한 영향을 미치지 않았다.

몰입 경험의 효과 : 몰입 경험이 강할수록 공연 만족과 재관람 의도가 높아지는 것으로 나타났다.

공연 만족과 재관람 의도 : 공연에 대한 만족이 높을수록 재관람 의도가 강해지는 구조적 관계가 확인되었다.

매개효과 분석 : 몰입 경험은 버추얼 아이돌 특성(매력성, 상업성, 유사성)과 공연 만족·재관람 의도 간의 관계를 매개하는 역할을 하였다.

시청자 몰입을 극대화하는 전략의 중요성

이 연구는 버추얼 아이돌 공연의 성공적인 콘텐츠 기획을 위해 시청자 몰입을 극대화하는 전략이 중요함을 강조한다. 특히 매력적 외모와 인간과의 유사성이 소비자의 몰입 경험을 강화하는 주요 요소로 나타났다. 반대로 상업성이 두드러질 경우 몰입이 방해될 수 있으므로, 제작 과정에서 이를 최소화해야 할 필요가 있다. 또한 버추얼 아이돌이 실체가 없다는 점은 소비자 태도에 큰 영향을 미치지 않는 것으로 나타나, 오히려 가상 공간에서의 자유로운 확장성과 스토리텔링이 강점으로 작용할 가능성을 보여준다.

이 논문은 향후 연구에서 주 소비층인 청소년을 포함하여 다양한 연령층을 대상으로 한 분석이 필요하며, 버추얼 아이돌 공연의 체험 가치를 심화하여 마케팅 전략에 활용할 수 있는 방안을 모색해야 한다.

이 연구는 버추얼 아이돌의 특성, 버추얼 아이돌 공연 시청자의 플로우, 공연만족, 재관람의도 간의 영향 관계를 분석한 작업으로서 버추얼 아이돌 공연의 기획 및 제작에 있어 효율적인 방안 제시뿐만 아니라 광고, 버추얼 아이돌 공연의 효과적인 마케팅 전략 수립 자료로서 도움을 줄 것이다.

버추얼 아이돌 공연을 통해 즐거움과 행복한 감정을 느낄 수 있도록 물리적 환경 차원에서는 실재 인간 아이돌과 차별되는 공연, 새로운 형식의 공연, 특별한 장소에서의 공연 등을 시도할 수 있으며, 버추얼 공연을 보고 소셜 미

버추얼 아이돌은 버추얼 휴먼의 개념을 기반으로 실제 인간이 아닌 소프트웨어로 만든 가상의 인간이 디지털 공간을 기반으로 활동하는 가수 캐릭터이다.(이미지 : Youtube Zaty Farhani)

디어나 커뮤니티 등에서 긍정적인 커뮤니케이션을 할 수 있도록 공연을 기획하고 홍보할 필요가 있다.

황서이, 기찬(2023)
버추얼 아이돌 특성이 버추얼 아이돌 공연 수용자 태도에 미치는 영향
〈디지털콘텐츠학회논문지〉, 24(10), 2,277-2,286쪽

#버추얼 아이돌(Virtual Idol)
버추얼 아이돌은 현실의 인간이 아닌, 3D 그래픽, AI, 모션 캡처 기술 등을 통해 생성된 가상의 인물로서, 아이돌처럼 노래와 춤, 팬과의 소통을 수행한다. Z세대를 중심으로 새로운 문화 소비 주체이며 현실 아이돌과 유사한 활동을 하며, 디지털 플랫폼을 중심으로 콘서트, 콘텐츠 방송, 팬미팅 등에서 활발히 활동하고 있다. 팬들은 외모, 목소리, 성격 등 인격적 요소에 감정 이입하며 현실 아이돌과 유사한 몰입 경험을 한다.

#버추얼 아이돌 공연 수용자 태도
관객이 버추얼 아이돌 공연에 대해 갖는 인식과 정서적 반응을 말한다. 단순한 흥미나 재미를 넘어서, 공연의 몰입도, 만족도, 정서적 연결감, 그리고 향후 공연을 다시 보고 싶은 의향까지 포함된다. 특히 버추얼 아이돌 공연의 경우, 고도화된 기술과 독특한 콘텐츠가 관객에게 현실감을 제공하고, 인간 아이돌 못지않은 감정이입과 팬심을 유도함으로써 긍정적인 수용자 태도를 형성시킨다. 이는 공연의 성공과 지속적인 팬덤 형성에 핵심적인 요인으로 작용한다.

#5 청년과 고립, 사회와 공동체를 보다

청년 세대와 한국 사회의 현재를 분석한다. 우울, 은둔, 외로운 늑대, 안락사 논의 등 사회적 현상 속에서 청년과 시민의 삶과 실천을 이해한다.

MZ세대, 여가소비활동으로 정체성 찾고 만족도 높인다

인류역사상 세대 차이는 항상 존재해온 것이라고는 하지만, MZ세대를 바라보는 기성세대의 놀라움은 역대급이라고 할 수 있다. 그 변화를 만들어낸 것이 디지털 기술일 수도 있고, 민주주의적 시대정신일 수도 있다. 다양한 원인이 작용하겠지만 어쨌든 그들이 우리의 미래 세대라는 점은 거부할 수 없는 현실이다. 결국, MZ세대를 이해하려는 전향적인 노력이 필요한데, MZ 세대가 소비와 유행을 주도한다는 점에서 현실적인 과제일 수도 있다.

MZ세대의 여가와 소비 메카니즘

그렇다면 MZ세대의 여가와 소비는 어떠한 메카니즘으로 이루어지고 있는가? 이에 대해 흥미로운 설명을 해주는 연구가 있다. 장나연, 주진영, 신규리가 2022년에 발표한 「MZ세대의 자기애성향, SNS 이용동기, 과시적 여가소비의 관계」가 그것이다.

이 연구는 MZ세대의 나르시스트적 성격이 과시적 여가 소비에 어떻게 영향을 미치는지에 대해 사회적 관계 추구 동기, 정보 탐색 동기, 지위 추구 동기, 오락 추구 동기 등의 소셜 미디어 사용 동기의 매개 효과를 통해 분석하고자 했다. 그 결과 MZ세대밀레니얼+Z세대는 과시적 여가활동을 통해 자신만의 정체성을 찾고 높은 여가 만족도를 경험하고 있다고 주장한다.

저자들은 MZ세대의 과시적 여가소비 성향에 따라 세 가지 유형으로 군집을 분석했다. 첫째는 플렉스형, 두번째는 개성형, 세번째는 브랜드선호형이다. 이 세 가지 군집에 대한 연구내용은 다음과 같다.

MZ세대의 과시적 여가소비 세가지 성향은 플렉스형, 개성형, 브랜드선호형으로 분석된다.(이미지 Freepik)

여가 소비의 유형 : 플렉스형, 개성형, 브랜드선호형

플렉스Flex형은 타인에게 인정받고 유행에 민감하며 유명 상품을 선호하는 경향이 높다. 이들은 자신의 지위를 과시하고 타인에게 자신을 알리고자 하는 욕구가 강한 집단이다.

개성형은 타인에게 인정받고자 하는 욕구는 높지만 유명 상품보다는 자신의 개성을 드러낼 수 있는 희소성 있는 소비를 선호한다. 남들이 하지 않는 특별한 여가활동을 통해 자신만의 독특한 정체성을 찾고자 한다.

브랜드선호형은 타인에게 과시하기보다는 자신이 가치 있다고 느끼는 소비를 한다. 유명 브랜드를 선호하지만 이는 실용적이고 현실적인 소비를 중시하는 경향에서 비롯된다.

여가 정체성과 여가 만족도의 차이를 보면, 플렉스형과 개성형은 여가 정체성 요소인 자아존중감, 동일시Identification, 정서적 애착 요인에서 높은 점수를 받았다. 특히 플렉스형은 여가활동을 통해 자신의 지위를 과시함으로써 여가 정체성을 형성하는 경향이 두드러졌다. 반면 브랜드선호형은 상대적으로 낮은 점수를 받았지만 실용적인 소비를 통해 만족도를 높이는 것으로 나타났다.

흥미롭게도, 과시적 여가소비 성향별 만족도에는 큰 차이가 없었다. 모든 군집이 평균적으로 높은 여가 만족도를 보였으며, 이는 MZ세대가 자신이 원하는 여가활동을 통해 스트레스를 해소하고 자기만족을 느끼기 때문인 것으로 분석되었다.

MZ세대의 소비 성향의 특징

MZ세대의 여가활동은 여가 산업에도 큰 영향을 미친다. 이번 연구는 MZ세대의 과시적 여가소비 성향을 세분화하여 분석함으로써 여가 산업에 유용한 데이터를 제공했다. MZ세대는 디지털 네이티브로, 소셜 미디어를 통한 자기표현 욕구가 강하며, 현재의 나를 위한 소비를 중시한다. 이러한 성향은 여가활동에서도 크게 나타나고 있으며, 여가 산업은 이를 반영해 더 나은 서비스를 제공할 수 있을 것이다.

저자들은 MZ세대의 여가문화 특성을 파악하고 여가산업 현장에서 활용 가능한 기초자료를 제공하는 것이 연구의 목적이라고 밝혔다. MZ세대와 다른 세대 간의 비교 연구, 여가활동 유형별 분석 등을 통해 더 깊이 있는 연구가 필요하다고 덧붙였다.

장나연, 주진영, 신규리(2022)
MZ세대의 자기애성향, SNS 이용동기, 과시적 여가소비의 관계
〈한국여가레크리에이션학회지〉, 46(3), 53-64쪽

#자기애 성향(Narcissistic Tendency)
자기애 성향은 자기 자신에 대한 과도한 관심과 긍정적 자아 이미지를 추구하려는 성격적 경향을 말한다. MZ세대는 SNS 환경에서 자신의 가치를 인정받고자 하는 욕구가 강하며, 타인의 시선을 의식하며 자기를 과시하는 경향이 있다. 이러한 성향은 과시적 소비나 자아 이미지 관리를 위한 SNS 활동으로 나타나며, 긍정적인 자기 표출과 동시에 타인과의 비교에서 오는 불안도 수반할 수 있다.

#사회적 비교 이론
사람들이 자신을 타인과 비교함으로써 자기 평가를 형성한다는 심리학 이론이다. SNS에서는 다른 사람들의 '화려한 일상'이 필터 없이 노출되기 때문에, MZ세대는 자주 비교 대상이 된다. 이로 인해 더 나은 이미지 구축을 위한 과시적 소비와 자기 과장이 유도되며, 이는 순환적인 자기표현 및 소비 패턴을 형성한다.

썸타기와 어장 관리,
철학적 고찰로 바라보다

처음 만난 남녀가 매력을 느끼는 데는 몇초밖에 걸리지 않는다고 여러 연구에서 설명하고 있다. 하지만 사랑에 빠지는 데 걸리는 시간은 남녀간에 차이가 있다. 남성은 평균 88일에서 97일, 여성은 123일에서 134일 정도 걸린다고 한다. 물론, 개인 차이가 많다는 것을 전제로. 남녀가 사랑하는 상호작용과 관계를 설명하기 위해서는 다양한 사회학적, 철학적인 관점이 적용되어야 할 필요성이 여기에 있다.

흔히 썸은 연인으로 나아가기 전 단계의 미묘한 감정 상태를 지칭하지만, 누구에게 물어보느냐에 따라 그 정의가 달라진다. 어떤 이는 "사귀는 듯 사귀지 않는 상태"라고 하고, 또 다른 이는 "사랑도 우정도 아닌 중간 지점"이라고 설명한다.

썸타기의 철학적 정의, 의지적 불확정성

최성호의 논문 「썸타기와 어장 관리에 대한 철학적 고찰」은 '썸타기'와 '어장 관리'라는 이 애매한 두 개념을 철학적으로 분석하며 새로운 해석을 제시한다. 그는 기존 논의들이 썸을 '상대방이 나를 좋아하는지 알 수 없는 불확실성'인식적 불확실성으로 이해했다고 지적한다. 하지만 정작 중요한 것은 상대방의 마음보다 자신의 마음이라는 것이다. 즉, 썸타는 사람은 "내가 이 호감을 내 자아의 일부로 받아들일 것인지"조차 결정하지 못한 상태에 있으며, 이 상태를 그는 '의지적 불확정성'이라 명명한다.

썸은 왜 중요한가

최성호는 신조어 가운데 유독 '썸'이 학술적 분석의 가치가 있다고 강조한다. 그 이유는 두 가지다. 첫째, 썸은 남녀 간 보편적인 관계를 다루는 개념으로, 누구나 한 번쯤 경험할 수 있는 감정의 영역이기 때문이다. 둘째, 그 의미와 기원이 명확하지 않음에도 불구하고 최근 들어 사회적으로 광범위하게 사용된다는 점이다. 이는 청년 세대가 연애와 관계를 바라보는 방식에 큰 변화가 일어나고 있음을 시사한다.

썸타기는 인식적 불확실성이 아닌 의지적 불확실성의 문제이다.(이미지 : Freepik)

실제로 언론 보도들은 썸의 유행을 다양한 사회적 요인과 연결해왔다. 취업난과 불안정한 삶의 조건 속에서 정식 연애에 따르는 감정 소모를 회피하기 위해 썸을 선호한다는 분석이 있는가 하면, 책임을 지지 않으려는 젊은 세대의 심리가 반영되었다는 비판도 있다. 또 다른 해석은 "자유로운 탐색의 과정이 제도화된 것"이라는 관점이다. 의견은 분분하지만, 공통적으로 인정되는 사실은 썸이 오늘날 청년들의 관계 문화를 이해하는 열쇠라는 점이다.

인식적 불확실성 vs.의지적 불확정성

철학적 분석에서 중요한 쟁점은 썸타기의 불확실성이 어떤 성격을 갖느냐이다. 기존 연구에서는 이를 '인식적 불확실성'Cognitive Uncertainty이라고 설명했다. 즉, 썸은 상대방이 나를 좋아하는지 확신할 수 없는 상태이며, 증거를 모아가면서 그 불확실성을 해소해가는 과정이라는 것이다.

그러나 최성호는 이 해석이 불완전하다고 본다. 썸을 타는 사람은 단순히 "상대방이 날 좋아할까?"라는 질문에 머물지 않는다. 오히려 "나는 이 감정을 받아들일 준비가 되었는가, 이 마음을 나의 자아의 일부로 삼을 것인가"라는 더 근본적인 갈등을 겪는다. 그는 이를 '의지적 불확정성'Volitional Indecisiveness이라고 부른다.

노래 가사나 드라마 속 장면은 이러한 불확정성을 잘 보여준다. 볼빨간 사춘기가 부른 노래 〈썸 탈거야〉 중 "사라져, 아니 사라지지 마"라는 표현은 상대방의 마음을 몰라서 생긴 혼란이라기보다, 내 마음을 어떻게 다뤄야 할지 갈피를 못 잡는 내적 상태를 드러낸다. 결국 썸은 타자와의 관계가 아니라 자기 자신과의 대화 속에서 정의되는 것이다.

썸타기와 어장관리의 관계

이 논문이 흥미로운 지점은 썸타기와 '어장관리'를 연결하는 대목이다. 애매한 감정이 길어지면 그것은 누군가에겐 설렘이지만, 다른 누군가에겐 상처가 된다. 즉, 내가 의지적 불확정성의 상태에 머무르며 결정을 내리지 못할 때, 상대방은 자신이 단순히 '끌려만 다니는' 존재라는 불안을 느낀다. 최성호는 썸과 어장관리의 차이를 결국 "상대방에 대한 호감을 자아의 일부로 받아들이는 결심이 있느냐 없느냐"로 구분한다.

이 논문에서 어장 관리는 상대방에게 호감을 주면서도 진지한 관계로 발전하지 않는 상태라고 정의되는데, 두 가지 유형으로 나뉘어진다. 첫번째는 상대방에게 전혀 호감을 느끼지 않으면서도 지속적으로 관심을 주는 경우이고, 두번째는 어느 정도 호감을 느끼지만 진지한 관계로 발전시키고 싶지 않은 경우다. 이 두번째 유형은 특히나 썸타기와 밀접하게 연결되며, 상대방을 기만하는 요소가 강하다고 설명한다.

결심과 사랑의 시작

최성호는 마지막으로 '결심'의 중요성을 강조한다. 연인으로 발전하기 위해서는 단순한 호감에서 나아가, 그 감정을 자신의 진정한 자아로 승인하는 결단이 필요하다. 드라마 〈내 이름은 김삼순〉의 남자 주인공이 결국 한 사람을 선택하는 장면이 바로 그 순간을 상징한다. 결심은 내적 분열을 해소하고, 상대방과의 관계를 사랑이라는 이름으로 규정하는 행위인 것이다.

결국 썸은 단순한 연애 전초전이 아니다. 그것은 현대 청년들이 불안정한 사회 속에서 관계와 자아를 어떻게 정의하는지를 보여주는 사회적이자 철학적 현상이다. 썸은 우리에게 묻는다. "당신은 지금의 호감을 당신의 삶의 일부로 받아들일 준비가 되었는가?"

오늘날 청년들에게 썸은 가벼운 농담이자 동시에 진지한 자기 성찰의 과정이다. 철학이 이 애매한 감정을 해석하는 순간, 우리는 썸을 단순한 유행어가 아니라 청춘의 정체성과 선택의 문제로 다시 바라보게 된다. 썸타기와 어장 관리, 그리고 그 경계에서 우리는 여전히 답을 찾고 있다.

이 연구는 썸타기와 어장 관리라는 현대적 관계 형태를 철학적으로 조명함으로써, 우리 사회에서 이들 개념이 어떻게 형성되고 작용하는지에 대한 깊이 있는 통찰을 제공한다. 썸타기와 어장 관리에 대한 이해를 통해 우리는 현대인의 관계 맺기의 복잡성과 그 안에 담긴 심리적, 철학적 의미를 더 잘 이해할 수 있게 된다.

최성호(2020)
썸타기와 어장 관리에 대한 철학적 고찰, 〈철학사상〉, (78), 67-109쪽

#타자의 윤리(Ethics of the Other)
타자의 윤리는 프랑스 철학자 에마뉘엘 레비나스(Emmanuel Levinas)가 제시한 개념으로, 타인을 단순한 객체나 수단이 아닌 고유한 존재로 인정하고 그 타자에 대해 책임을 지는 것을 윤리의 출발점으로 삼는다. 이는 자율성과 합리성을 중시하는 전통 윤리학과 달리, 타인의 고통과 요구에 먼저 응답하는 비대칭적이고 선행적인 책임을 강조한다. 타자의 얼굴은 나에게 도덕적 명령을 담고 있으며, 진정한 윤리는 이 타자와의 관계 속에서 발생한다.

청년들은 어떻게 사회적으로 고립되는가?

청년들의 사회적 고립이 증가하고 있다. 2023년 복지부의 한국보건사회연구원 조사에 따르면 19~34세 청년 약 5%에 해당하는 50만 명 가량이 극도의 고립 상태에 놓여 있는 것으로 나타났다. 왜 많은 청년들이 세상과 담을 쌓게 될까? 2024 서울시 사회적고립 연결 포럼에서는 청년들이 사회적 고립을 경험하는 주요 원인으로 취업의 어려움, 인간관계의 어려움, 정신건강 문제, 경제적 불안정 등을 꼽았다. 반복된 좌절과 주거·경제 불안정 등 미래에 대한 걱정은 마음의 문을 닫게 하고, 결국 사회 활동을 포기한 채 방 안에 고립되고 만다는 의미이다.

한국 사회 청년들의 사회적 고립의 증가

고립의 구체적인 양상은 제각각이지만, 공통적으로 외부와 단절된 삶을 보낸다는 점은 같다. 극단적인 경우 몇 년째 방에서 한 발짝도 나가지 않는 전형적인 '은둔형 외톨이'도 있다. 한 조사에서는 취미 활동을 위해 가끔 외출하는 청년이 1.3%, 집 근처 편의점에만 들르는 청년이 1.0%로 나타났다.

아예 모든 생활을 집 안에서만 한다는 응답도 있었다. 가족과 함께 살아도 서로 거의 말을 섞지 않고, 온라인 게임 등 가상공간에서만 사람을 만나는 이들도 흔하다.

청년은 어떻게 사회적으로 고립되는가?

"처음에는 내가 선택한 고립인 줄 알았어요. 그런데 어느 순간, 고립은 선택이 아닌 상태가 되어버렸죠."

오늘날 많은 청년들이 겪고 있는 '고립'은 단순한 외로움이나 혼자 사는 생활의 불편함이 아니다. 관계 단절, 무기력, 사회적 기대에 짓눌린 자기비하까지 복합적으로 얽힌 심리적·사회적 위기 상황이다.

류주연, 성기옥, 김수진의 논문 「청년은 어떻게 사회적으로 고립되는가?」는 이같은 청년의 고립 현상을 이해하는 데에 목적을 두고 있다. 단순히 외부와 단절된 청년을 나열하는 데 그치지 않고, 청년들이 어떤 과정을 통해 고립 상태에 이르게 되는지, 고립의 원인과 그 경험을 생생히 드러냈다는 점에서 주목할 만하다.

조사에 따르면 19~34세 청년 약 5%에 해당하는 50만 명 가량이 극도의 고립 상태에 놓여 있는 것으로 나타났다.(이미지 : Freepik)

이 연구는 대전광역시에 거주하며 최소 6개월 이상 외부와 단절된 경험이 있는 19~34세 청년 1인 가구 11명을 대상으로 한 인터뷰를 통해 이루어졌다. 연구진은 청년 개개인이 어떤 과정 속에서 사회적 고립 상태에 이르게 되는지를 심층적으로 추적했다. 분석 결과, 모두 5개의 대주제와 16개의 세부 주제가 도출되었다.

첫번째는 '희미해지는 관계와 고립의 시작'이다. 대학 진학, 취업 준비, 가족 갈등 등으로 인해 기존 관계망이 해체되면서 청년들은 점차 고립을 경험하기 시작했다. 새로운 소속이나 인간관계를 형성할 기회는 부족했고, 반복되는 이사나 경제적 불안정은 이들의 삶을 정처없이 떠돌아다니게 만들었다.

두번째는 '사회적 기대에 위축되어 아무도 만나고 싶지 않은 시간'이다. 밝고 유능한 청년상이라는 사회적 이미지에 부합하지 못한 자신에 대해 실망하며, 스스로 관계를 차단하고 고립을 선택하는 경우가 많았다. 취업 준비 과정에선 인간관계가 '사치'로 여겨졌고 실패 누적으로 자존감은 바닥을 쳤다.

세번째는 '고립에 처한 나를 인식하는 과정'이다. 고립은 처음에는 의식되지 않았지만, 어느 순간 우울감과 외로움 속에서 스스로가 고립 상태에 있다는 사실을 인지하게 되었다. 하지만 이미 관계는 끊겨 있었고, 고립은 자발적 선택이 아닌 타의적 상황이 되어 있었다.

네번째는 '힘들고 두려운 고립의 시간'이다. 불규칙한 생활, 영양 부족, 우울증, 자살 충동, 심지어 고독사에 대한 두려움까지 청년들의 고립 경험은 매우 극단적인 양상으로 이어졌다. 도움을 요청할 수 있는 사람이 없다는 점은 청년들의 삶을 더욱 위험하게 만들었다.

마지막으로 '벗어나기 어려운 고립의 굴레'가 있다. 사회활동을 시작했거나 취업을 했음에도 불구하고 고립감은 사라지지 않았다. 일상에서의 교류

부족, 낮은 사회적 지지망, 상담에 대한 불신 등은 여전히 청년을 외롭게 만들었고, 고립은 마치 늪처럼 반복되었다.

저자들은 청년 고립이 단순한 개인의 문제가 아니라 사회구조적 요인과 밀접히 연결되어 있음을 강조한다. 특히 청년의 고립을 단지 물리적 단절로 이해하기보다는 정체성과 자존감, 소속감이 결여된 다차원적 경험으로 접근해야 한다고 제안한다. 고립은 청년이 '어디에도 속하지 못하는' 상태이며, 이는 정신적·신체적 건강에 심각한 영향을 미칠 수 있다.

이 연구는 청년 고립을 생생한 서사로 풀어내며, 고립의 '현장'을 보여준다. 관계망의 해체가 삶의 기반을 흔들 수 있다는 점에서, 청년 고립은 방치되어서는 안 될 시급한 사회적 과제임을 분명히 한다. 고립된 청년들이 다시 사회로 나아가기 위해선 제도적·정서적 지원이 무엇보다 절실하다.

류주연, 성기옥, 김수진(2023)
청년은 어떻게 사회적으로 고립되는가?, 〈사회과학연구〉, 34(3), 47-71쪽

#사회적 고립(Social Isolation)
사회적 고립은 개인이 가족, 친구, 지역사회 등과의 의미 있는 관계에서 단절되거나 상호작용이 부족한 상태를 의미한다. 청년의 경우 학업, 취업, 주거 등 구조적 요인과 개인적 심리 요인이 복합적으로 작용해 고립에 이르게 된다. 이는 단순한 외로움을 넘어, 사회적 자본과 기회의 축소, 정체성 위기, 정신건강 악화로 연결될 수 있다.

청년 은둔형 외톨이,
이들은 왜 단절되었는가?

은둔형 외톨이, 2024년 5월 25일 미국 CNN은 「움츠러드는 삶 : 일부 아시아 젊은이들이 세상에서 물러나는 이유」라는 제목으로 한국·일본·홍콩에서 퍼지고 있는 은둔형 외톨이에 대해 집중하여 다루었다. CNN은 이 지역 히키코모리의 인구를 150만명 이상으로 추정하였으며, 이에 대해 예일대학의 연구자들은 인터넷의 부상과 대면 상호작용의 감소가 히키코모리의 전 세계적 확산을 주도할 수 있다고 설명한다.

은둔형 외톨이라고 부르는 히키코모리引き籠もり는 사회 생활을 극도로 멀리하고, 방이나 집 등의 특정 공간에서 나가지 못하거나 나가지 않는 사람과 그러한 현상 모두를 일컫는 단어이다. 이 개념은 1970년대부터 발견되어 은어처럼 사용되었다. 하지만 2003년 일본의 정신건강의학과 의사 사이토 다마키齋藤環가 일본 언론에 소개하면서 널리 사용되기 시작했다.

은둔형 외톨이, 사회에서 고립된 사람과 그러한 현상

한국에서 은둔형 외톨이 문제는 2000년대 초반부터 주목받기 시작했다. 학교 부적응 청소년들을 대상으로 한 연구에서 등교 거부와 은둔, 고립의 특성을 보이는 청소년들이 발견되면서 문제가 대두되었다.

2001년 정신건강의학과 여인중 박사, 이시형 박사, 삼성사회정신건강연구소, 강북삼성병원 등이 함께 '은둔형 외톨이'에 대해 연구한 결과 한국에도 일본과 같은 '히키코모리'가 존재한다는 것을 최초로 밝혀냈다. 2020년 청소년정책연구원의 조사에 따르면 19~39세 청년 중 약 13만1,610명이 은둔형 외톨이로 추정된다.

국내 언론에서는 주간경향이 2007년 5월 8일 「은둔형 외톨이를 욕하지 마라」라는 기사에서 이 문제를 처음 다루었는데, 1997년의 IMF 구제금융 사태와 1990년대 이후에 등장한 개인주의화의 영향으로 한국에서도 점차 히키코모리 및 '취업, 직장생활 내에서의 부적응으로 인한 히키코모리화'가 점차 증가하고 있다고 보았다.

무엇보다 국내 은둔형 외톨이 현상을 이해하기 위해 청년세대에 주목해야 하는 까닭은, 이들이 현재 사회 구조의 직접적인 영향을 받으며 이전 세대가 겪지 않았던 새로운 문제에 직면하고 있기 때문이다. 동시에 구조적 불평등에서 비롯된 다양한 격차가 향후 중장년기와 노년기의 소득 불평등으로 이어질 가능성이 크기 때문이다.

은둔형 외톨이라고 부르는 히키코모리는 사회 생활을 극도로 멀리하고, 방이나 집 등의 특정 공간에서 나가지 못하거나 나가지 않는 사람과 그러한 현상 모두를 의미한다.(이미지 : Freepik)

왜 단절되었으며 해결책은 없는가?

노가빈, 이소민, 김제희는 이 문제를 심층적으로 분석한 논문 「청년 은둔형 외톨이의 경험과 발생원인에 대한 분석」을 발표했다. 이 연구는 만 19세에서 34세 사이의 청년 중 3개월 이상 사회적 관계를 단절하고 은둔 생활을 지속한 이들을 대상으로 했다. 저자들은 5명의 은둔형 외톨이를 심층 인터뷰하여 그들의 경험과 발생 원인을 분석했다.

이 연구는 인터뷰 분석결과 청년 은둔형 외톨이의 은둔생활을 둘러싼 주변의 사회적 배경 및 환경, 고립의 주된 현상에 대해 3가지 주제와 9개 범주를 도출하였다.

논문의 인터뷰에 분석된 사례들

논문에 따르면, 청년들이 은둔 생활을 시작하게 되는 주요 원인 중 하나는 사회적, 경제적 압박이다. 청년들은 학업과 취업의 무한 경쟁 속에서 탈진하고, 과도한 업무와 낮은 임금, 불안정한 고용 환경에 시달리면서 점차 사회와의 연결을 끊게 된다.

예를 들어, 인터뷰에 참여한 A씨는 "아침 일곱 시 출근해서 새벽 세 시 퇴근하고, 돈은 야근 수당 하나도 안 주고… 진짜 번아웃 됐어요"라며 당시의 고통을 털어놓았다. 이런 경험은 결국 그를 집 안으로 숨게 만들었다.

가정 내 갈등과 학교에서의 소외감도 중요한 요인이다. 통제적이거나 방관적인 부모의 양육 방식, 학교에서의 왕따 경험 등이 청년들을 더 깊은 고립으로 몰아넣는다. B씨는 고등학교 시절 친구들과의 불화를 겪으며 자퇴하게 되었고, 이후 가족들과의 정서적 유대도 끊어졌다. 이러한 가정 내 갈등은 결국 그를 더욱 고립시켰다.

은둔 생활이 길어지면 청년들은 더욱 깊은 무력감과 자괴감에 빠진다. 초기에는 일시적 휴식으로 시작된 은둔 생활이 점차 만성화되면서, 청년들은 자기 자신을 무능하고 쓸모없는 존재로 인식하게 된다. E씨는 "이 세상에 내가 할 수 있는 게 아무것도 없다. 완전히 쓰레기다라는 생각까지 들었다"며 절망감을 표현했다.

은둔 고립 현상의 사회적 원인과 장기화된 요인

인터뷰 결과 분석을 통해 연구자들은 청년층의 은둔·고립 현상이 유발된 사회적 원인과 맥락은 다음과 같이 요약한다.

첫째, 경제 구조와 노동시장 변화로 인한 노동 소외가 청년들의 고립 및 은둔 생활의 주요 원인으로 나타났다. 저성장, 대량 해고, 노동시장 유연화로 현대 청년들은 저임금, 단기 계약직, 부당 해고 등에 반복적으로 노출되고 있다. 또한, 학교, 가정, 사회 전반의 경쟁주의 속에서 스스로를 몰아붙이는 과정에서 정신적, 육체적 '소진'Burn-out이 축적되어 청년들이 사회적 활동과 관계에서 스스로를 철회해 고립되는 현상이 발생하고 있다.

둘째, 가정과 학교에서의 사회·심리적 고립이 은둔 생활의 원인으로 나타났다. 양육자의 비공감적 태도와 친구들과의 유대 형성 어려움, 학교 부적응으로 인해 가정과 학교에서 배제됨을 느끼게 된다. 또한, 경제적 빈곤으로 인한 잦은 거주지 이동으로 청년들의 사회적 관계 형성 기회를 박탈당하며, 정부 지원금 중단에 대한 두려움으로 정서적 고립이 심화되기도 한다.

'청년' 은둔형 외톨이의 삶을 들여다보는 일은 우리 사회에 두드러지게 나타나는 여러 문제를 함께 살펴보는 과정이다. 저자들은 저임금, 부당해고, 상사와 동료의 폭언, 장시간 노동 등 불안정한 노동환경 속에서 청년이 겪는 착

취 문제뿐 아니라, 부모나 학교 친구들과의 관계 형성에서 비롯된 사회적 연대의 어려움까지 포괄적으로 드러난다고 설명한다. 이를 통해 우리는 앞으로 이들이 만들어갈 사회의 모습을 가늠할 수 있다는 것이다.

이 연구는 고립 청년의 발생 및 이들의 은둔·고립생활이 지속되는 이유를 사회구조적 맥락에서 고찰하여 이들을 지원하고 예방하기 위한 논의점을 제공하는 데 도움을 줄 것이다.

노가빈, 이소민, 김제희(2021)
청년 은둔형 외톨이의 경험과 발생원인에 대한 분석
〈한국사회복지학〉, 73(2), 57–81쪽

#은둔형 외톨이(引き籠もり, Hikikomori)
은둔형 외톨이는 6개월 이상 가족 외 사회적 관계를 단절하고, 일·학업 등 외부활동을 회피하며 집에 머무는 상태를 말한다. 사회적 고립, 심리적 불안, 자존감 저하 등이 복합적으로 작용한다. 이는 개인 문제가 아닌 사회 구조와 긴밀히 연결되어 있으며, 청년 세대에서 점차 증가하고 있는 심각한 사회현상으로 주목받고 있다.

#청년기 이행의 지연
현대 사회에서 취업, 결혼, 독립 등 청년기 과업의 이행이 전반적으로 지연되고 있다. 특히 불안정한 노동시장과 과도한 경쟁은 청년이 성인기로 진입하는 것을 어렵게 만들며, 이는 은둔형 외톨이 현상의 구조적 배경이 된다. 이행 지연은 단지 시기의 문제가 아니라, 사회적 소속감 형성 실패와 심리적 고립으로 이어지며, 자아 정체성과 미래 전망의 혼란을 초래한다. 이러한 상황은 개인의 문제가 아닌 사회 구조적 문제로 접근할 필요가 있다.

청년 우울 변화의 네 가지 유형, 사회적 개입의 시사점

슬픔, 절망감, 죄책감, 흥미 상실 등 낮은 삶의 질과 높은 실업률 같은 어려운 환경 속에서 최근 청년들의 우울 수준이 점점 높아지고 있다. 2019년 건강보험심사평가원 자료에 따르면, 20대 청년들의 우울증 환자 수가 2012년 약 5만2천명에서 2018년 약 9만8천명으로 크게 증가했다. 또한 2020년 국민정신건강 실태조사 결과, 20대 청년들이 다른 연령대보다 가장 높은 우울감을 느꼈으며, 그 다음으로는 30대가 높은 우울 수준을 보였다.

한국 청년층의 우울 변화 양상 분석

청년기는 성인으로의 이행 과정에서 복잡한 심리적, 사회적 과제를 마주하게 되는 시기이다. 특히 한국 사회에서는 높은 실업률과 불안정한 사회경제적 환경이 우울을 증가시킨다. 최근 통계에서 20대의 우울증 증가율이 두드러지고 있으며, 이에 대한 체계적인 접근과 개입의 필요성이 강조된다.

우울에 대한 설명은 여러 학자들에게 다양하게 제시되고 있다. 2000년에 미국정신의학회American Psychiatric Association는 우울에 대해 슬픔, 절망감, 죄책감, 그리고 활동에 대한 흥미 상실과 같은 주관적인 감정 상태로 설명한다. 우울 진단의 세부 기준으로는 하루 종일 지속되는 우울감, 대부분의 활동에서 흥미를 느끼지 못함, 체중과 식욕의 감소 또는 증가, 불면이나 과다수면 등을 포함한다고 명시하고 있다.

　유창민의 논문 「청년층의 다양한 우울 변화유형 확인」은 한국 청년층19-34
세의 우울 변화 양상을 분석하며, 이들의 정신건강 향상과 예방 방안을 모색
하는 중요한 기초 자료를 제공한다. 2012년부터 2019년까지 한국복지패널
자료를 기반으로 한 이 연구는, 청년층 우울의 변화 유형이 단일하지 않고 네
가지 잠재계층으로 나뉜다는 점을 밝혀냈다.

　이 연구는 한국복지패널Korea Welfare Panel Study, KOWEPS의 8년치2012~2019
데이터를 활용해 잠재계층성장분석Latent Class Growth Analysis을 실시하였으며,
이를 통해 청년들의 우울 변화 유형을 분류했다. 한국복지패널은 2006년부
터 시작된 전국 대표 종단조사로 소득, 건강, 고용, 가족관계 등 다양한 사회
경제적, 심리적 요인을 수집한다.

조사 결과, 20대 청년들이 다른 연령대보다 가장 높은 우울감을 느꼈으며, 그
다음으로는 30대가 높은 우울 수준을 보였다.(이미지 : Freepik)

청년 우울의 네 가지 계층과 시사점

분석 결과, 청년들의 우울 변화 양상을 크게 네 가지 계층으로 구분되었다.

첫째, '고수준 우울 감소집단'(8.4%)이다. 이들은 연구 초기 가장 높은 수준의 우울을 경험했으나 시간이 지날수록 점차 완화되었다. 힘든 위기를 겪었지만 회복력을 발휘한 청년들의 모습이다.

둘째, '고수준 우울 유지집단'(1.5%)이다. 비율은 적지만 가장 위험한 집단이다. 이들은 8년간 우울 수준이 우울증 의심 기준을 넘어선 상태로 고착되어 있었다. 단순한 상담이나 일시적 지원으로는 해결하기 어려운, 장기적이고 집중적인 개입이 절실한 경우다.

셋째, '저수준 우울 유지집단'(83.8%)이다. 가장 많은 청년이 속한 그룹으로, 낮은 우울 수준을 안정적으로 유지했다. 하지만 '건강하다'는 평균 속에 가려져 이들 역시 돌발적 충격에 노출될 수 있다는 점은 간과할 수 없다.

넷째, '저수준 우울 증가집단'(6.3%)이다. 연구 초반에는 문제가 없었지만 시간이 흐르며 우울이 급격히 심화되어 결국 우울증 의심 수준에 이른다. 취업난, 불안정한 일자리, 사회적 고립 같은 환경적 요인이 이들의 삶을 짓눌렀을 가능성이 크다.

우울 증가 및 유지 집단은 여성, 낮은 자아존중감, 취약한 주거환경 등과 유의미한 연관성을 보였다. 특히 진료 횟수가 적을수록 우울 증가 집단에 속할 확률이 높아진다는 점은 의료 접근성 향상의 중요성을 시사한다.

평균의 함정 넘어, 맞춤형 접근으로

이 연구는 단순한 전체 평균이 아닌 세부 집단별 특성을 파악해 보다 효과적인 정책 및 프로그램 설계를 가능케 한다는 점에서 중요한 의미를 가진다. 우리는 흔히 청년 우울을 전체 평균 수치로 설명하지만, 그 속에는 극단적으로 다른 삶의 궤적이 공존하기 때문이다. 따라서 정책과 상담, 의료 현장에서는 집단별 특성을 고려한 맞춤형 접근이 필요하다.

위기가 감소하는 집단에는 단기적 지원이 효과적일 수 있다. 반면 고착된 집단은 전문적 치료와 지속적인 관리가 필요하다. 특히 증가 집단은 조기 발견이 관건이다. 예방적 개입과 사회적 안전망이 갖춰지지 않으면 이들은 새로운 위험군으로 빠져들 수 있다.

이 연구는 청년층 우울을 줄이기 위해 성별 차이를 고려한 상담 프로그램, 안정적인 주거환경 지원, 자아존중감 향상 방안 등 집단별 특성을 고려한 정책과 사회적 개입이 청년 우울 완화에 효과적임을 강조한다.

유창민(2022)
청년층의 다양한 우울 변화유형 확인, 〈사회과학연구〉, 33(4), 3-20쪽

#우울 변화유형(Depression Trajectory Types)
우울 변화유형은 시간에 따라 개인이 경험하는 우울 수준의 변화 양상을 유형화한 개념이다. 본 연구에서는 청년층의 우울 궤적을 안정적 저우울형, 점증형, 감소형, 지속 고우울형 등으로 구분했다. 이를 통해 우울의 고착 또는 개선 가능성을 파악하고, 개별화된 정신건강 정책 수립의 기초 자료로 삼을 수 있다.

#청년층의 정신건강 취약성
청년기는 자아 정체성 확립, 진로 불안, 사회 진입 등의 심리사회적 과제가 집중되는 시기로, 정신건강에 취약할 수 있다. 청년층은 일정 기간 동안 높은 우울감을 경험할 가능성이 높으며, 이들의 정신건강은 연령 고정이 아닌 시간의 흐름에 따라 역동적으로 변화한다.

한국에서의 외로운 늑대 발생 가능성, 현실이 될까?

외로운 늑대는 외부 명령 구조와 그룹에서 자료 및 정보를 지원받지 않은 채 일부 그룹, 운동, 이데올로기를 지지하는 테러 등의 폭력적 행위를 준비하거나, 저지른 사람을 뜻한다.

　동물행동학이나 심리학에서 외톨이 늑대Lone wolf란, 일반적으로 집단으로 살아가지 않고 홀로 살아가는 동물, 또는 사람을 의미한다. 보아즈 가노르Boaz Ganor는 「외로운 늑대 테러리스트의 동기를 이해하기 : 욕조 모델」2025 연구에서 외로운 늑대 테러리스트의 동기를 분석한다. 이 연구는 국제 테러 연구소ICT에서 수행된 광범위한 연구를 바탕으로 하고 있으며, 외로운 늑대 테러리스트의 행동 결정 과정에 대한 새로운 모델을 제안한다.

외로운 늑대, 또는 외톨이 늑대에 대한 욕조 모델

이 모델은 외로운 늑대, 또는 외톨이 늑대에 비유되는 테러리스트의 결정을 '욕조'Bathtub에 비유하여 설명한다. 욕조는 개인의 마음이며, 욕조 속의 물은 테러리즘에 이르게 하는 동기, 좌절, 감정의 축적을 의미한다. 욕조에는 여러 개의 수도꼭지가 달려 있을 수 있으며, 욕조의 최대 용량은 테러리스트가 감당할 수 있는 동기와 감정의 한계를 의미한다. 이 한계가 초과되면, 테러리스트는 공격을 실행한다.

이 연구는 그 대표적 사례로 노르웨이의 안데르스 베링 브레이비크Anders Behring Breivik 사건을 분석한다. 브레이비크는 2011년 7월 22일, 오슬로의 정부청사에 폭탄테러를 일으키고 이어 집권 여당인 노동당의 청소년 정치캠프가 열리고 있는 우퇴위아섬으로 이동, 그 곳에서 1시간가량 섬을 활보하며 캠프 참가자들을 향해 글록 권총, 루거 미니-14 등의 총기를 난사하였다. 이로 인하여 오슬로에서 8명, 우퇴위아섬에서 69명이 사망하였다.

브레이비크는 조직의 직접 지원 없이 개인적 불만과 극단적 극우 이념을 결합해 치밀하게 단독 범행을 계획하고 실행한 사례이다. 그는 범행 전 수년간 인터넷 극우 포럼과 온라인 커뮤니티에서 활동하며 자신이 '유럽을 구원할 전사'라고 믿는 극단적 이념을 형성했다.

가노르는 이 사건을 개인적 불만과 극단적 이데올로기를 결합하여 대규모 폭력 사건으로 이어진 사례라고 판단하며 '욕조 모델'로 분석한다.

안데르스 베링 브레이비크가 가석방을 요청하는 재판 첫날에 도착하면서 나치 경례를 하기 위해 팔을 들어올리고 있다. 2022년 1월 18일, 노르웨이, 스키엔 교도소의 임시 법정(이미지 : New York Times)

외로운 늑대 테러리스트 사례, IS 가담 김모군

윤한봉, 이상진, 임종인은 「소셜 미디어를 이용한 '외로운 늑대'의 급진화 Radicalization에 관한 연구」에서 한국에서도 '외로운 늑대' 테러리스트의 발생 가능성이 점차 높아지고 있다는 우려를 제기하였다. 이 논문은 이슬람 극단주의 테러조직인 ISIslamic State, 이슬람 국가에 가담한 한국의 청소년 '김 모'군의 사례를 중심으로 다양한 선행 연구와 전문가 면담을 통해 '외로운 늑대'의 진화 과정을 분석했다.

연구에 따르면, 9·11 테러 이후 인터넷은 테러 활동의 주요 공간으로 자리잡았다. 외로운 늑대는 사이버 공간에서 테러 도구를 구입하고 급진 의식화 과정을 겪는다. 국내에서도 2015년 1월 8일 '김 모'군이 터키로 출국하였다가 실종되는 사건이 발생하였는데, 경찰 수사결과, 김 군은 시리아를 경유하여 IS에 합류한 것으로 추정되어, 우리 사회에 큰 충격을 주었다.

김 군은 초등학교 시절부터 왕따와 폭력을 경험했고, 중학교 자퇴 후 홈스쿨링을 하며 외로운 생활을 이어갔다. 그는 인터넷을 통해 이슬람 극단주의에 빠져들었고, 결국 IS의 사이버 모집책과 접촉하여 급진화되었다.

이 연구는 국내외 다양한 선행 연구들을 통해 '외로운 늑대' 테러리스트의 생성 동기를 분석했다. 좌절, 분노, 억울함이 주요한 원인으로 작용하며, 이는 정치적, 사회적, 종교적 급진화로 이어진다는 것이다.

많은 '외로운 늑대' 테러리스트는 정신적 문제나 사회적 배척 경험을 가지고 있으며, 이는 그들의 테러 행위를 정당화하는 요소로 작용한다고 설명한다. 이 연구는 '외로운 늑대'의 사이버 진화 모델을 개발하고, 이를 김 군의 사례에 적용하여 분석했다. 연구에 따르면, '외로운 늑대'는 보통 다섯 단계의 진화를 거친다.

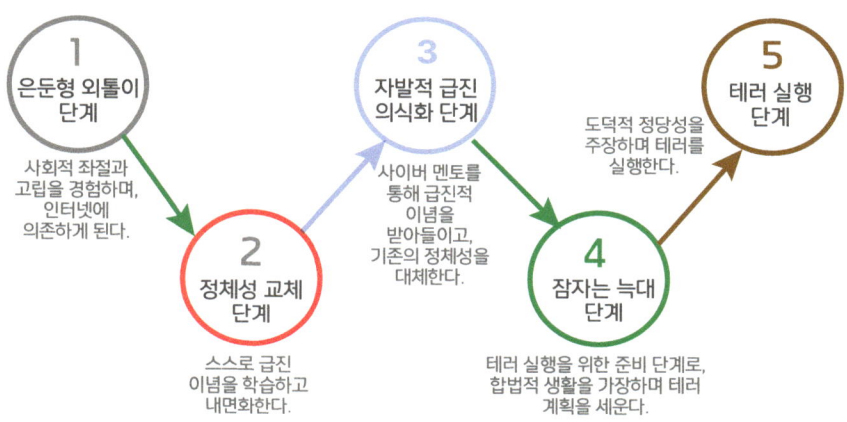

외로운 늑대 테러리스트의 진화 모델

1 은둔형 외톨이 단계
사회적 좌절과 고립을 경험하며, 인터넷에 의존하게 된다.

2 정체성 교체 단계
스스로 급진 이념을 학습하고 내면화한다.

3 자발적 급진 의식화 단계
사이버 멘토를 통해 급진적 이념을 받아들이고, 기존의 정체성을 대체한다.

4 잠자는 늑대 단계
테러 실행을 위한 준비 단계로, 합법적 생활을 가장하며 테러 계획을 세운다.

5 테러 실행 단계
도덕적 정당성을 주장하며 테러를 실행한다.

외로운 늑대는 보통 다섯 단계를 거쳐 테러리스트로 진화한다.(이미지 : 논문을 바탕으로 재구성)

한국의 발생 가능성에 대한 정책적 대안

이 연구는 다문화 사회화, 국제 이동 인구 증가, 소외 계층 급증, 이념 갈등 심화 등의 요소들이 한국에서 '외로운 늑대' 테러리스트의 발생 가능성을 높이는 요인이라고 분석했다. IS에 자발적으로 가담한 김 군의 사례는 이러한 가능성을 실증적으로 보여준다는 것이다. 그는 인터넷과 소셜 미디어를 통해 급진화되었으며, 다른 청소년들에게도 영향을 미칠 수 있다고 설명한다.

한국은 세계 최고 수준의 인터넷 환경과 스마트폰 보급률을 자랑하지만, 이는 사회적 소외계층의 고립을 심화시키고 모방 범죄의 가능성을 높일 수 있다. 또한, 다문화 사회로의 이행과 국제 이동 인구 증가 등은 새로운 테러리스트 발생의 원인이 될 수 있다.

논문은 한국에서 '외로운 늑대' 테러를 예방하기 위한 효과적인 정책적 대안을 제시하고 있다. 사이버 공간에서의 감시와 교육, 사회적 소외 계층에 대한 지원 강화, 다문화 사회에 대한 이해와 포용 정책 등이 그것이다. 특히, 청소년들이 인터넷을 통해 급진화되는 것을 방지하기 위해서는 가정과 학교, 지역 사회의 협력이 중요하다는 점을 강조하고 있다.

이 연구는 한국에서도 '외로운 늑대' 테러리스트의 발생 가능성이 실재하며, 이를 예방하기 위한 다각적인 노력이 필요하다는 점을 강조한다. 인터넷과 소셜 미디어의 발달로 인해 급진화가 더 쉽게 이루어질 수 있는 환경에 대한 인식, 외로운 늑대 현상에 대한 경각심과 적극적인 대응의 필요성, 인사이트를 공감하는 데에 도움이 되는 논문이다.

윤한봉, 이상진, 임종인(2015)
소셜 미디어를 이용한 '외로운 늑대'의 급진화(Radicalization)에 관한 연구
: IS 가담 '김 모'군의 사이버공간에서의 행적을 중심으로
〈치안정책연구〉. 29(2). 37 – 68쪽

#외로운 늑대 테러리스트(Lone Wolf Terrorist)
외로운 늑대 테러리스트는 테러 조직의 직접적 지시 없이 개인적으로 급진화되어 테러 행위를 저지르는 자를 의미한다. 이들은 사회적으로 고립되었거나 개인적 불만을 품고 있으며, 온라인에서 이념을 내면화하는 경우가 많다. 탐지와 예방이 어려워 현대 테러리즘의 새로운 위협으로 주목받는다.

누적된 트라우마, 우리의 건강을 어떻게 위협하는가?

누적된 트라우마는 개인의 정신적·신체적 건강에 심각한 영향을 미칠 수 있다. 특히 여러 번의 트라우마 경험이 축적될수록 그 부정적 영향은 더욱 심화된다. 한국보건사회연구원의 김혜윤, 최소영, 채수미는 「누적된 생애 트라우마 경험이 건강에 미치는 영향」 연구를 통해, 개인이 경험한 트라우마의 양과 건강 문제 사이의 연관성을 분석했다. 연구에 따르면, 트라우마 경험이 많은 사람일수록 PTSD외상 후 스트레스 장애, 우울증, 만성질환에 걸릴 위험이 크게 증가하는 것으로 나타났다.

누적된 트라우마가 건강을 위협한다

이 연구는 단순한 트라우마 경험 여부가 아니라, 트라우마 경험의 누적성이 건강에 끼치는 영향에 주목했다. 기존 연구들은 특정한 트라우마 사건이 정신건강에 끼치는 영향을 개별적으로 분석하는 경우가 많았으나, 본 연구는 개인이 일생 동안 경험하는 다양한 트라우마가 누적되면서 건강에 미치는 영향을 분석했다. 특히 아동기 트라우마 경험과 성인기의 건강 문제의 관련성도 중요한 주제로 다루어졌다.

저자들은 전국의 20~50대 성인 2,000명을 대상으로 온라인 설문조사를 실시하여, 트라우마 경험 및 건강 상태를 분석했다. 트라우마는 DSM-5정신질환 진단 및 통계 편람 5판 및 미국 정신건강복지부SAMHSA 기준을 기반으로 정의했으며, 트라우마 경험이 신체적·정신적 건강과 어떤 연관성이 있는지를 분석하기 위해 이분형 로지스틱 회귀분석을 활용했다.

트라우마는 정신적·신체적 건강에 심각한 영향을 미칠 수 있다. 여러 번의 트라우마 경험이 축적될수록 그 부정적 영향은 더욱 심화된다.(이미지 : Mimidjourney)

트라우마 경험률 89.9% ⋯ 아동기 트라우마, 성인 건강에도 악영향

이 연구에서 응답자의 89.9%는 적어도 한 번 이상의 트라우마를 경험했으며, 66.3%는 아동기에 트라우마를 겪은 것으로 나타났다. 이는 트라우마 경험이 예외적인 일이 아니라 대부분의 사람들에게 해당하는 보편적인 현상임을 시사한다.

특히 트라우마 경험이 7개 이상 누적된 경우, PTSD 위험이 7.9배, 우울증 위험이 2.3배, 복합 만성질환 위험이 3.5배 증가하는 것으로 나타났다. 이와 함께, 아동기에 트라우마를 다수 경험한 경우 성인이 된 후 우울증 위험이 3.5배, 복합 만성질환 위험이 3.0배 증가하는 것으로 분석됐다.

연구진은 "트라우마가 단순한 과거의 경험이 아니라, 시간이 지나면서 개인의 정신적·신체적 건강을 위협하는 심각한 요소로 작용한다"며, "특히 아동기 트라우마는 성인이 된 이후까지 영향을 미칠 수 있어 조기 개입과 예방이 필수적"이라고 강조했다.

사회적 지지와 긍정적 인식의 중요성

트라우마 경험 후에도 사회적 지지가 있고, 회복 가능성을 긍정적으로 인식하는 경우 PTSD 및 우울증 위험이 낮아지는 경향을 보였다. 반면, 정신건강 서비스를 이용한 경험이 있는 경우 PTSD 및 우울증 위험이 오히려 높은 것으로 나타나, 치료보다는 사전 예방과 심리적 지원의 중요성이 강조되었다.

이 연구는 트라우마가 신체적·정신적 건강에 미치는 심각한 영향을 실증적으로 입증하며, 트라우마가 누적될수록 그 영향이 커진다는 점을 지적한다. 트라우마 경험은 단순히 개인의 문제가 아니라 사회적 차원에서 해결해야 할 공중보건 문제이기에, 체계적인 심리적 지원 및 조기 개입 프로그램이 반드시 필요하다는 것이다. 또한, 트라우마 예방을 위한 정책적 접근과 회복력을 강화할 수 있는 사회적 지원 시스템 구축이 시급하다고 제언하고 있다.

우리 사회가 여전히 많은 유형의 트라우마를 개인 문제로 남겨두고 있음을 지적하면서 이 연구는 적시의 트라우마 회복과 극복을 강조한다. 특히 아동기 트라우마는 성인기의 건강에 심각한 영향을 끼쳤다고 설명한다. 저자들은 체계적인 심리 지원 및 트라우마 예방 정책의 필요성을 강조하며, 건강한 사회를 위한 개입 전략 마련을 촉구했다.

김혜윤, 최소영, 채수미(2022)
누적된 생애 트라우마 경험이 건강에 미치는 영향
〈보건교육건강증진학회지〉, 39(5), 67-80쪽

#생애 트라우마(Lifetime Trauma)
생애 트라우마는 아동기부터 성인기까지 개인이 삶 전반에서 경험한 심리적 충격과 외상을 포괄하는 개념이다. 이는 학대, 상실, 폭력, 재난 등 다양한 사건을 포함하며, 반복되거나 누적될수록 심리적·신체적 건강에 장기적인 부정적 영향을 끼친다.

#정신 건강(Mental Health)
단순히 정신질환이 없는 상태를 넘어서, 개인이 일상생활에서 자신의 감정을 조절하고 스트레스를 관리하며, 타인과의 관계를 긍정적으로 유지하고, 삶의 의미와 목적을 인식하며 살아가는 심리적, 정서적, 사회적 안녕 상태를 말한다. 정신 건강은 청년기에는 특히 중요하며, 학업, 진로, 관계, 자기정체감 등 다양한 측면에서 삶의 질과 직결된다. 지속적인 스트레스, 트라우마 경험, 사회적 고립 등은 정신 건강을 해치고 우울, 불안, 자기효능감 저하로 이어질 수 있다. 예방적 접근과 사회적 지지가 매우 중요하다.

안락사, 생명과 권리의 문제를 바라보다

'**안락사**'라는 **용어**를 처음 사용한 사람은 로마의 역사가 수에토니우스 Gaius Suetonius Tranquillus였다. 그는 『황제열전』The Twelve Caesars에서 "신속하고 고통 없는 축복받은 죽음"을 '안락사'라고 칭했다. 이 용어는 이후 시대를 거치며 윤리적, 이념적, 그리고 행위의 주체와 관련된 복합적인 의미로 확장되었다. 2024년, 국내 노인 인구가 전체 인구의 20%인 1,000만 명이 넘는 초고령사회로 들어섰다. 우리는 죽음에 대한 관점에서 과거와 다른 시대를 살고 있다. 생명복제와 생명연장 기술의 발전으로 평균수명이 길어지고, 삶의 질도 높아지고 있다. 하지만 이러한 생명연장과 삶의 질 향상이 진정한 '인간다운 삶의 질'을 보장하는지에 대해서는 여러 가지 논란이 있다. 특히 윤리학적 관점에서는 큰 딜레마에 빠져 있다.

삶의 목적과 의미에 대해 진지한 질문

생명, 삶, 죽음에 대한 중요한 원리와 논의를 통해 '인간이란 무엇인가', '인간다움이란 무엇인가'를 탐구하는 철학적 입장에서는 여전히 많은 고민을 안고 있다. 이 딜레마를 생각해 보면, 육체적 고통와 정신적 고통을 겪고 있는 임종기 환자나 생의 마지막 시기를 보내는 사람들에게 삶의 목적과 의미에 대해 진지한 질문을 던지게 된다.

현대 사회에서 죽음의 개념은 빠르게 변화하고 있으며, 안락사와 존엄사에 대한 논의가 활발하게 이루어지고 있다. 한림대학교 생사학연구소 양준석은 「안락사 사례로 보는 생명과 권리의 문제」에 대한 연구를 통해 현대 사회에서의 낯선 죽음, 안락사와 존엄사의 정의, 그리고 이를 둘러싼 개념적 혼동을 정리하고자 했다. 이 논문은 특히 『스위스 안락사 현장에 다녀왔습니다』책과 나무, 2022라는 구체적인 사례를 중심으로 안락사의 동기와 현실을 조명하고, 찬반 논거를 통해 생명과 권리의 문제를 깊이 탐구하고 있다.

양준석은 찬반을 넘어, 죽음을 공론화하는 과정이 필요하다고 강조한다.(이미지 : Freepik)

실제 사례를 통해 살펴본 안락사의 현실

논문에서 실제 사례로 다루고 있는 『스위스 안락사 현장에 다녀왔습니다』는 신아연 작가가 기록한 책으로 안락사의 현실을 오롯이 소개하는 책이다. 2021년 8월, 폐암 말기 환자였던 호주 교민 A씨는 스위스 바젤에서 안락사를 선택했다. A씨는 한국인으로서 스위스에서 안락사로 생을 마감한 세번째 사례다. 그는 두 번의 수술을 받았으나 재발하였고, 주치의에 의하면 기대여 명을 석 달 정도 넘긴 상태였다.

A씨는 신아연 작가를 초대하여 자신의 마지막 여정을 기록해달라고 요청했다. 신 작가는 처음에는 이 제안을 거절하고자 했으나, 결국 동행하게 되었다. 2021년 8월 24일, 신 작가는 A씨 가족 및 지인들과 스위스 바젤의 한 호텔에서 만났다. A씨는 그 자리에서 자신의 인생을 '아무리 재미있어도 다시 읽고 싶지 않은 책'에 비유하며, 마지막 장을 덮겠다고 고별사를 했다.

2021년 8월 26일, A씨는 스위스 바젤에서 차량으로 20분 정도 이동한 거리의 한 건물에서 안락사를 실행했다. 그는 "나는 아프고 죽길 원하며 죽을 것이다"라는 말을 반복하며 주사기에 밸브를 돌려 약물을 투입했다. A씨는 안락사 후 한국에서 수목장으로 묻혔다. 신 작가는 이 여정을 통해 A씨의 고통과 가족들의 고생을 이해하게 되었고, 안락사를 선택할 수밖에 없는 그의 입장을 드러냈다.

안락사에 대해 찬성과 반대의 논의들

많은 사람들이 안락사를 죽음의 한 방식으로 고려하고 있는 시대가 다가오고 있다. 이 논문은 안락사에 대한 찬반 논거를 다음과 같이 다루고 있다.

찬성론자들은 개인의 자율성과 자기 결정권을 존중해야 한다고 주장한다. 개인의 지율성과 자기 결정권은 인간 삶의 목적이 행복이듯이 행복추구권에서 자기 결정권을 도출할 수 있다는 것이다.

다음으로는 자신의 삶의 질이 극도로 저하된 환자가 자신의 고통을 덜기 위해 죽음을 선택할 권리가 있다는 주장이다. 가톨릭 사제이자 신학자 한스 큉Hans Kueng은 파킨스 병을 앓고 있는 가운데 르몽드지 인터뷰에서 삶의 질이 극도로 저하되기 전에 자신의 죽음을 선택할 수 있어야 한다고 말했다. 그는 존엄성을 상실한 상태의 생존은 신의 뜻이 아닐 것이라 생각한다.

마지막으로, 초고령사회는 노후를 준비하지 못한 사람들에게는 또 다른 고통의 시작이기에 지금의 고통을 끝내고 싶은 마음으로 안락사를 지지한다는 주장도 있다. 노인 자살률이 OECD 국가 중 가장 높은 비율을 차지하는 우리 사회의 냉혹한 현실이 반영된 것이라 할 수 있다.

반대론자들은 인간의 존엄성과 생명권이 절대적으로 보호되어야 한다고 주장한다. 헌법 10조에서도 '모든 국민은 인간으로서 존엄과 가치를 가진다'고 명시되어 있으며, 이는 고통 완화의 수단으로 시행되는 안락사가 인간의 존엄성과 가치를 훼손한다고 본다.

인간의 생명권은 인간 존엄성의 근본으로, 그 무엇과도 바꿀 수 없는 가치가 있다는 설명이다. 이 생명권은 선천적이고 자연법적인 권리로서, 모든 가치와 권리의 기초가 된다. 만약 생명권이 인간의 존엄성에 기반한다면, 개인이 자신의 생명을 스스로 결정할 수 있는 주체라 해도 이를 임의로 해치거나 처분할 수 없다. 또한, 안락사가 시행되면 생명의 존엄성이 훼손되고, 사회적 약자들에 대한 대상자 확대가 우려된다는 주장도 있다.

서구사회에서는 안락사를 시행하고 있지만, 우리 사회에서는 아직 시기상조라는 의견이라는 입장도 있다. 실제로 연명의료 중단 결정 비율이 낮고, 호스피스 인프라가 부족하며, 사회적 간병 정책이 미비하기 때문이다. 따라서 질 높은 생애말기 돌봄 체계를 먼저 확립하고 추진해야 한다는 주장이다.

죽음에 대한 공론화 과정의 필요성 제기

양준석은 이러한 논의가 단순한 찬반을 넘어서야 하며, 죽음을 공론화하는 과정이 필요하다고 강조한다. 죽음에 대한 사회적 합의를 이끌어내기 위해서는 관련 개념의 명확한 정의와 인식의 변화가 필요하다. 죽음의 문제를 양지에 꺼내어 논의하는 분위기를 조성하는 것이 중요하며, 이는 안락사를 고민하는 사람들에게 실질적인 도움이 될 것이다.

이 연구는 안락사와 존엄사에 대한 심도 있는 논의를 통해 우리 사회에서 생명과 권리의 문제를 보다 명확하게 이해하고 해결할 수 있는 방향을 제시하고 있다. 이 논문은 안락사와 관련된 다양한 사례와 논거를 통해 생명에 대한 자기 결정권과 생명의 존엄성 사이의 균형을 찾기 위한 새로운 시각을 제공하고 있다.

양준석(2023)
안락사 사례로 보는 생명과 권리의 문제, 〈인간연구〉, (50), 7-34쪽

#자기결정권(Right to Self-determination)
자기결정권은 개인이 자신의 삶과 죽음에 대해 스스로 결정할 수 있는 권리로, 안락사 논의에서 환자의 선택을 정당화하는 주요 논거로 제시된다. 이는 인간의 존엄성과 자유를 강조하며, 타인의 개입 없이 자기 삶의 방식과 존엄한 죽음을 선택할 수 있어야 한다는 입장을 포함한다. 이 권리는 생명권과 충돌할 수 있으며, 본 논문은 양자의 긴장 속에서 어떤 기준과 조건이 정당성을 갖는지를 논의한다.

심리학과 경제학의 교차점에서
돈의 심리적 의미를 탐구하다

"돈이란 좋은 하인이지만 나쁜 주인이다." 찰스 디킨스의 『위대한 유산』Great Expectations에서 가난한 고아 주인공 핍Pip의 운명은 미지의 후원자로부터 막대한 재산을 상속받으면서 극적으로 변하게 된다. 핍은 런던으로 가서 신사로서의 교육을 받게 되고, 돈으로 인해 그의 삶과 성격이 변화하기 시작한다. 작품에 나오는 이 구절은 돈의 양면성을 보여준다.

돈의 애정적 사용, 인간관계와 심리적 안정의 연결고리

사람들의 다양한 행위와 사회 현상의 근원에 돈이라는 요소가 작동하는 경우를 자주 경험한다. 부자이거나 가난한 사람들이거나 문화적 현상이거나 정치적 현상인 경우에도 돈의 요인이 작동하는 것을 확인할 수 있다. 사람들이 원하는 서비스와 가치들이 돈으로 환산되고 평가되며, 매우 복잡하고 난해해 보이던 정치 문제들도 실상은 돈 문제였다는 사실을 빈번하게 깨닫곤 한다. 그러나, 과연 돈으로 모든 것을 해결할 수 있을까? 돈이 많지 않은 사람은 행복해질 수 없는 것일까?

이유섭의 논문 「돈과 돈의 사용에 관한 정신분석적 이해」에서는 흥미로운 하나의 임상 사례가 소개된다. 수입이 많지 않음에도 불구하고, 자신의 수입에 맞게 생활하며 돈을 효율적으로 관리하는 사람의 이야기이다.

그는 기본 생활비를 충족시키고 남은 돈은 저축하여, 경제적 스트레스 없이 안정적인 삶을 살아간다. 이러한 애정적인 돈의 사용은 개인의 심리적 안정뿐 아니라 가족 간의 화목한 관계에도 긍정적인 영향을 미친다.

이 임상 경험은 돈이 인간의 다양한 행위에 얼마나 깊이 관여하는지를 설명한다. 특히, 돈을 애정적으로 사용하는 사람들의 특징을 통해 돈이 어떻게 인간관계와 심리적 안정에 기여하는지를 밝힌다. 이들은 돈을 자신의 현실적인 수입에 맞게 관리하고, 기본적인 생활비 외에도 저축을 통해 심리적 안정감을 유지한다.

겉으로 드러나는 사람들의 다양한 행위와 사회 현상의 근원에 돈이라는 요소가 작동하는 경우를 자주 경험한다.(이미지 Freepik)

어린 시절의 돈 개념 형성, 미래 경제 관념의 기초

이유섭의 연구는 어린 시절부터 돈에 대한 개념이 어떻게 형성되는지를 다룬다. 아이들은 3~5세 사이에 돈의 마술적인 힘을 믿기 시작하고, 6~10세 사이에는 돈을 계산하고 상징적인 가치를 이해하게 된다. 이는 나중에 돈을 합리적으로 사용하고 저축하는 습관을 형성하는 데 중요한 역할을 하게 된다.

예들 들어, 한 아이가 어릴 적 어머니의 지갑을 몰래 뒤져 동전과 지폐를 발견하고 놀랐던 경험을 통해 돈에 대한 호기심을 갖게 되었다. 이 경험을 통해서 아이는 돈이 단순한 장난감이 아니라 중요한 자원임을 깨닫게 된다. 그 결과, 돈을 모으고 저축하는 습관을 가지게 되었으며, 성인이 되어서도 경제적 안정과 계획적인 소비를 가능하게 한다는 것이다.

논문에서 특별히 주목할 만한 부분은 '쥐 인간' 사례로서, 돈과 관련된 그릇된 강박의 사례를 보여준다. 쥐 인간의 본명은 에른스트 란저Ernst Lanzer이며, 프로이트가 공식적으로 발표한 두번째 큰 정신분석 치료 사례이다. 에른스트는 어릴 적부터 돈에 대한 강박적 사고와 행동을 보였고, 이는 그의 일상생활에 큰 영향을 미쳤다. 프로이트는 그의 치료 과정에서 돈이 그의 무의식 속에서 쥐와 대변, 그리고 돈으로 상징화되는 것을 발견했다.

에른스트 란저는 아버지가 진 도박 빚을 갚기 위해 돈을 모으는 강박적 행동을 보였는데, 이는 그의 무의식에서 돈이 아버지의 사랑과 관련된 것으로 인식되었기 때문이다. 란저는 돈을 모으는 행위를 통해 아버지의 부재와 사랑의 결핍을 보상하려 했지만, 오히려 그의 일상생활을 방해하고 심리적 고통을 유발했다.

돈의 심리적 의미와 현대적 해석

이 연구는 결론에서 돈이 단순한 경제적 수단이 아니라 인간의 무의식적 욕망과 행동을 투영하는 매개체임을 강조한다. 그는 돈이 우리의 심리적 상태와 인간관계에 미치는 영향을 이해하는 것이 중요하다고 주장한다. 이를 통해 우리는 돈을 보다 건강하게 관리하고 사용할 수 있다.

최근 심리학 연구들은 돈이 인간의 심리와 행동에 미치는 다양한 영향을 종합적으로 보여주고 있다. 돈은 단순한 거래 수단을 넘어, 개인의 삶과 직결된 심리적 요소임을 강조한다. 따라서, 돈에 대한 건강한 인식과 사용법을 배우는 것이 중요하며, 이는 개인의 심리적 안정과 행복을 증진시킬 수 있다.

이 논문은 임상 사례를 통해 수입에 맞춘 합리적 소비와 저축이 심리적 안정과 인간관계 개선에 기여한다는 사실을 보여준다. 돈이 인간의 삶에 미치는 영향을 심도 있게 탐구하며, 경제적 행동을 이해하는 새로운 시각에 도움을 줄 것이다.

이유섭(2007)
돈과 돈의 사용에 관한 정신분석적 이해, 〈현대정신분석〉, 9(1), 159−183쪽

#돈(Money)
돈은 단순한 교환 수단을 넘어 인간의 무의식적 욕망, 불안, 권력의 상징으로 기능한다. 정신분석적 관점에서 돈은 결핍과 욕망, 통제의 상징으로 해석되며, 개인의 심리 구조와 깊은 연관을 가진다. 특히 돈은 자아의 안정감, 자기 가치의 표상으로 사용되기도 하며, 감정 조절이나 자기 정체성 유지 수단이 될 수 있다.

개인 자유와 공동체 책임을 결합한
사회적 보호 방안은 무엇일까?

한국 사회를 이야기할 때 빠질 수 없는 개념이 집단주의이다. 역사적으로나 개인적으로나 집단주의를 일상에서 자주 많이 경험할 수 밖에 없는 상황 때문일 것이다. 개인주의라는 단어는 흔히 집단의 협동이나 협력을 저해하는 개념으로 부정적인 의미로 사용된 지 오래이다. 결국 한국 사회에서 자유주의에 기반한 개인주의는 강력한 집단주의에 억압되어 있는 것으로 판단된다. 하지만 세월이 흐르면서 복잡하고 다이내믹하게 변화하는 사회와 문화, 경제와 기술, 정치와 정책의 맥락에서 개인과 집단, 공동체가 지니는 역할과 그 과제에 대한 문제제기도 이어지고 있다.

한국사회의 변화하는 개인과 집단의 지형

과연 개인의 자유와 공동체의 책임을 결합한 사회적 보호 방안을 찾기란 불가능한 것일까? 이 질문에 대한 충분한 답변이 될 수는 없겠지만 한국 사회의 개인주의와 집단주의, 자유주의와 공동체주의의 변화와 관련되어 발표된 김동노의 논문을 읽어볼 만하다. 한국 사회가 전통적인 집단주의에서 개인주의로 변화하는 과정을 심도 있게 분석하며, 자유주의와 공동체주의의 장점을 결합하여 개인과 사회를 동시에 보호할 수 있는 방안을 제시하는 연구이다.

통계청 자료에 따르면 2024년 기준으로 한국의 1인 가구 수는 전체 가구의 36.1%인 약 804만 4천여 가구로 집계되어 역대 최대 수치이며, 1인 가구 비중은 매년 증가하고 있다. 1인 가구의 연령별 비중은 29세 이하 18.6%, 30대 17.3%, 60대 17.3%, 70세 이상 19.1%로서 특히 60대 이상의 고령층이 1인 가구의 36,4%를 차지하고 있어 고령화와 독거 노인의 증가를 반영한다.

1인 가구의 증가와 함께 중요한 부분이 갈등 심화 현상이다. 최근 한국 사회에서 드러나는 다양한 집단 간 갈등이 심화의 대표적인 사례로는 이념 갈등, 성별 갈등, 세대 갈등 등이 있다.

한국리서치의 2023년의 집단간 갈등에 대한 조사에서도 여당과 야당의 갈등이 크다는 응답이 94%로 가장 높았고, 진보와 보수 92%, 부유층과 서민층 88%, 기업가와 노동자 88%, 정규직과 비정규직 84%, 기성세대와 젊은세대 84%로 갈등이 크다는 응답이 뒤를 이었다.

여당과 야당, 진보와 보수, 부유층과 서민층, 기업가와 노동자 간 갈등이 크다고 인식

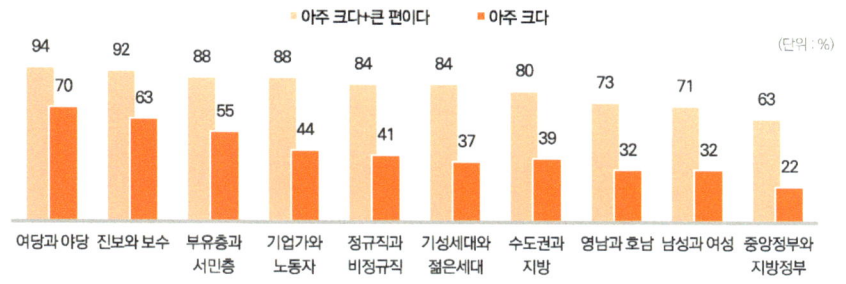

주차	여당과 야당	진보와 보수	부유층과 서민층	기업가와 노동자	정규직과 비정규직	기성 세대와 젊은세대	수도권과 지방	영남과 호남	남성과 여성	중앙 정부와 지방정부
2021년 5월 1주	88	88	91	85	87	76	75	64	66	61
2022년 5월 1주	95	94	92	89	88	83	79	78	72	58
2023년 5월 2주	94	92	88	88	84	84	80	73	71	63
차이(%p)	-1	-2	-4	-1	-4	+1	+1	-5	-1	+5

(단위 : %. '아주 크다' 와 '큰 편이다' 응답의 합)

2023년 우리 사회 두 집단 간의 갈등에 대한 인식 조사 결과(이미지: 한국리서치)

개인의 자유와 공동체의 책임을 결합한 사회적 보호 방안

김동노는 한국 사회에서 개인주의가 제대로 자리잡지 못하고, 집단주의는 공동체주의의 도덕성을 결여하고 있음을 지적한다. 이는 개인주의가 자유주의와 결합되지 못해 개인의 자유와 자율성과 권리가 억압되고, 이기주의와 혼동되는 왜곡된 모습으로 나타났기 때문이다. 또한 집단주의는 공동체의 도덕성에 기반한 개인의 통합과 보호를 이루지 못해, 개인화와 사회적 불안정성을 야기하고 있다.

문제를 해결하기 위해 그는 자유주의와 공동체주의의 장점을 결합한 새로운 접근을 제안한다. 개인이 자유와 자율에 기반한 권리를 누리면서도 공동체에 대한 책임과 도덕성을 지킬 수 있는 사회적 구조를 마련하는 것이 그 핵심이다. 이는 개인의 권리 보호와 사회의 도덕적 통합을 동시에 이루어, 궁극적으로 개인과 사회를 모두 보호할 수 있는 기반을 제공한다.

연구에서 제시하는 세가지 사회적 보호 방안

김동노는 이 연구를 통해 자유주의와 공동체주의가 대립적인 개념이 아니라 상호 보완적으로 작용할 수 있음을 보여주면서 이러한 접근은 다음과 같은 방식으로 실현될 수 있다고 설명한다.

자유와 자율성의 존중 : 개인의 자유와 자율성을 존중하고, 이를 보장하는 법적, 사회적 시스템을 마련한다. 이는 개인의 권리 보호와 자기 표현의 자유를 증진시킨다.

공동체에 대한 책임 강화 : 공동체의 도덕성을 강화하고, 개인이 공동체에 대한 책임을 다할 수 있도록 사회적 규범과 제도를 확립한다. 이는 개인과 공동체 간의 신뢰를 높이고, 사회적 연대를 강화한다.

사회적 보호망 구축 : 개인의 삶의 질을 향상시키기 위해 사회적 보호망을 강화하고, 공동체가 개인을 보호하고 지원할 수 있는 시스템을 구축한다. 이는 사회적 안전망을 강화하고, 개인의 사회적 불안정을 줄인다.

결론으로서 이 논문은 "신자유주의 시대의 원자화된 개인의 위기를 극복하기 위해서는 자유주의와 공동체주의의 장점이 결합될 필요가 있다. 개인이 자유와 자율에 기반한 권리를 누림과 동시에 공동체에 대한 책임과 도덕성을 지킴으로써 개인과 사회를 모두 보호할 수 있을 것이다"라고 제안한다.

　이 연구는 한국 사회의 개인주의·집단주의, 자유주의·공동체주의 변화를 분석하며, 개인 자유와 공동체 책임을 결합한 사회적 보호 방안을 제시한다. 전통적 집단주의는 도덕성을 상실했고, 개인주의는 자유주의와 결합되지 못해 이기주의로 왜곡됐다. 특히 1인 가구 증가와 갈등 심화가 사회 불안정성을 키우고 있다. 이를 해결하기 위해 개인의 자유·자율 보장, 공동체 도덕성 및 책임 강화, 사회적 보호망 확충을 제안한다.

김동노(2023)
개인주의, 집단주의, 자유주의, 공동체주의와 한국 사회의 변화
〈사회이론〉, (63), 153-196쪽

#공동체주의(Communitarianism)
공동체주의는 자유주의적 개인주의에 대한 비판 속에서 등장한 이론으로, 개인의 자유와 권리를 인정하되 공동체와의 상호 책임과 연대를 중시한다. 이는 지나친 개인주의가 초래하는 사회적 고립이나 윤리적 무관심을 극복하고자 제시된 대안적 가치로, 한국 사회에서도 공공성과 공동선에 대한 관심이 커지며 재조명되고 있다.

디지털 시대의 촛불집회,
개인화와 레퍼토리 변화

지난 12·3 계엄 이후 촛불집회의 모습은 국내외 언론뿐만 아니라 참가자들 스스로도 매우 놀라워할 정도였다. 21세기 들어선 이후 한국 사회의 집합행동을 대표하는 레퍼토리는 촛불집회이다. 1980~90년대 한국의 사회운동이 조직적 동원과 물리적 충돌을 바탕으로 한 강경한 방식이 주류였던 것과는 큰 차이를 보이는데, 이른바 레퍼토리가 변했다고 정리할 수 있다.

레퍼토리라는 용어를 사용한 사람은 찰스 틸리Charles Tilly이다. 그는 사회집단이 특정한 시기와 장소에서 사용할 수 있는 행동 방식, 전략, 전술의 집합을 레퍼토리Repertoire라고 정의한다. 틸리는 사회운동이 목표를 달성하기 위해 선택하는 구체적인 행동 양식들인 레퍼토리가 시대와 환경에 따라 변화한다고 설명한다.

촛불집회, 창조성과 집합성과 자율성의 결합

촛불집회 레퍼토리는 갑자기 생겨난 것이 아니며 여러 시위 방식 중 우연하게 선택된 것도 아니다. 사회 구조적 변화의 결과이자 문화적 변동의 반영이다. 사회운동 레퍼토리는 시대에 따라 행위자에 따라 변화한다. 특히 인터넷과 디지털 미디어가 확산되면서 온라인 활동은 사회운동의 핵심 특징이 되었고 집합행동들은 정보통신기술을 최대한 활용하여 운동을 전개하고 있다.

2016년 이후 집회 참여자들은 1987년 민주화 운동 이후의 과거 운동에 대한 기억에서 자유롭고, 상대적으로 풍요롭게 성장한 새로운 세대로 구성되었다. 이전 세대와는 다른 시대적·문화적 경험을 통해 다른 방식의 사고와 감성을 지니고 사회적 문제와 대면한다. 첨단통신기술의 발달과 미디어의 개인화가 가져온 변화는 젊은이들의 사회적 소통방식을 변화시키고 '집합행동의 개인화'라고 모순적으로 정의되는 현상이 사회운동의 흐름을 전개시키고 있다.

2016년 이후 집회 참여자들은 1987년 민주화 운동 이후의 과거 운동에 대한 기억에서 완전히 자유롭고 상대적으로 풍요롭게 성장한 새로운 세대로 구성되었다.(사진 : 공병훈)

최재훈의 「집합행동의 개인화와 사회운동 레퍼토리의 변화」

최재훈은 사회운동 레퍼토리의 변화를 분석하고 그 사회적·문화적 의미를 고찰하고 있다. 이 논문은 특히 한국 정치사에서 1987년 민주화 체제를 기점으로 등장했던 기존 사회운동과 오늘날 개방적이고 평화적인 시위 문화를 대비하며 시대적 전환점을 분석한다.

2000년대 이후 사회운동은 효순·미선 양의 사망 사건 촛불집회, 세월호 사건 노란리본과 "가만히 있으라" 운동, "안녕들 하십니까" 대자보 열풍, 희망

버스 등으로 대표되는 개방적이고 평화적인 참여 방식을 통해 새로운 의미를 부여받고 있다. 이들은 익숙한 상징과 새로운 맥락을 결합함으로써 강력한 사회적 반향을 일으킨 사례들이다. 이 연구는 이러한 변화가 사회 구조적 변화의 결과이자 문화적 변동의 표상表象이라고 분석한다.

특히 최근 사회운동의 특징으로 인터넷과 디지털 미디어의 역할이 주목된다. 개인화된 미디어와 온라인 네트워크를 활용해 개인들은 더 이상 조직에 의존하지 않고 자발적으로 집합행동에 참여한다. 집합행동의 개인화라는 흐름과 맞물려 있다는 것이다. 참여자들은 운동의 주체로서 스스로 동기를 찾고 개별적이며 자율적인 방식으로 움직인다. 과거의 조직적 동원과는 확연히 다른 양상이며, 이러한 변화는 디지털 환경이 만들어낸 혁신적인 사회운동의 레퍼토리다.

개인화된 집합행동이 지닌 변화와 변혁의 한계

연구는 온라인 기반의 개인화된 집합행동이 가진 한계도 지적한다. 인터넷을 통해 빠르게 동원되는 움직임은 강력한 파급력을 지니지만, 조직적 차원에서의 연대가 부족하고 실질적 성과를 내기 어렵다는 문제이다. 분산된 개별적 행동은 빠르게 확산되지만 지속 가능성이 부족하며, 실질적인 정책 변화나 구조적 변혁으로 이어지지 못하는 경우가 많다는 설명이다.

이러한 문제를 해결하기 위해 연구는 온라인과 오프라인의 유기적 연계를 강조한다. 디지털 환경에서 빠르게 동원된 개인화된 참여를 효과적으로 조직화할 수 있는 시민단체의 역할이 중요하며, 이를 가능하게 하기 위해선 창의적이고 유연한 전략이 필요하다. 특히 적절한 상징과 효과적인 레퍼토리의 결합은 이러한 온라인-오프라인 간의 간극을 좁히고 새로운 사회운동 문화를 형성하는 데 중요한 역할을 할 수 있다고 이야기한다.

촛불집회는 한국에서 시민들이 사회적 불만과 정치적 요구를 비폭력적으로 표현하는 민주적 참여 방식으로 자리잡았다. 2002년 효순·미선 사건을 시작으로 광우병 파동, 세월호 참사, 박근혜 탄핵 등 여러 사건에서 정책 변화를 이끌었다. 이 연구는 8개 사례를 분석해 촛불집회가 정책에 미치는 영향을 직접효과, 간접효과, 합동효과로 구분하고, 촛불이 단순한 항의가 아닌 정책참여 과정임을 밝혔다. 집회의 시점, 주체의 자발성, 정치세력과의 연계가 핵심 변수로 작용했다.

이 연구는 현재 한국 사회에서 나타나는 개방적이고 자발적이며 평화적인 시위 문화가 과거와 대비되는 새로운 사회운동 레퍼토리로 자리잡았음을 강조하며, 이러한 변화를 분석함으로써 현대 사회운동이 나아가야 할 방향을 제시한다.

최재훈(2017)
집합행동의 개인화와 사회운동 레퍼토리의 변화, 〈경제와 사회〉, (113), 66–99쪽

#사회운동 레퍼토리(Social Movement Repertoire)
사회운동 레퍼토리는 특정 시대와 사회문화적 맥락 속에서 시민들이 동원하는 다양한 집합행동 방식들의 집합이다. 전통적으로는 시위, 집회, 서명운동 등이 중심이었으나, 오늘날에는 해시태그 캠페인, 개인 인증샷, 온라인 챌린지 등 디지털 기반의 창의적 방식으로 확장되고 있다. 이는 참여 양식의 유연성과 다양성을 반영한다.

광장의 촛불집회는
국가 정책을 변화시킬 수 있을까?

거리와 광장에 나선 시민들의 촛불집회와 시민행동의 목소리는 국가 정책을 변화시킬 수 있을까. 지난 20여 년간 대한민국은 '촛불'이라는 새로운 시민 정치의 언어를 만들어냈다. 2002년 효순·미선 사건을 계기로 타오른 촛불은 이후 정치와 사회를 바꾸는 힘으로 자리잡았다. 광우병 파동, 세월호 참사, 그리고 박근혜 전 대통령 탄핵으로 이어진 2016~2017년 '촛불혁명', 2024년 12·3 계엄사태 이후 탄핵 '촛불혁명'은 전 세계 언론이 주목한 평화시위의 전범이자, 학계에서도 끊임없이 분석되는 민주주의 실천 사례다.

광장의 촛불집회와 국가 정책의 변화

한국 사회에서 '촛불집회'는 단순한 항의나 저항의 형태를 넘어선 집단적 의사표현의 강력한 도구로 자리잡았다. 국내뿐 아니라 해외에서도 이러한 대중저항운동이 정책에 끼치는 영향에 대한 연구가 활발하다. 미국의 미투운동Me Too Movement은 성희롱 예방법 개정으로 이어졌고, 유럽의 GMO 반대 시위는 식품안전규정 강화로 이어졌다. 한국에서도 부안 방폐장, 천성산 터널, 진주의료원, 내신등급제 반대 등 각종 촛불집회가 실제 정책의 변화를 촉발한 경험이 적지 않다. 그러나 집회의 목적과 방식이 달랐던 만큼, 이들이 정책변동에 미친 영향도 단순히 '집회의 크기'만으로는 설명되지 않는다.

2000년대 이후 본격화된 촛불집회는 시민들이 자신의 목소리를 정책 결정과 형성, 그리고 수정 과정에 반영하려는 참여 과정이자 형태이다. 특히 촛불집회는 기존 정책으로 인해 경제적, 사회적, 정신적 손실을 입었거나 대안과 주장을 지닌 이들이 정부의 계획이나 정책 집행에 대해 요구를 전달할 수 있는 주요 경로가 되며, 동시에 이들의 목소리를 지지하는 정치적 연대와 공공 여론을 형성하는 데 영향을 미치는 요소로 작용한다.

촛불집회는 단순한 시위가 아니라, 시대의 불만과 요구, 대안과 주장 집약된 집합적 '정치적 문화현상'이다. 국내 연구자들은 이 현상을 역사적 제도주의 관점에서 조망하며, 제도 변화와 경로 의존성 사이의 복잡한 상호작용을 밝혀왔다.

우리 사회에서 촛불집회의 등장과 흐름

촛불집회가 한국 사회에 처음 모습을 드러낸 것은 1992년, 하이텔HiTEL의 PC통신 유료화에 항의하는 움직임에서였다. 당시, 작은 저항에 불과했지만, 이후 촛불은 하나의 상징이자 참여 방식으로 자리잡으며 다양한 사회 현안 속에서 등장하게 되었다. 대표적인 사례로서 2024년 12월 계엄선포와 함께 시작되어 2025년 9월 현재까지 이어지고 있는 시민 저항으로서의 촛불집회를 들 수 있다. 이제 개인과 단체, 지역과 계층을 가리지 않고 시민들이 참여하면서 촛불집회는 단순한 항의의 장을 넘어 정책에 직접 영향을 미치는 참여 민주주의의 플랫폼으로 성장했다.

촛불의 불씨는 정부 국책사업에 대한 반대에서 강하게 타오르기도 한다. 부안 핵폐기장 건설, 천성산 터널 공사, 밀양 송전탑 설치2008, 명지대교 건설과 같은 개발 계획2002은 지역 주민들과 시민사회의 강한 반발을 불러일으켰고, 그 중심에 촛불이 있었다. 교육정책에서는 반값등록금 요구2011, 일제고사 거부2008, 교과서 국정화 반대2015 등의 목소리가 촛불집회를 통해 제기되었으며, 국방 및 안보 분야에서도 평택 미군기지 이전2008, 제주 해군기지 건설2007, 무건리 훈련장 확장 반대2009 등이 촛불 형태로 분출되었다.

촛불은 또한 법령 개정과 외교정책에 대한 국민적 문제제기의 도구가 되었다. 5·18 특별법 제정, 국가보안법 폐지, 사학법과 언론법 반대 등의 쟁점에서 시민들은 거리로 나섰고, 여중생 미군 장갑차 사건, 탈북민 강제북송, 일본의 독도 영유권 주장 등 대외관계 사안에서도 촛불을 들었다.

2017년 특성화고 실습생 사망 사건, 2018년 시험지 유출 및 위험의 외주화 문제는 다시 한번 촛불을 현실 정치와 정책 변화의 최전선으로 끌어올렸다. 이 촛불들은 단지 분노의 표출에 그치지 않고, 현장실습 제도 폐지, 산업안전법 개정, 상피제 도입 같은 제도 개선으로 이어졌다.

촛불집회의 흐름은 단순한 우발적 저항이 아니라, 정책 수용자의 불만이

2024년 12·3 계엄 사태 이후 계엄과 내란 사태에 반대하고 나선 촛불 시민들의 현장(사진 : 공병훈)

표출되고 조정되지 못할 때 나타나는 구조적 현상임을 보여준다. 촛불집회는 우리 사회가 더 숙의적이고 참여적인 민주주의로 나아가려는 과정 속에서 형성된 하나의 새로운 정치적 관행이자 대화 방식이라 할 수 있다.

촛불집회와 정책변동 간의 관계에 관한 연구

이러한 문제의식 속에서 진행된 연구가 전별의 「촛불집회와 정책변동 간의 관계에 관한 연구」 논문이다. 이 연구는 '촛불'이라는 사회적 상징이 정책적으로 어떤 실질적 결과를 낳았는지를 부안 방폐장 반대2002, 천성산 터널 반대2003, 내신등급제 반대2005, 진주의료원 폐업 반대2013 등 총 8건의 촛불집회 사례를 분석하고 기우니Giugni가 제안한 세 가지 모델에 정책변동 모델을 활용해, 정책변동이 발생한 조건을 밝힌다.

> **직접효과 모델** : 직접효과 모델은 정치적 동맹이나 여론의 도움 없이도 집회 자체의 지속성과 강도로 정책을 변화시킨 경우다. 부안 방폐장 반대 집회는 183일간의 집회로 결국 정부의 계획을 철회하게 만든 대표적 사례다.
>
> **간접효과 모델** : 간접효과 모델은 촛불집회가 먼저 여론과 정치세력을 움직이고, 이들이 다시 정책에 영향을 주는 방식이다. 내신등급제 반대 촛불집회는 학생 주도의 소규모 운동이었지만, 이후 대통령직 인수위의 입시정책 수정으로 이어지는 간접적 경로를 밟았다.
>
> **합동효과 모델** : 합동효과 모델은 촛불집회와 정치적 동맹, 공공 여론이 동시에 결합해 정책변동을 유도한 경우로, 전재규 대원의 국립묘지 안장 요구나 천성산 터널 반대 사례가 여기에 해당된다. 이 경우 대통령이나 여당이 공개적으로 집회 취지에 동의하거나 여론의 압력이 강하게 작용했다.

이 연구의 기여는 촛불집회를 '항의'나 '분노'의 표출로만 보지 않고, 비제도적 정책참여의 하나로 위치시킨 점이다. 정부 정책에 배제된 이해 당사자들이 공적 의견형성의 장으로서 집회를 활용하고, 정치 동맹이나 여론을 형성함으로써 정책변동을 이끌어낸다는 분석이다. 촛불집회는 더 이상 일탈적 행위가 아니라, 민주적 행정의 필수적 요소가 될 수 있다는 점을 뒷받침한다.

더불어, 이 논문은 촛불집회가 효과를 가지기 위해선 전략적 요소도 중요하다고 지적한다. 촛불집회의 시점정책 초기냐, 집행 이후냐, 주체의 자발성, 참여의 연속성, 외부 정치 세력과의 연계 등이 정책변동에 있어 결정적 요인으로 작동한다는 것이다. 즉, 단순한 '규모'보다 '맥락'이 중요하다는 결론에 도달한다.

전별(2021)
촛불집회와 정책변동 간의 관계에 관한 연구, 〈행정논총〉, 59(3), 135–162쪽

#기우니의 정책변동 모델(Giugni's Models of Policy Change)
기우니는 대중저항운동이 정책변동에 미치는 경로에 대해 직접효과, 간접효과, 합동효과 세 가지 모델을 제시했다. 직접효과는 집회 자체가 정책에 영향을 주는 방식이며, 간접효과는 여론이나 정치 동맹을 거쳐 정책에 영향을 주는 이단계 과정이다. 합동효과는 여론과 정치동맹이 집회와 동시에 작동할 때 정책변동의 가능성이 높아진다는 점에 주목한다. 이 모델은 시민운동과 제도권 정치의 상호작용을 입체적으로 설명하는 데 기여한다.

#담론 네트워크(Discourse Network)
공공 이슈를 둘러싼 다양한 주체들이 생성하는 담론들이 상호 연결되고 확산되며 정책에 영향을 미치는 구조를 설명하는 개념이다. 촛불집회에서 등장한 온라인 커뮤니티, SNS, 언론 등의 담론은 참여자들을 연결하고 이슈를 확산시키며 집단적 의사결정을 촉진하는 역할을 했다. 이 네트워크는 전통적 제도 바깥에서 작동하면서도 정책 결정권자들에게 강한 영향력을 행사할 수 있으며, 비제도권 담론이 정책 환경에 실질적 변화를 줄 수 있음을 보여준다.

#6 역사와 문화와 시대를 걷다

선술집과 전차, 출판사와 서점, 풍물놀이 등 일상의 장면은 시대를
비추는 창이다. 역사와 문화 속 작은 흔적에서 사회의 결을 읽어낸다.

서민들의 술집, 대폿집과 선술집

〈빈대떡 신사〉라고, 알려진 일제강점기 유행가가 있다. 가사 내용인 즉슨 양복 입은 신사가 요릿집 문밖에서 매를 맞는데, 무전취식無錢取食을 하고 뒷문으로 빠져나가다가 걸렸기 때문이다. 후렴구에선 불쌍하게 매맞고 있는 이를 크게 웃으며 조롱하며, 돈 없으면 대폿집에서 빈대떡이나 부쳐 먹을 일이지 어울리지 않게 요릿집과 기생집이 무어냐고 콕 짚어 비웃는다.

서민들의 술집, 대폿집과 선술집

대폿집은 선술집과 함께 가장 서민적인 술집을 가리키는 표현이다. 국어사전에 의하면 대폿집이란 '대폿술큰 그릇으로 마시는 술을 파는 집'이고, 선술집은 '서서 마시는 술집'이라는 뜻이다. 이처럼 다른 어원을 가졌지만 일반적으로는 같은 표현이다. 즉, 주머니가 가벼운 서민들을 대상으로 간단한 안주와 함께 '잔술'을 서서 팔고 마시는 허름한 술집이라고 할 수 있겠다.

물론 조선시대에도 선술집이 있어서 신윤복의 〈주사거배〉酒肆擧盃에는 봄날의 선술집을 배경으로 주모가 술을 따르고 곁에 둘러선 채로 술을 마시고 있지만, 이들은 훤한 대낮부터 낮술을 하러 들른 팔자좋은 술꾼들이다. 도포나 관복차림인 걸 보면 분명 지체가 높은 술꾼들일 테고, 이들은 해가 지기만 하면 기생집으로 몰려가 좋은 안주와 술을 진탕 먹을 기세다. 아무래도 일제강점기 선술집에 모여든 가난한 술꾼들과는 많은 차이가 있어 보인다.

일제강점기, 경성의 선술집 – 문학작품을 통해 살펴보다

1920년대 후반부터 일제강점기 경성에는 이런 선술집이 급속도로 많아졌다고 하는데, 그 이유는 무엇이며 그 의미는 무엇일까? 당시의 문학작품을 기반으로 하여 경성의 선술집을 상세히 보여주는 논문이 있어서 매우 흥미롭다. 박현수가 2020년에 발표한 「경성의 선술집 – 소설 「운수 좋은 날」, 「산적」, 『인간수업』을 중심으로」 라는 논문이 바로 그것이다.

　박현수는 이 논문을 통해 선술집이 식민지 시대에 대표적인 술집으로 자리잡았던 이유를 해명하고 그 의미를 구명하고자 하였는데, 각각의 작품에서 살펴볼 수 있는 선술집의 면면은 다음과 같다.

　첫째, 현진건 소설 「운수 좋은 날」1924에는 선술집의 안주와 고유한 셈법이 등장한다. 선술집의 한편에는 국, 탕 등 국물이 있는 안주가, 다른 한편에는 너비아니, 제육, 간, 콩팥, 곱창, 북어, 빈대떡 등이 진열된 안주장이 있었다. 선술집의 안주는 대부분 손님들이 직접 화로에서 조리하는 것으로서, 술을 한 잔 마실 때마다 안주 하나를 곁들여 먹는 독특한 셈법이 행해졌다.

　둘째, 채만식 소설 「산적」1929을 통해서는 선술집의 공간적 구조에 접근할 수 있다. 선술집의 문을 들어서면 왼편에 부뚜막과 큰 솥이 있고, 그 옆에는 목로木壚, 널빤지로 좁고 길게 만든 상, 목로주점와 술아범술 파는 사람이 자리하고 있다. 목로의 오른편에는 갖은 안주를 진열해 놓은 안주장이 있고, 목로의 정면에는 화로가 놓여 있었다. 화로에서 안주 익는 냄새와 다양하게 진열된 안주의 향연은 손님들의 발길을 선술집으로 끌어들였다.

　셋째, 이기영 소설 『인간수업』1936에는 주모가 술을 주문받고 데워서 파는 장면이 생생하게 그려져 있다. 주모는 술을 주문 받으면 양푼에 술을 담은 후 물이 끓는 솥에다 넣고 돌려가면서 데웠다. 잔에 따를 때는 술구기독이나 항아

리에서 술을 퍼낼 때 쓰는 도구를 능숙하게 다루는 동작을 통해 주흥을 돋우기도 했다. 손님들은 주문한 술이 나오면 목로 앞에 나란히 서서 한 번에 마셨다.

화로에 석쇠를 놓고 굽는 조리 방식을 사용하게 된 것은 조리를 하는 데 걸리는 시간과 편리함 때문이었다. 선술집 구조의 특징은 주인이 술을 주문받고 음식을 장만하고, 또 손님들이 술을 마시고 교제를 하는 등의 행위가 모두 하나의 공간에서 이루어졌다.

1924년 3월 11일자 동아일보 1면에 실린 만화 한 장이 당시 선술집 풍경을 잘 보여준다. 선술집 술값을 2전 올리면 술 먹기 힘들겠다고 풍자한 만화이다. 이 그림에서 주모 앞에 놓여진 좁고 긴 널빤지가 '목로'木墟다. 이 널빤지에 주모가 내어놓은 술잔이 놓이게 된다. 그런데 이 만화에서는 손님들이

신문 만화 '민중주당의 대공분'(동아일보 1924년 3월 11일자)

왜 아이처럼 키가 작아서 손이 닿지 않는 것일까? 독자가 투고한 이 만화의 제목은 '민중주당民衆酒黨의 대공분人公憤, 술값이 갑자기 인상되자 목로에 손에 닿지 않는 모습으로 희화화하여 그렸다.

이 논문은 일제강점기를 살아가던 서민들의 애환이 담겨져 있는 선술집을 문학작품을 통해 소개하고 있다. 논문만 읽어도 흥미롭겠지만, 이 논문에서 다루고 있는 3편의 소설을 함께 읽어본다면 더욱 흥미로운 백년 전 선술집으로의 시간여행이 될 것이다.

박현수(2020)
경성의 선술집 – 소설 「운수 좋은 날」, 「산적」, 『인간수업』을 중심으로
〈서울과역사〉, (106), 103–148쪽

#선술집
선술집은 조선 후기부터 일제강점기까지 대중들이 저렴하게 술을 마시고 음식을 즐기던 공간으로, 근대 도시 경성에서는 서민 문화의 핵심 장소였다. 단순한 유흥 공간을 넘어 사회적 소통, 정보 교환, 저항 담론이 오가는 장으로 기능하며, 당시 사회 분위기와 민중의 일상을 반영하는 중요한 문화사적 공간으로 작용했다.

염상섭과 박태원의 문학작품으로 살펴본 경성의 식생활 문화

일제강점기 경성은, 복잡한 사회적 변화와 함께 독특한 음식 문화를 형성해갔다. 1930년대의 경성은 단순히 도시가 발전하는 것을 넘어, 한국 전통음식과 일본 및 서양 음식이 공존하며 새로운 식문화가 형성된 시기라고 할 수 있다. 이 시기에 형성된 음식문화는 지금에 이르기까지 영향을 끼치고 있으며, 당시의 경성 시내 맛집 골목들은 지금까지도 노포老鋪를 형성하고 있는 경우가 많기에 현 시점을 살아가는 이들에게도 아련한 추억의 공간으로 자리 잡고 있다.

모던 경성, 식문화의 중심지

그렇다면, 당시 경성의 식생활 문화는 어떤 모습이었을까? 2018년에 게재된 이인영, 정희선의 「1930년대 세태소설에 나타난 경성부민의 식생활 문화연구」는 당시에 쓰여진 문학작품을 중심으로 당시 경성 부민들의 식생활을 살펴보고, 그 시대의 문화적 혼용과 변화를 살펴보는 흥미로운 연구이다. 더욱이 이 연구에서 다루고 있는 문학작품이 횡보 염상섭의 「삼대」1931년 조선일보 연재와 「무화과」1931~1932년 매일신보 연재, 구보 박태원의 「천변풍경」1936년 조광 연재과 「소설가 구보씨의 일일」1934년 조선중앙일보 연재로 많은 독자들에게 잘 알려진 작품인지라 더욱 흥미롭다.

경성의 인구는 1930년에 약 35만 명, 1935년에는 40만 명으로 급격히 증가하였다. 이 시기의 경성은 빠르게 도시화되고 산업화되면서 다양한 음식 문화를 받아들이게 된다. 일본인 거주 지역이었던 청계천 남쪽에는 고급 서양식당과 일본식당들이, 조선인이 주로 거주한 청계천 북쪽에는 전통 한식당들이 자리잡았다. 이들 식당에서는 한국의 전통 음식뿐만 아니라, 일본과 서양의 다양한 요리가 제공되었다.

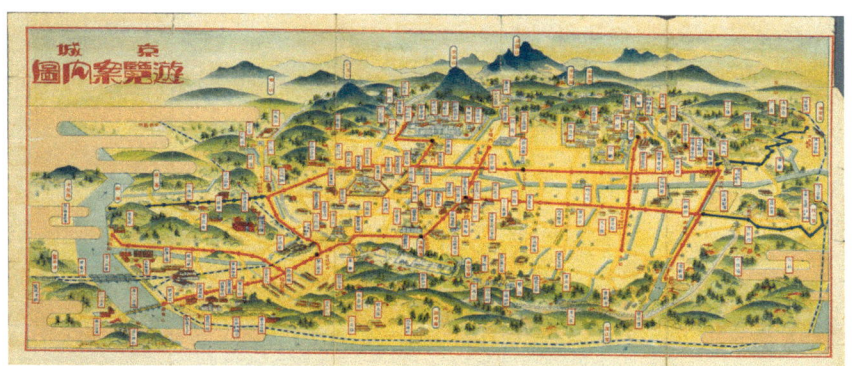

경성유람안내도(京城遊覽案內圖)는 1920년대 후반에 제작된 여행안내용 서울지도이다. 서울의 신시가지 모습을 조감도처럼 그렸고, 주요 시설과 지명을 표시하였다.(이미지 : 서울역사아카이브)

소설 속에 그려진 경성의 식문화

1930년대의 세태소설은 당시 사람들의 일상과 식문화를 생생히 묘사하고 있다. 염상섭의 소설 「삼대」와 「무화과」, 박태원의 「천변풍경」, 「소설가 구보씨의 일일」은 경성의 상류층부터 서민층까지 다양한 계층의 삶을 리얼리즘 시각에서 그려내고 있다. 예를 들어, 염상섭의 「삼대」에서는 주인공들이 고급 호텔과 백화점 내 양식당에서 서양 음식을 즐기는 장면이 자주 등장하며, 박태원의 「천변풍경」에서는 서민들이 설렁탕과 같은 전통 음식을 즐기는 모습이 그려진다.

흥미로운 사례들, 요릿집과 카페

당시 경성에는 명월관과 같은 유명한 요릿집이 있었다. 명월관(明月館)은 궁중 요리 전문인 근대 최초의 대형 요정으로 지금의 서울 세종로 동아일보 본사 자리에 있었다. 명월관은 궁중 대신들과 일본 대사관 직원들이 주로 찾았으며, 신선로神仙爐와 같은 대표적인 한식 요리를 제공했다. 이 요릿집은 1인당 3원에서 7원까지 다양한 가격대로 음식을 제공했으며, 이는 당시 경성에서 가장 값비싼 식사 중 하나였다.

또한, 소설 속 인물들이 자주 찾던 카페에서는 커피나 차보다는 주로 술과 음식을 판매했으며, 일본 여성이나 일본 이름으로 개명한 조선 여급들이 손님을 접대하는 모습이 자주 등장한다. 이러한 카페는 단순한 식음료 제공을 넘어서, 문인과 예술가들이 모여 교류하던 중요한 문화 공간이기도 했다.

조선호텔 커피숍에서 무용가 최승희를 모델로 촬영한 홍보사진(이미지 : 조선총독부철도국 편『반도의근영』,1937.3.25)

1930년대 경성의 배달 문화

또한 당시 경성에서는 외식 문화뿐만 아니라 배달 문화도 발달해 있었다. 당시에 이미 중국 음식, 우동, 설렁탕, 양식, 교자상 및 각종 식료품을 가정으로 배달 주문할 수 있었으며, 이는 현대까지 이어지는 활발한 배달 문화의 기틀이 되었다. 당시 경성의 배달문화와 관련된 책으로는 『라이더, 경성을 누비다』2023, 김기철 저, 시공사 간를 참고해볼 만하다.

이인영, 정희선의 연구는 1930년대 경성의 식문화를 통해 당시 사회의 복잡성과 다양성을 조명하고 있다. 이 연구는 단순히 과거의 기록에 머무르지 않고, 오늘날의 식문화 이해에도 중요한 시사점을 제공한다.

이인영, 정희선(2018)
1930년대 세태소설에 나타난 경성부민의 식생활 문화 연구
– 염상섭의 「삼대」, 「무화과」와 박태원의 「천변풍경」, 「소설가 구보씨의 일일」을 중심으로
〈동아시아식생활학회지〉, 27(4), 290~305쪽

#경성부민(京城府民)
경성부민은 일제강점기 조선의 수도 경성에 거주하던 시민 계층으로, 식민지 근대화의 영향 속에서 다양한 계층적·문화적 양상을 보였다. 이들은 세태소설 속에서 계급적 차이, 근대적 욕망, 소비문화에 대한 태도 등으로 표현되며, 근대도시의 형성과 일본제국주의의 문화정책이 부민의 일상과 정체성에 어떻게 영향을 미쳤는지를 보여주는 상징적 존재였다.

시인 오장환이 운영했던
'남만서점'을 아시나요?

시인 오장환吳章煥, 1918 ~ 1951은 서정주, 이용악과 함께 1930년대 시단의 3대 천재, 또는 삼재三才로 불렸다. 그는 '시단의 왕'이라 불릴 정도로 영향력 있는 시인이었으며, 모더니즘, 리얼리즘, 순수 서정시의 대가들로부터 칭찬을 받았다. 그랬던 그가 남만서점南蠻書店이라는 서점 겸 출판사를 운영하면서 자신의 시집과 동인들의 시집을 발행했다는 사실은 매우 흥미롭다. 남만서점이 위치한 곳은 당시 주소로 관훈동 146-2, 안국동 네 거리에서 종로 2가로 연결되는 인사동 어귀에 해당한다. 그가 시인이자 작가에 머무르지 않고 요즘 말로 독립서점이자 독립출판사를 창업하게 된 것은 어떤 연유에서일까?

오장환 시인의 출판과정과 남만서점

오장환은 자신의 첫번째 시집이었던 『성벽』城壁을 1937년에 풍림사에서 출간했지만, 실제적으로는 집필에서 편집과 제작에 이르기까지의 일련의 과정을 자신이 도맡은 '자가출판'이었다는 데에서 힌트를 얻을 수 있다.

　그는 자신의 첫 시집을 "슬픔의 성문城門을 열어준 나의 님에게" 바친다고 서두에서 밝히고 있다. 성벽에는 모두 16편의 시를 엄선하여 실었으며, 이병현과 김정환의 판화를 컬러와 흑백으로 게재하여 편집의 풍취를 더하였고 특별히 이병현에게 증정한다는 내용의 글을 친필로 함께 실었다. 이러한 출판

과정을 경험하며 시인 오장환은 직접 서점과 출판사를 운영하는 것이 필요하다는 것과, 그것을 자신이 해낼 수 있다는 것을 확신하게 되었을 것이다.

그가 남만서점(남만서고, 남만서방이라고도 불림)을 직접 창업하여 운영하는 모습은 마치 최근에 개성있는 독립서점들이 등장하는 현상과 맞닿아 있다. 그는 이 공간을 통해 비블리오 마니아Bibliomania, 藏書狂로서의 열망을 맘껏 구가하였다. 남만서점에는 절판, 한정판, 호화판, 진귀본 등 구해볼 수 없는 책과 구해보려 애쓰는 책들로 꽉 들어차 있었다고 하니 당시 작가들과 문학청년들에게 있어서 얼마나 환상적인 공간이었을지 충분히 예상이 된다.

김광균과 서정주의 첫 시집을 출판하다

오장환이 운영하는 남만서점은 출판사이기도 했다. 그는 자신과 동인들의 시집을 한정판, 특제본, 호화판으로 직접 간행하였는데, 이는 영리를 추구하는 대형 출판사에서 느꼈던 답답함과 한계를 뛰어넘는 실험적인 작업이었다. 이렇게 해서 출간된 시집들은 다음과 같다.

『헌사』남만서방. 1939는 80부 한정판으로 출간된 오장환의 두번째 시집이다. 음률성이 중시된 시들로, 식민지 시대의 청춘의 불안과 공포를 담고 있다. 첫번째 시집과는 달리 화려한 장정이 돋보인다.

『와사등』남만서점. 1939은 김광균의 첫 시집으로, 오장환이 발행인으로 참여했다. 한국 모더니즘 시운동의 대표적 시집이다.

『화사집 』남만서고. 1941은 서정주의 첫 시집으로, 탈주와 일탈의 욕망을 표현한 시들로 구성되었다. 오장환이 발행인으로, 정지용이 제호를 썼고, 김용준이 그림을 그렸다.

오장환이 펴낸 남만서점의 시집들에 대한 이야기는 정우택의 논문「오장환과 남만서점의 시집들」에서 자세히 다루고 있다. 특히 서정주의 『화사집』을 출간하는 장면은 매우 감동적이다. 돈이 되지 않는 시집 출판이 뒷전으로 미뤄져 있는 최근의 상황을 생각하면, 오장환이 『화사집』을 만들기 위해 기울인 노력은 그 자체로 행위예술에 가깝지 않나 싶을 정도다.

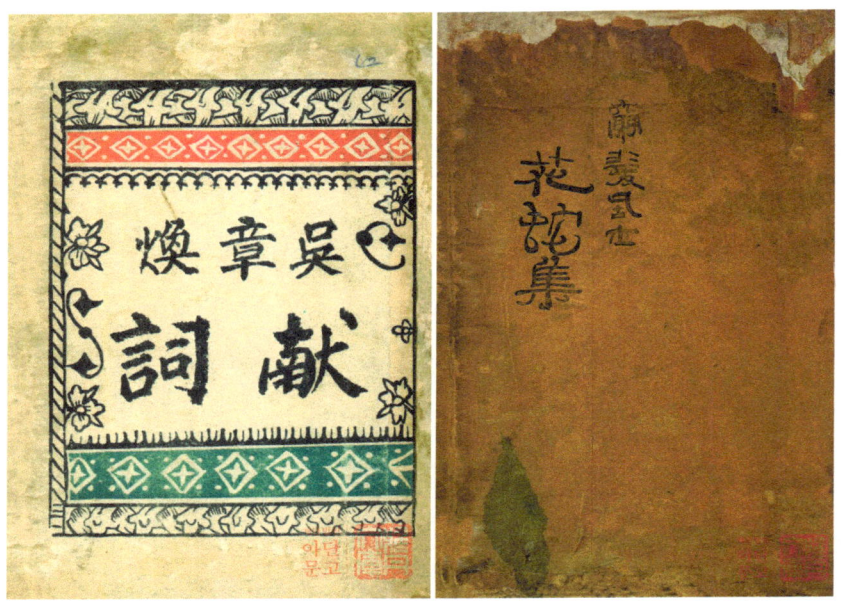

남만서점에서 펴낸 오장환의 『헌사』(1939)와 서정주의 『화사집』(1941)

눈이 부시게 푸르른 날에 그리운 사람은

해방 이후 오장환은 조선문학가동맹에 참여하여 각종 집회와 시위를 조직하고 직접 시를 낭독하는 등 적극적인 활동을 벌인다. 1947년 8월 이후 당국의 검거를 피해 북으로 갔다가 신장병이 악화되어 1948년 말부터 1949년 중반까지 모스크바에서 치료받았다. 소련에서의 체험을 소재로 한 『붉은 기』라는 시집을 1950년 북에서 발간했으며, 1951년에 세상을 뜬다.

해방과 분단, 전쟁이 가져다준 역사의 소용돌이 속에서 서정주는 자신의 첫 시집을 상재해준 오장환과 여러 차례 헤어져야만 했다. 일제 말 서정주가 친일 사상에 깊이 빠져 친일 시를 쓰게되자 오장환은 서정주의 친일 행위에 크게 실망하였으며, 결국 두 사람은 남과 북의 분단된 공간을 선택한다.

그럼에도 불구하고 서정주에게 일말의 양심이 있었다면, 차마 오장환에게서 입은 은혜를 잊지 못했으리라 생각한다. 그는 북으로 가서 일찍 죽었지만 월북 문인의 낙인에 묶여 있고, 자신은 남에 남아서 오래 살고 있지만 친일작가로 비판받는 그 상황. 전혀 흔들리지 않는 것처럼 꼿꼿한 자세를 견지했지만, 그 마음 속에는 자신의 시를 누구보다도 사랑해줬던 오장환에 대한 그리움이 있었으리라.

그래서 그의 시 '푸르른 날'에서 "내가 죽고서 네가 산다면/네가 죽고서 내가 산다면//눈이 부시게 푸르른 날은/그리운 사람을 그리워하자"며 몹시도 그리워하던 그 사람이 오장환은 아니었을까 하는 생각이 불쑥 끼어든다.

정우택(2015)
오장환과 남만서점의 시집들, 〈근대서지〉, (11), 136–157쪽

#남만서점
남만서점은 일제강점기 조선에서 활동한 출판사이자 서점으로, 오장환을 포함한 젊은 문인들의 실험적이고 민족적인 시집들을 출간한 독립출판의 장이었다. 대중성과 문학성을 동시에 추구한 이 출판사는 주류 문단과는 다른 미학적 시도와 사회적 목소리를 담아냈으며, 검열과 통제의 시대 속에서도 표현의 자유와 문학적 주체성을 모색한 상징적인 공간이었다.

서울의 주요 교통수단이던
전차를 아시나요?

일제강점기 경성 사람들의 일상에서 대표적인 교통수단은 전차였다. 물론 그 시대에도 자가용을 몰고 다니는 고관대작과 부자들이 있었지만 서민들의 발이 되어 주는 것은 전차였다. 전차는 기차역인 경성역과 청량리역을 주요역으로 지나갔기에 경부선, 경인선, 경의선, 경원선 등 기차를 타고 지방으로 가는 이들에게도 요긴한 교통수단이었다. 전차가 닿지 않는 곳에는 버스 노선이 운영되었는데, 버스 노선 역시 전차역과 연계되어 있었다. 최근에도 마을버스 노선이 지하철 역을 중심으로 운행되는 것과 비슷한 양상이라고 할 수 있다. 전차역은 그야말로 주요한 교통 거점이었을 게다.

문학작품에 등장하는 전차의 모습

전차와 함께 여러가지 교통수단을 함께 이용하는 모습은 문학작품에도 자세하게 드러나 있다.

첫째, 버스와 전차를 이용하는 사례이다. 1933년부터 성북동에 살았던 소설가 이태준은 종로에 위치한 조선중앙일보까지 출근을 해야 했는데, 그 내용이 1936년 10월 잡지 『조광』에 발표한 소설 「장마」에 실려 있다. 장마가 지속되던 어느 날 주인공 '나'는 성북동에서 버스를 탄 후 안국동에서 내려 전차를 갈아타고 종로에 있는 신문사까지 출근한다.

둘째, 인력거와 전차를 이용하는 사례이다. 현진건의 「운수 좋은 날」1924에서 동소문 안에 사는 김첨지가 첫 손님으로 앞집 마마님을 전차역으로 모셔다드리는데, 아마도 이 부인은 인력거를 타고 창경원역에 가서 전차를 탄 후 시내로 나갔을 가능성이 크다. 동소문 안쪽에 살고 있으면서도 '문 안으로 간다'고 하는 마마님의 표현은 시내로 나간다는 뜻이 담겨져 있다. '재수가 옴 붙어서 근 열흘 동안 돈 구경도 못한' 인력거꾼 김첨지에게 불어닥친 '행운'이 오늘은 제발 나가지 말라던 아내의 '죽음'으로 역전되는 내용이다.

셋째, 도보와 전차를 함께 이용하는 사례이다. 박태원의 「소설가 구보씨의 일일」1934에서도 주인공 구보는 다옥정현 중구 다동 7번지에 있는 자신의 집을 떠나서 광교로 해서 화신상회 앞까지 걸어간 후 전차를 타고, 전차 이동을 해서 동대문까지 쭉 돌았다가 조선은행까지 오게 된다. 걷거나 전차를 타는 식으로 그는 경성 시내를 산책한다.

조선은행 앞 광장의 모습으로 경성우편국의 일부와 조선상업은행 등의 건물이 드러나 있다. 그 앞에 전차가 서 있는 것이 보인다.(이미지 : 서울역사아카이브)

광복 이후에도 전차는 대한민국과 함께 계속 달리는데

광복을 맞이한 후에도 전차는 1968년까지 서울의 주요한 교통수단이었다. 서울 시내에서 전차가 땡땡 소리를 내며 운행되었다는 사실은 그 당시 서울에 살지 못했던 세대들에게는 믿겨지지 않는 장면이다. 아래 사진을 보면 1966년 동대문 지역의 한 골목길을 관통하는 전차선로와 전차를 확인할 수 있다. 이토록 전차는 당시 서울 시민들의 생활 깊숙이 자리잡고 있었다.

동대문 전차 궤도변의 판자촌 일대를 연막 소독하는 모습(1966.6.7)(이미지 : 서울역사아카이브)

은방울 자매가 부른 노래 〈마포종점〉에도 1960년대 후반의 서울시의 모습이 잘 담겨 있다. 이런 이유로 이 노래는 2017년에 서울시에서 서울미래유산으로 등재되기도 하였다. 요즘의 마포는 서울의 중심지이지만, 마포가 서울의 종점이던 시대 역시 분명코 있었던 것이다.

밤 깊은 마포 종점 갈 곳 없는 밤 전차
비에 젖어 너도 섰고 갈 곳 없는 나도 섰다
강 건너 영등포에 불빛만 아련한데
돌아오지 않는 사람 기다린들 무엇 하나
첫 사랑 떠나 간 종점 마포는 서글퍼라
저 멀리 당인리에 발전소도 잠든 밤
하나 둘씩 불을 끄고 깊어가는 마포 종점
여의도 비행장엔 불빛만 쓸쓸한데
돌아오지 않는 사람 생각한들 무엇하나
궂은 비 내리는 종점 마포는 서글퍼라

전차, 그것에 대해 제대로 알고 싶다면?

구한말에 처음 도입되어, 일제강점기를 거쳐, 1968년까지 서울의 주요 교통
수단으로 사용되었던 전차는 어떤 노선으로 어떻게 운행되었던 것일까? 이
궁금증을 흥미롭게 풀어주는 논문이 한 편 있어서 소개한다.

서울시립대학교 서울학연구소 최인영이 게재한 「서울 지역 옛 전차 노선
도를 활용한 도시교통의 변화」2015가 그것인데, 다양한 그림자료와 노선도가
풍부히 실려 있어서 일제강점기를 배경으로 소설을 쓰거나 웹툰을 그리는 이
들에게도 매우 유용한 자료가 될 것이라 생각한다.

이 논문은 서울의 옛 전차 노선도를 활용하여 도시교통의 변화를 분석한
연구이다. 전차는 1890년대부터 1920년대까지 전 세계적으로 주요한 도시
교통 수단이었으나, 자동차의 등장으로 쇠퇴하기 시작하였다. 그러나 서울에
서는 전차가 오랫동안 도시교통의 주축으로 남았다. 이는 첫째, 식민지 경성
에서 철도와 전차를 보호하기 위한 정책이 있었고, 둘째, 전시체제 하에서 기

존 교통망이 유지되었으며, 셋째, 해방 이후 교통 환경이 크게 발전하지 못했기 때문이다.

서울의 전차는 1968년까지 주요 교통수단으로 사용되었다. 대한제국 시기에는 전차가 한성에서 도시개조사업의 일환으로 도입되었으며, 이후 경성부 확장과 함께 전차 노선도 확대되었다. 1920년대에는 자동차의 등장으로 전차와 경쟁이 발생하였고, 전차는 전시체제기와 해방 이후에도 중요한 교통수단으로 남았다. 그러나 1960년대 들어 자동차가 급증하면서 전차는 더 이상 효과적인 교통수단이 아니게 되었고, 결국 철거되었다.

이 논문은 서울의 전차 교통이 도시교통의 발달 과정에서 중요한 역할을 했음을 강조하며, 전차가 철거되기까지의 사회적, 경제적, 정치적 배경을 상세히 분석하고 있다.

최인영(2015)
서울 지역 옛 전차 노선도를 활용한 도시교통의 변화 , 〈한국고지도연구〉, 7(2), 41-57쪽

#전차의 역사적 의미
서울 전차는 단순한 교통수단을 넘어, 일제의 식민지 도시 건설 전략과 근대화 과정 속에서 도입된 기술문명의 상징이었다. 해방 이후에도 시민의 주요 교통수단으로 기능했지만, 자동차와 버스 중심의 교통정책 변화로 인해 1968년 완전히 폐지되었다. 그러나 전차는 여전히 도시 기억과 정체성의 일부로 남아 있으며, 근대 도시 형성과 대중교통의 출발점이라는 역사적 가치를 지닌다.

풍물놀이와 사물놀이의
음악적 차이를 밝히다

풍물놀이와 사물놀이는 한국의 대표적인 민속예술이자 무대예술이다. 전통 타악예술인 '풍물놀이'는 오랜 세월 농경사회의 공동체 생활 속에서 자연스럽게 자리잡은 민속예술이다. 농사일을 할 때는 물론이고 풍년을 기원하고 마을 공동체의 단합을 꾀하는 제의^{祭儀}적 기능에서 출발해, 연희와 놀이, 음악과 무용, 연극적 요소가 어우러진 종합예술로 발전한 풍물놀이는 마당이라는 공간과 '굿'이라는 의례적 형식을 통해 살아 있는 문화로 계승되어 왔다.

풍물굿은 음악, 무용, 연극, 종교, 민속 등의 다양한 요소들이 유기적으로 연결되어 복합적이고 총체적인 특성을 갖추고 있으며 이러한 다양한 문화 요소의 융합이 풍물굿이 지닌 고유한 총체성이며, 현대 사회 속에서도 생명력을 유지할 수 있는 힘이다.(이미지 : Wikimedia)

민속예술인 풍물놀이와 무대예술인 사물놀이

꽹과리, 징, 장구, 북, 태평소 등의 악기를 기반으로 구성된 풍물놀이는 지역마다 서로 다른 양식과 장단을 지니고 있으며, 각 지방의 문화적 특징을 오롯이 반영하고 있다. 꽹과리, 장구, 징, 북, 태평소 등을 담당하는 연주자들과 상쇠와 장구잽이 등 앞치배와 무동舞童, 조리중오광대놀음에 나오는 중의 탈을 쓴 사람, 대포수 등과 같은 뒤치배잡색가 음악과 무용, 연극적 요소를 두루 섞어가며 연출하는 종합예술로서 운영되어 왔다.

하지만 1970년대 말, 사회적 분위기와 예술적 환경의 변화 속에서 이 전통은 새로운 형식으로 재탄생하게 된다. 바로 '사물놀이'다. 김덕수, 김용배 등을 중심으로 한 젊은 국악인들은 풍물놀이의 음악적 정수를 현대적 무대에 맞춰 재구성하고자 했다. 좁은 공간에서도 연주가 가능하고 관객과의 거리도 가까운 사물놀이는 앉은 자세에서 악기를 연주하는 '앉은반' 형태로 발전

사물놀이는 '앉은반'과 '판'으로 구분된다. '앉은반'은 율동과 병행하여 연주하는 풍물놀이를 음악만의 연주곡으로 재구성하여 앉은 자세로 악기를 연주하는 방식이다. (이미지 : Wikimedia)

하며 국악의 새로운 길을 열었다. 이처럼 사물놀이는 풍물놀이에서 출발했지만, 무대예술로서의 특징을 지니며 독자적인 장르로 자리매김하게 된다.

사물놀이 연주형태는 크게 두 가지, 즉 '앉은반'과 '판'으로 구분된다. '앉은반'은 풍물놀이에서 율동과 병행하여 연주하는 음악을 음악만의 연주 곡으로 재구성하여 악기만 가지고 앉은 자세로 연주하는 것이다. 앉은반 연주 곡은 사물악기 편성을 연주하는 삼도농악가락, 즉 경상도 지역의 농악가락인 영남가락, 호남우도 지역의 농악가락인 호남우도굿, 경기충청 지역의 농악가락인 웃다리풍물이 있으며, 풍물놀이의 '굿' 형식을 사물악기 편성과 병창_{竝唱}으로 재구성한 비나리와 성주풀이 등이 있고, 장구만으로 연주하는 삼도 설장구 가락이 있다.

윤명원의 「풍물놀이와 사물놀이의 음악적 차이」

이 논문에서 윤명원은 풍물놀이와 사물놀이가 같은 뿌리에서 나왔음에도 불구하고 음악적으로는 어떤 차이를 지니게 되었는지를 비교·분석하고 있다. 특히 지역적 특성이 강한 풍물놀이의 음악이 사물놀이로 수용되는 과정에서 어떤 요소들이 통합되고, 어떤 부분이 변용되었는지를 면밀히 고찰한다. 연구는 세 가지 대표적인 사물놀이의 레퍼토리인 웃다리풍물가락_{경기·충청}, 영남농악가락_{경남 진주·삼천포}, 호남우도굿가락_{전북 이리}을 중심으로, 이들이 각기 어떤 지역의 풍물가락을 바탕으로 삼고 있는지, 또한 그 장단과 구성의 차이를 어떻게 조율했는지에 대해 상세히 설명한다.

예컨대 웃다리풍물가락은 경기충청 지역의 남사당패 가락을 중심으로 하되, 호남좌도의 '짝드름'_{짝쇠} 장단과 노래굿인 '월산요'를 차용하여 보다 다양한 음악적 구성을 이룬다.

영남농악가락의 경우, 진주삼천포 12차농악의 길군악, 별달거리, 덧뵈기 등을 기반으로 하지만, 사물놀이에서는 이들을 더욱 세련되고 확대된 구조로 재해석해 무대 공연에 적합하도록 재편하였다. 특히 별달거리는 원래의 단순한 장단을 넘어 사물놀이 안에서 '걸작 중의 걸작'으로 인정받으며 관객의 인기를 끌고 있다.

호남우도굿가락은 오채질굿, 풍류굿, 삼채, 자진삼채 등으로 구성되어 있으며, 사물놀이는 여기에 동해안별신굿의 백이장가락(자진모리 장단)을 도입하여 굿거리 가락을 확장시킨다. 이처럼 사물놀이는 단지 전통을 계승하는 데 그치지 않고, 다른 지역의 음악적 요소나 심지어 무속음악까지도 융합하여 자신만의 고유한 색채를 만들어간다.

원형과 변형이 아닌 교섭과 변용의 관계

이러한 분석을 통해 저자는 풍물놀이와 사물놀이의 관계를 단순한 '원형과 변형'의 관계가 아닌, 교섭과 변용의 관계로 바라볼 것을 제안한다. 풍물놀이는 지역 공동체의 삶과 밀접하게 연관된 음악이고, 사물놀이는 이 음악을 재해석하여 현대의 감각으로 풀어낸 창작적 산물이라는 것이다. 특히 사물놀이는 짧은 시간 안에 고도의 기량과 폭발적인 신명을 관객에게 전달하는 공연 양식으로 변화하면서도, 여전히 전통의 맥을 유지하고 있다는 점에서 주목할 만하다.

결국 이 연구는 풍물놀이와 사물놀이 사이의 음악적 차이를 단순한 '과거와 현재'의 대비가 아닌, '전통과 창조'라는 맥락에서 바라보게 한다. 사물놀이는 풍물놀이의 음악을 있는 그대로 재현하기보다는, 다양한 지역의 요소를 유기적으로 통합하며 새로운 예술 형식을 창출해냈다. 이 점은 전통음악이 시대의 흐름 속에서도 어떻게 생명력을 유지할 수 있는지를 보여주는 중요한 사례다.

이 논문은 오늘날의 사물놀이 음악이 풍물놀이 음악을 원곡 그대로 수용하거나, 2개 지역 이상의 풍물놀이 가락을 혼합구성하거나. 원곡의 풍물놀이 음악을 확대·변화·발전시키거나, 풍물놀이 이외의 다른 장르^{무악}의 음악적 요소를 수용하는 등의 방법을 통하여 전통연희 방식의 풍물놀이 등 음악과 교섭함으로써 형성된 새로운 양식의 음악이라는 사실을 확인할 수 있었다고 마무리짓는다.

윤명원은 이 논문을 통해 국악이라는 전통이 현대적 감각과 어떻게 조우할 수 있는지에 대한 실증적이고 구조적인 분석을 제시하며, 향후 전통음악의 발전 가능성과 그 문화적 가치에 대한 깊은 통찰을 남긴다.

윤명원(2006)
풍물놀이와 사물놀이의 음악적 차이, 〈음악과 현실〉, 32(32), 225–254쪽

#풍물놀이
풍물놀이는 한국 농경사회에서 공동체의 제의와 여흥을 위해 발전한 전통 민속예술로, 꽹과리·징·장구·북·태평소 등의 악기와 함께 무용·연극 요소가 어우러진 종합예술이다. 마당이라는 열린 공간에서 집단적으로 펼쳐지며, 공동체의 결속과 신명을 표현하는 문화적 장치로 기능해왔다. 지역마다 장단과 구성 방식이 다양하며, 삶과 밀착된 의례성과 예술성이 함께 담긴 살아 있는 전통예술이다.

복잡계 이론으로 읽는 풍물굿, 전통문화의 현대적 해석

풍물굿은 현대화와 도시화 속에서 전통적 가치를 유지하며 성공적으로 자리잡고 있다. 도시 공간과 학교, 지역 문화센터 등 현대인의 생활 현장 속에서도 여전히 활발히 전승되고 있으며, 한국 전통문화 중 가장 폭넓게 보급되어 있는 대표적인 사례다. 풍물굿의 본래 형태는 마을 사람들이 자발적으로 구성한 풍물패가 계절의 변화에 맞추어 제사와 놀이를 동시에 진행하는 방식이다. 따라서 풍물굿을 이해하기 위해서는 '굿'이라는 개념이 중요하다. 굿은 제사보다 더 포괄적인 개념으로, 인간이 삶의 안정을 방해하는 부정적인 요소를 막고 평온을 추구하기 위해 공동체가 수행하는 상징적이고 공적인 의례다. 굿은 제의적 행위와 놀이의 요소가 결합된 '굿놀이'로 불리기도 한다.

조춘영의 「풍물굿의 탈현대성 : 복잡계 패러다임을 중심으로」

현존하는 한국 전통문화 유산 가운데 하나인 풍물굿은 단순히 하나의 장르로 규정하기 어렵다. 음악, 무용, 연극, 종교, 민속 등의 다양한 요소들이 유기적으로 연결되어 복합적이고 총체적인 특성을 갖추고 있기 때문이다. 바로 이러한 다양한 문화 요소의 융합이 풍물굿이 지닌 고유한 총체성이며, 현대 사회 속에서도 생명력을 유지할 수 있는 힘이다.

한국 전통문화의 대표적인 총체예술인 '풍물굿'이 최신 과학 이론인 복잡계 패러다임으로 새롭게 해석되었다. 조춘영의 논문 「풍물굿의 탈현대성 : 복잡계 패러다임을 중심으로」는 예술, 제의, 놀이, 공동체 문화가 뒤엉킨 풍물굿의 복잡성을 과학적 시각에서 분석한 획기적인 연구다.

　풍물굿은 단순한 농악을 넘어 음악, 무용, 연극, 종교, 민속 등 다양한 장르가 얽힌 '총체문화'이다. 하지만 기존의 분과학문 체계로는 이를 설명하는 데 한계가 있었고, 따라서 연구의 깊이도 충분하지 못했다. 이에 조춘영은 20세기 후반 과학계의 혁신적 성과로 떠오른 복잡계 이론을 도입하여, 풍물굿의 구조와 원리를 보다 입체적으로 조명한다.

　복잡계 패러다임은 여러 구성요소가 상호작용하며 새로운 질서와 창발성을 만들어내는 시스템 이론이다. 혼돈Chaos, 프랙탈Fraktal 구조, 네트워크, 열린 시스템, 자기조직화, 창발성Emergence 등은 이론의 핵심 개념들이다. 조춘영은 이 개념들을 풍물굿에 적용하여, 그 구성요소가 서로 얽히고 반응하면서 끊임없이 변화하는 생명체와 같은 시스템임을 보여준다.

꽹과리, 징, 장구, 북, 태평소 등의 악기를 기반으로 구성된 풍물놀이는 지역마다 서로 다른 양식과 장단을 지니고 있으며, 앞치배와 뒤치배가 음악과 무용, 연극적 요소를 두루 섞어가며 연출하는 종합예술로서 운영되어 왔다.(이미지 : Wikipedia)

풍물굿의 프랙탈과 경계를 허문 열린 시스템

풍물굿의 구조를 프랙탈로 설명한 부분은 주목할 만하다. 악기 배열, 치배_{연행자} 구성, 기旗의 배열, 고깔과 전립의 형태 등 모든 구성 요소가 '삼즉일'三卽一의 반복적 구조를 가진다는 것이다. 이는 '부분 속에 전체가 있고, 전체 속에 부분이 있는' 자기닮음의 특성을 반영하며, 풍물굿이 시청각적 예술을 넘어서 철학적 사유의 대상임을 드러낸다.

또한 풍물굿은 마당이라는 열린 공간에서 이루어지며, 관객과 연행자가 경계를 허물고 하나로 어우러지는 마당성과 열린 시스템의 대표적인 예로 분석된다. 이는 서양 연극의 무대 중심 방식과는 다른 한국 전통연희의 독창성을 보여주는 사례다.

풍물굿은 연행자와 관객, 신격과 인간, 중심자와 주변자가 끊임없이 상호작용하며 새로운 장면과 이야기를 만들어내는 '창발 시스템'Emergent System이다. 시스템의 구성 요소들이 상호작용함으로써 전체적으로 예기치 못한 새로운 성질이나 구조가 자발적으로 나타나는 시스템을 뜻한다.

조춘영은 이를 단순한 즉흥성이 아니라, 복잡계 이론에서 말하는 '자기조직화'Self-organization의 결과로 해석한다. 자기조직화는 외부의 중앙집중적인 지시나 통제가 없이, 시스템의 구성 요소들이 상호작용하여 스스로 질서나 구조를 형성하는 현상을 뜻한다. 순간마다 새롭게 생성되는 판은 고정된 예술작품이 아닌 살아 있는 문화현상으로 분석한다.

각각의 영역에서 단편적으로 연구되어 온 '풍물굿의 복잡성과 총체성'을 보다 통합적인 관점에서 이해할 수 있는 방법론을 제시하고자 하였다. 이를 통해 풍물굿이 고유한 논리 구조를 지니고 있으며, 사회적·역사적 맥락 속에 자리하고 있고, 뚜렷한 목적의식을 가지고 있음을 밝히고자 했다.

이 연구는 풍물굿이 과거의 유물이 아니라, 지금도 살아 움직이며 미래 문화의 가능성을 품고 있는 '탈현대적 문화모델'임을 제시한다. 전통과 과학, 예술과 이론을 잇는 본 논문은 전통문화에 대한 새로운 이해의 장을 열어주며, 한국 문화의 철학적 깊이와 현대적 확장성을 함께 보여준다.

조춘영(2007)
풍물굿의 탈현대성 – 복잡계 패러다임을 중심으로, 〈동양예술〉, (12), 183–226쪽

#복잡계 패러다임
복잡계 패러다임은 단순한 원인과 결과의 인과율 대신, 다수의 요소들이 상호작용하며 비선형적으로 전체 시스템을 형성한다는 이론이다. 이 관점에서 풍물굿은 주체와 객체, 전통과 현대, 질서와 무질서가 유동적으로 얽힌 역동적 문화현상으로 해석된다. 특히 통제 불가능한 창발성과 자기조직화는 풍물굿의 집단성과 탈현대성을 이해하는 데 중요한 틀을 제공한다.

#7 읽고 쓰면서
세상을 이해하다

글쓰기는 치유이자 성찰이다. 자서전 쓰기, 원고지, 토론문 쓰기, 디지털
리터러시 등을 통해 세상을 이해하는 지식과 소통의 힘을 돌아본다.

기억을 쓰고 나를 찾다,
자서전 쓰기의 치유적 효과

자서전 쓰기가 치유적 효과를 가질 수 있을까? 자서전은 개인의 성장과 자아 형성 과정을 담아낸 생생한 기록이며, 자신만의 독특한 삶을 스스로 서술한 결과물이다. 회고록이 역사적 사건을 객관적이고 사실적으로 기록하는 데 초점을 맞춘다면, 자서전은 개인이 경험한 사건을 보다 주관적인 시각에서 서술하는 데 중점을 둔다. 또한, 회고록이 저자의 사회적 성취와 역할을 강조하는 반면, 자서전은 저자의 정체성과 내면적 인격 형성 과정에 집중한다.

역사에서 전해지는 최초의 자서전은 성 아우구스티누스Aurelius Augustinus, 354-430의 『고백록』Confessiones이다. 서양 철학과 기독교 신학에서 매우 중요한 자서전적 저작으로, 개인의 내면적 고백과 신앙적 성찰을 담은 최초의 문학 작품 중 하나로 평가받는다. 이 책은 아우구스티누스가 자신의 과거를 돌아보며, 신과의 관계 속에서 어떻게 변화했는지를 서술한 영적 자서전이다.

기억을 기록하는 과정에서 발견하는, 나

자서전은 유명인의 성공담이나 인생사를 떠올린다. 하지만 최근 들어 일반인들도 자서전을 쓰면서 자신의 삶을 돌아보고 정리하는 과정에 관심을 가지기 시작했다. 그렇다면 단순한 회고를 넘어, 자서전 쓰기가 치유적 효과를 가질 수 있을까? 정진아는 이 질문에 대한 흥미로운 논문을 발표하였다.

정진아는 자서전 쓰기 프로그램이 참가자들의 심리적 치유와 자아성찰에 어떤 영향을 미치는지를 연구했다. 논문 「자서전 쓰기 프로그램의 운영과 치유적 효과」에서 그는 서울시민대학과 정독도서관에서 운영된 자서전 쓰기 프로그램의 사례를 분석하며, 자서전 쓰기가 단순한 글쓰기를 넘어 내면의 상처를 치유하는 과정임을 보여준다.

이 연구는 자서전이 단순한 사실 기록이 아니라 과거의 기억을 현재의 관점에서 재구성하는 과정이라고 말한다. 우리가 기억을 떠올릴 때 단순한 정보의 나열이 아니라 감정을 포함한 '자기서사'를 만들어가는 것이다. 이를 통해 참가자들은 자신의 삶을 더 깊이 이해하고, 때로는 억압된 기억을 직면하

자서전 쓰기는 자기 내면의 서사를 수행하는 과정이다. 자서전 창작은 자기서사가 작용하는 동시에 자기서사로부터 거리를 두고 성찰하는 과정이다.(이미지 : Midjourney)

면서 치유의 기회를 얻는다.

연구에서는 자서전 쓰기 프로그램이 어떻게 운영되었으며, 참가자들에게 어떤 변화를 가져왔는지가 구체적으로 제시되었다. 프로그램은 크게 두 가지 방식으로 운영되었다.

서울시민대학 프로그램 : 10주 과정

한국 현대사강의와 함께 개인의 생애사를 정리하는 과정

자서전의 서문을 작성하고, 주요 사건을 정리한 후 구술과 집필로 이어짐

비교적 짧은 기간 동안 진행되어 일부 참가자는 완성을 하지 못하는 경우도 있음

정독도서관 프로그램 : 20주 과정

참여자들이 자신의 삶을 회고하며 감정과 관계의 변화를 분석

기억의 정리뿐만 아니라 상처를 직면하고 치유하는 과정에 초점

충분한 시간이 제공됨으로써 대부분의 참가자가 자서전을 완성

특히 정독도서관 프로그램에서는 '자서전 쓰기 전과 후, 나는 어떻게 달라졌는가?'라는 질문을 통해 참가자들이 변화한 모습을 기록하게 했다.

자서전 쓰기가 가져온 실제 변화

논문에서는 자서전 쓰기 프로그램에 참여한 다양한 참가자들의 사례를 소개하며, 그들이 어떤 변화를 경험했는지를 보여준다.

김선기 : 무학의 한계를 극복하다

김선기는 초등학교조차 졸업하지 못한 무학(無學)이라는 점을 평생 콤플렉스로 여겨왔다. 하지만 자서전을 쓰는 과정에서 그는 자신의 경험을 기록하며 자신을 긍정하는 법을 배웠다. 그는 "학교를 다니지 않은 것이 부끄러울 일이 아니라, 그럼에도 불구하고 성실하게 살아온 내 삶이 자랑스럽다"라고 말했다.

정의찬 : 비극적인 기억과 화해하다

전직 교장이던 정의찬은 가족을 잃은 비극적인 사고를 오랫동안 묻어두고 살아왔다. 자서전을 통해 처음으로 그 사건을 기록하며, 남은 가족들과 공유하는 과정을 거쳤다. 그 결과 그는 아들과 더욱 가까워졌고, 삶을 바라보는 시각도 변화했다.

박영우 : 조현병 환자의 회복 과정

가장 놀라운 사례는 조현병을 앓고 있던 박영우의 변화였다. 그의 형제는 박영우가 자서전을 쓰면서 현실과 환상을 구분하는 능력이 향상되었다고 말했다. 발병의 원인을 스스로 인정하고, 그동안 억눌러왔던 감정을 기록하는 과정에서 그는 점점 안정을 찾았다.

자서전 쓰기가 가져오는 치유적 효과

정진아는 자서전 쓰기의 핵심을 '자기서사의 재구성'이라고 설명한다. 자서전 쓰기를 통해 참가자들은 자신의 과거를 새로운 시각으로 바라보고, 부정적인 경험을 객관적으로 분석하며, 자신을 더 깊이 이해하게 된다.

억압된 기억과 감정의 해소 : 자서전 쓰기는 과거의 기억을 떠올리고 이를 글로 표현하는 과정을 통해 감정을 정리하는 역할을 한다. 특히 부정적인 경험을 기록하고 타인과 공유하는 과정에서 심리적 부담이 점차 줄어들며, 자신의 감정을 객관적으로 바라볼 수 있는 기회를 얻게 된다.

자기서사의 강화와 긍정적인 변화 : 자신의 삶을 글로 정리하면서 스스로를 더욱 깊이 이해하게 되고, 그 과정에서 상처를 극복하는 계기를 마련할 수 있다. 이는 자신의 삶을 긍정적으로 바라보게 하며, 자아성찰을 통해 한층 성숙한 시각을 가지도록 돕는다.

사회적 연결과 공감 경험 : 자서전 발표와 공유 과정은 참가자들이 서로의 경험을 이해하고 공감하는 중요한 기회를 제공한다. 함께 이야기를 나누며 지지와 위로를 주고받는 과정에서 자연스럽게 유대감이 형성되며, 이는 자존감 회복에 긍정적인 영향을 미친다.

이 연구는 자서전 쓰기 프로그램이 참가자들에게 심리적 치유와 자아성찰의 기회를 제공한다는 점을 실증적으로 분석했다. 이 논문을 통해 우리는 자서전이 개인의 기억을 정리하는 것뿐만 아니라, 감정적 치유와 관계 회복에도 중요한 역할을 한다는 사실을 확인할 수 있었다. 과거를 기록하는 일은 때로는 힘들고 고통스러울 수 있지만, 그것을 극복한 사람들은 더 단단하고 긍정적인 삶을 살아갈 수 있다.

정진아(2023)
자서전 쓰기 프로그램의 운영과 치유적 효과, 〈문학치료연구〉, (69), 111-141쪽

#자기서사(Self-Narrative)
자기서사는 개인이 자신의 삶을 이해하고 설명하는 데 사용하는 내면의 이야기 구조를 의미한다. 자서전 쓰기는 이러한 자기서사를 밖으로 드러내는 과정이자 동시에 내면화된 서사에 대한 비판적 성찰의 기회를 제공한다. 자서전에서 자기서사는 상처의 직면, 감정의 해석, 의미 재구성이라는 서사적 변화를 통해 강화되고 통합되며, 이는 자기 이해와 치유로 이어진다.

#회상요법(Reminiscent Therapy)
회상요법은 과거의 경험이나 기억을 되돌아보고 이를 공유하거나 표현함으로써 정서적 안정과 자기 정체성 강화를 유도하는 심리사회적 중재 방법이다. 자서전 쓰기는 이 회상요법의 일환으로 활용되며, 특히 고령층에게 삶의 의미 재발견과 긍정적 자아 형성에 기여할 수 있다. 이는 우울감 감소와 자존감 향상에도 긍정적 영향을 준다.

글쓰기를 통한 성찰과 성장, 자기 표현적 글쓰기의 가치

나는 끊임없이 만들어지고 다시 만들어진다. 작품에서 내면의식과 주관적 경험을 섬세하게 묘사했던 영국의 작가 버지니아 울프Virginia Woolf, 1882-1941는 일기와 에세이, 그리고 실험적인 소설 형식을 통해 의식의 흐름을 포착하는 데 주력하였다. 그녀는 일기와 편지를 통해 자신의 정서와 사유과정을 꾸준히 기록했다.

울프는 "나는 끊임없이 만들어지고 다시 만들어진다"I am made and remade continually라는 언급을 통해, 글쓰기라는 행위가 스스로를 재구성하는 과정임을 표현한다. 글을 쓰는 과정을 통해 과거의 기억, 현재의 정서, 미래에 대한 전망을 연결지으며, 이로부터 새로운 통찰을 얻고 성장할 수 있다고 보았다. 그녀의 작품들은 독자에게도 자신의 내면을 탐색하게 만드는 동시에, 인간 경험의 복잡성과 풍부함을 재발견하도록 이끈다.

개인 경험과 감정을 솔직하게 드러내는 자기 표현적 글쓰기

자기 표현적 글쓰기는 필자의 개인적 경험과 감정을 솔직하게 드러내는 글쓰기이다. 일기, 편지, 자서전, 개인적 에세이 등이 이에 해당하며, 필자의 감정과 생각을 직접적으로 표현하는 것이 특징이다. 학문적 논설문이나 보고서와는 달리, 자기 표현적 글쓰기는 독자와의 공감 형성을 주요 목적으로 한다.

교육에서 글쓰기는 중요한 역량으로 자리잡고 있지만 학교 작문 교육은 정보 전달이나 논리적 설득에 초점을 맞춘 공식적 글쓰기 위주이다. 이 경향에서 학생들은 자신을 솔직하게 표현하는 글쓰기의 기회를 잃어가고 있다.

작문 교육은 형식적인 글쓰기에 집중하는 경향이 있지만, 개인적 경험과 감정을 표현하는 '자기 표현적 글쓰기' 또한 중요한 교육적 가치를 지닌다. 최숙기의 논문 「자기 표현적 글쓰기Expressive Writing의 교육적 함의」는 자기 표현적 글쓰기의 개념과 과정, 그리고 교육적 중요성과 효과와 중요성을 탐구한다.

버지니아 울프는 "나는 끊임없이 만들어지고 다시 만들어진다"라는 언급을 통해, 글쓰기라는 행위가 스스로를 재구성하는 과정임을 표현한다.(이미지 : Freepik)

자기 표현적 글쓰기의 긍정적 효과

이 논문은 자기 표현적 글쓰기가 학생들에게 다음과 같은 긍정적인 영향을 미치는 것으로 설명한다.

첫째, 작문 교육과정과 '실제 작문 교육' 간의 연계 강화이다. 국어 교육과정에서도 정서적 표현을 위한 글쓰기의 중요성이 강조되고 있다. 자기 표현적 글쓰기는 이를 실현할 효과적인 도구가 될 수 있다. 정서 표현과 자기 성찰을 중심으로 한 글쓰기는 학생들에게 보다 친숙하고, 자연스럽게 작문 교육 과정에 녹아들 수 있다.

둘째, 쓰기 동기와 효능감 향상이다. 학생들이 글쓰기를 어려워하는 주요 원인은 글의 형식과 내용에 대한 부담 때문이다. 그러나 자기 표현적 글쓰기는 형식적 제한이 적어 학생들이 부담 없이 참여할 수 있으며, 이 과정에서 글쓰기에 대한 자신감을 높이고 지속적인 관심을 유도할 수 있다.

셋째, 학생 필자의 쓰기 주체로서의 성장이다. 글쓰기는 단순한 기술이 아니라, 사고를 정리하고 표현하는 과정이다. 자기 표현적 글쓰기는 학생들이 자신의 경험을 반추하고, 이를 논리적으로 조직하는 기회를 제공하여 궁극적으로 사고력을 신장시키는 데 기여한다.

넷째, 긍정적 정서 발달과 심리적 치유 효과이다. 자기 표현적 글쓰기는 학생들이 자신의 감정을 솔직하게 표현하는 과정에서 정서적 안정을 찾고, 심리적으로 치유되는 효과를 가져올 수 있다. 페너베이커Pennebaker의 1986년의 연구에 따르면, 감정을 털어놓는 글쓰기가 심리적 스트레스를 감소시키고 건강을 증진시키는 데 도움을 줄 수 있다고 한다.

작문 교육은 형식적인 글쓰기에 집중하는 경향이 있다. 하지만 최숙기의 논문은 자기 표현적 글쓰기의 개념과 과정, 그리고 교육적 효과를 탐구한다. 학생들의 글쓰기 동기와 효능감을 높이고, 정서적 성장을 촉진하며, 학습 과정과 연계하여 보다 풍부한 작문 교육을 실현할 수 있음을 강조한다.

연구자는 자기 표현적 글쓰기가 학생들의 동기와 효능감을 높이고, 정서적 성장을 촉진하며, 학습 과정과 연계하여 보다 풍부한 작문 교육을 실현할 수 있음을 강조한다. 또한 작문 교육 과정에서 자기 표현적 글쓰기를 효과적으로 적용할 방법을 제시한다.

최숙기(2007)
자기 표현적 글쓰기(expressive writing)의 교육적 함의, 〈작문연구〉, (5), 205-240쪽

#자기 표현적 글쓰기(Expressive Writing)
자기 표현적 글쓰기는 개인의 정서, 경험, 사고를 자유롭게 표현하는 글쓰기 방식으로, 감정의 정화(Catharsis)와 인식의 재구조화를 통해 심리적 치유 효과를 기대할 수 있다. 특히 교육 현장에서 학습자의 자아 이해와 정체성 형성, 그리고 학습 동기 유발에 긍정적인 영향을 미친다. 이는 평가 중심의 글쓰기와 달리, 내면의 진솔한 감정을 쓰는 데 중점을 둔다.

#서사적 자아 형성(Narrative Self-Formation)
서사적 자아 형성이란 글쓰기를 통해 개인이 자신의 삶을 이야기 구조로 구성하면서 자아를 이해하고 재해석하는 과정을 뜻한다. 이는 특히 반복되는 자기반성과 의미 구성 과정을 통해 '누구인가'라는 존재의식을 강화하며, 교육적 장면에서는 학습자의 성찰적 사고능력을 향상시키는 도구로 작용한다. 자서전적 글쓰기 등에서 핵심적으로 작용하는 개념이다.

200자 원고지 글쓰기는 어떻게 등장했을까?

원고지를 처음 접한 것은 대부분 초등학교 시절 독후감 쓰기를 통해서였을 것이다. 깍두기 국어공책보다는 네모칸이 적고 행과 행 사이에는 작은 줄이 쳐져 있는 원고지는 글쓰기의 부담감을 얹어주는 데에 한 몫을 하곤 한다. 그도 그럴 것이, 대부분의 교실에서는 원고지 작성법부터 가르치기 때문이다. 한글 맞춤법 중에서도 가장 어렵다는 띄어쓰기가 적나라하게 모습을 드러내는 곳이기도 하다. 예를 들어서 물음표, 느낌표, 줄임표 뒤에는 한 칸을 비우고, 그 밖의 문장부호는 비우지 않는다는 원칙은 "왜 그런 거예요?"라는 질문을 유도하지만, 그 질문에 제대로 답변해준 선생님은 없었다.

원고지에 대한 기억을 되살리며

이 시대의 많은 작가들은 대부분 컴퓨터나 노트북으로 글을 쓰지만, 아직도 원고지 쓰기를 고수하고 있는 작가들도 남아 있다. 또한, 여전히 학교에서는 원고지 쓰기를 가르치고 있는 상황이다. '원고지 = 글쓰기'라는 공식이 우리들의 머릿속에 새겨져 있는 것이다.

심지어 컴퓨터로 글을 쓰는 요즈음에도 원고료는 원고지 매당으로 계산하며, 원고를 청탁하는 경우에도 원고지 매수를 사용한다. 이런 모순적인 환경에 도움을 주고자 텍스트 파일 형태의 원고를 원고지로 변환해주는 프로그램이 개발되어 있으니 참고해볼 만하다.

그렇다면, 여전히 우리에게 영향을 끼치고 있는 '원고지'는 언제 어디서 누가 만들었을까? 원고지에 알파벳을 써넣기는 쉽지 않을 텐데 서양인들은 원고지를 사용할까? 우리나라에서 원고지를 사용하게 된 것은 언제부터일까?

원고지는 보통 한 장에 200자, 400자, 800자 등 정해진 수의 칸이
그려져 있고 한 칸에 한 글자씩 쓰게 된다.(이미지 : 어반브러시)

역사 속 원고지에 대한 학술적 고찰

이런 궁금증을 풀어주는 흥미로운 학술논문이 있다. 조형래가 2016년에 게재한 「원고지라는 글쓰기의 기술記述/技術적 형식 : 근대 초기 한국의 원고지의 도입과 인쇄출판 프로세스의 연동에 관한 역사적 고찰」이라는 논문이 바로 그것이다.

이 논문에 의하면 원고지는 17세기 이래 에도江戸 일본에서 발전해 온 고서 편찬 및 판각 체제에서 사용된 특별한 서식으로부터 비롯되었다고 한다. 물론, 처음부터 지금의 원고지 형식이 갖춰진 것은 아니었다. 다양한 규격과 서식으로 난립했던 원고지는 1900년을 전후하여 오늘날 알려져 있는 200자

또는 400자 체제로 표준화되었고, 러일전쟁을 전후하여 신문기자를 비롯한 다양한 분야의 필자들에게 급속히 보급, 상용되었다.

국내에서 원고지가 최초로 사용된 것은 1897-1904년 간 일본에 망명해 있던 유길준에 의해서였다. 그는 일본에서 입수한 400자 규격의 원고지에 최초의 한국어문법서 『조선문전』朝鮮文典의 초고를 작성했다고 한다. 아울러 원고지 형식을 적극 활용하여 삭제와 수정, 가필 등 퇴고의 흔적을 남겼다.

국내에서 인쇄된 최초의 원고지는 조선광문회에서 『말모이』 사전의 저술과 편찬을 위해 주문 제작, 사용했던 2단 8자×15행 규격의 240자 용지였다. 최남선의 형이었던 최창선의 출판사였던 '신문관'에서 제작한 것으로 추정되는 이 원고지에는 사전 각 항목의 저술과 정리의 편리를 도모하기 위한 다양한 칸과 난외주기欄外註記, 기호 등이 미리 인쇄되어 있었다. 이 원고지는 말모

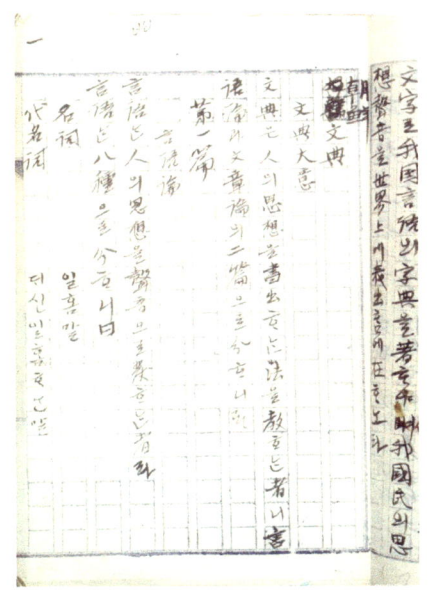

말모이 사전 저술용 원고지 (이미지 : 문화재청)

이 사전을 저술하고 효율적으로 편찬하기 위해 만들어졌다.

최남선에 의해 신문관에서 간행되었던 『소년』 창간호_{1908.11}의 「소년문단」에 명시되어 있었던 〈투고필준〉投稿筆準은 17자×17행= 289자로 책정된 분량을 준수할 것을 당부하면서 가상의 원고지를 상정할 수 있도록 했다. 1913년 9월에 창간한 『아이들보이』 역시 〈상금 있는 글 꼬느기〉 지면을 두고 있었는데 부록으로 23자×7행×2매=322자 체제의 간이 원고지를 첨부해 놓기도 했다. 원고를 투고하는 학생들을 위한 글쓰기 가이드를 제시함과 동시에, 잡지의 조판-인쇄 체제와 연동하는 데에 편리함을 주고자 하는 의도였다.

그러나, 원고지가 국내에서 널리 보급되었던 것은 1920년대 들어서의 일이었다. 원고지는 신문기자들의 노동과 직업을 상징하는 의미로 통용되었으며 글쓰기 자체 및 작가를 포함한 필자 일반을 떠올리는 이미지가 되었다.

조형래(2016)
원고지라는 글쓰기의 기술(記述/技術)적 형식
: 근대 초기 한국의 원고지의 도입과 인쇄출판 프로세스의 연동에 관한 역사적 고찰
〈동악어문학〉, (69), 9-44쪽

#원고지 글쓰기
원고지 글쓰기는 정해진 규격과 형식에 따라 글을 배열하는 방식으로, 글쓰기의 구조를 시각화하고 사고를 질서 있게 전개할 수 있도록 돕는다. 문장 단위의 리듬, 단어 간의 간격, 문단전환의 리듬감을 명확히 파악할 수 있어 글쓰기 훈련 도구로 유용하며, 창작의 흐름을 외형적으로 관리할 수 있다는 점에서 중요한 글쓰기 기술로 여겨진다.

학술대회 토론문, 어떻게 쓰고 계시나요?

학술대회라는 행사에는 교수, 연구자, 대학원생 등 여러 종류의 참여자들이 자신의 역할을 수행하게 된다. 행사라는 형식적인 측면에서는 개회선언을 하는 학회장, 학술대회의 방향과 의미를 이야기하는 기조연설자, 전체 진행을 담당하는 사회자 등도 있지만, '학술대회'라는 내용적 측면에서는 발제자, 토론자, 청중이 존재한다.

발제자, 토론자, 청중이 함께 하는 학술대회라는 이벤트

발제자는 현재 진행 중인 연구주제를 '학술대회 발표논문'이라는 형식으로 학술대회에 참석한 청중 앞에서 정해진 시간 내에 요약적으로 전달하게 된다. 학술대회 발표논문은 정식 게재된 학술논문에 비해 완성도가 떨어지고, 길이도 짧은 편이다. 발제자는 논문투고에 앞서 진행되는 학술대회라는 행사를 통해 자신의 연구주제와 연구결과 초안을 선보이고, 토론자와 청중의 반응을 수렴하여 논문을 완성도를 높여나가는 것이 이상적인 프로세스이다.

　토론자로 참석하는 사람은 발제자의 발표문을 행사 전에 미리 살펴보고, 자신의 의견을 정리하여 토론문을 작성하며, 행사 당일에 발제자와 함께 단상에 올라 자신이 준비한 토론문을 읽거나 이야기하게 된다. 청중들은 행사 당일에야 비로소 자료집을 접하고 발제자의 발제 내용을 듣게 되므로 활발한 토론의 진행을 위해 토론자가 필요하다. 토론자는 보통 2~3명을 참여시키는데 이를 통해 같은 발제에 대해 다양한 의견이 존재함을 보여주게 된다.

토론문에는 발제내용에 대한 토론자의 질문과 의견이 제시되는데, 발제자는 이에 대해 답변을 하게 되며, 이러한 토론내용은 향후 발제자가 해당 주제를 학술논문으로 발전시켜 가는 과정에서 중요하게 반영되기도 한다. 어떤 연구자들은 학술논문 하단에 사사Acknowledgement 표기와 함께 토론자로 참여하여 좋은 의견을 들려준 토론자들의 이름을 거명하는 경우도 있다.

청중이 이러한 발제와 토론의 과정을 흥미롭게 지켜볼 수 있다면, 이 학술대회는 매우 성공적이라고 할 수 있다. 연구자로서 활동하고 있는 청중이라면 새로운 분야와 주제에 대해 중요한 인사이트를 얻을 것이며, 석박사 과정에 있는 청중이라면 중요한 공부의 방편이자 과정이라고 할 수 있을 것이다.

학술대회 행사에 발제자와 함께 단상에 올라 청중 앞에서 토론문을 발표하는 토론자의 역할은 과연 무엇일까?(이미지 : Freepik)

토론문은 어떻게 써야 하는 것일까?

학술대회는 연구자들이 서로의 아이디어를 검토하고 연구 성과를 공유함으로써 학문 공동체의 성장과 발전에 이바지하는 중요한 역할을 수행한다. 이런 과정에서 토론자는 발제자와 청중의 중간 고리 역할을 수행하는 존재라고 할 수 있다. 그런데, 의외의 난제가 있다. '학술논문 쓰는 법'은 석박사 과정 내내 수련해야 하는 주요 과제로 자리매김되어 있지만, '토론문을 쓰는 법'이라는 주제는 듣도 보도 못한 이야기이다. 서점에 가면 수많은 글쓰기 교재가 나와 있지만, 토론문 쓰는 법에 대한 책은 없다.

그렇다면 세상의 수많은 토론자들은 어떻게 토론문을 쓰고 있을까? 이에 대해 흥미로운 연구결과를 전해주는 논문이 있다. 2013년 게재된 백정이의 논문 「학술 대회 토론문의 관계 접근적 분석 – (한)국어 교육 분야를 중심으로」가 그것이다.

97편의 토론문에서 얻는 토론문 작성 인사이트

학술대회 토론에서는 각 분야의 전문가들에 의하여 지식이 교류되기 때문에 견해가 불합치할 경우 이를 조정하는 과정이 관계적 측면에서 보다 첨예하게 드러날 것이고 이것이 토론문에도 반영되어 있으리라는 점을 예상해볼 수 있다. 이러한 점에서 토론문은 학습자들의 학습을 위한 쓰기, 또는 말하기에서의 관계적 표현을 연구하는 데 좋은 바탕이 된다.

이 연구는 언어 사용에 민감하고 교육적 가치를 추구하는 '(한)국어 교육' 영역으로 한정하여 국어교육학회 및 국제한국어교육학회 각 3차례의 학술대회 토론문 총 97편을 대상으로 삼아, 질적 분석 프로그램인 'NVivo10'을 활용한 혼합 연구 방법을 적용하였다.

이를 통하여 본격적인 토론 내용 외 토론문을 구성하는 요소들이 무엇인지 관계적 측면에서 밝히고, 본격적인 토론 내용을 제시하는 방식은 어떠한지 어휘, 표현 층위, 그리고 형식 및 내용 요소 층위로 나누어 분석하였다. 이 논문에서는 93편의 학술대회 토론문을 분석한 결과를 '학술대회 토론문의 구조'로 정리하였으며, 그 내용은 다음 표와 같다.

학술대회 토론문의 구조

구분	도입	중복	정리
발표자에 대한	발표와 토론 연계, 발표자에 대한 긍정적 평가, 생각 일치 드러내기		발표자에 대한 감사, 발표자의 토론에 대한 기대
토론자에 대한	발표 전 생각이나 궁금증		토론자에의 도움
발표에 대한	발표에 대한 감상, 발표에 대한 긍정적 전망이나 예상, 발표에 대한 긍정적 평가, 발표의 의의	추후 성과 기대	발표에 대한 기원
토론에 대한		토론의 기여 기원	토론의 질에 대한 책임, 토론의 소통 맥락
논의 방식에 대한	토론 역할의 어려움	토론 역할에 대한 감사	발표 및 토론 소통 방식의 영향, 토론 방식의 부족함

출처 : 백정이 연구원의 논문에서 인용

이 연구는 학술대회 토론 참여에 어려움을 느끼거나, 상대방과 우호적 관계를 구축하면서도 활발하게 토론하기를 원하는 학생들이 유효하게 활용할 수 있다. 학술대회에 토론자로 참여하는 일에 대해 객관적으로 살펴볼 수 있는 계기를 제공하며, 토론문 작성에 실제적인 도움을 주기 때문이다.

실제로 이 논문은 필자가 학술대회에 토론자로 참여하게 되면서, 관련 논문을 찾아보다가 발견하였다. 발제자를 곤혹스럽게 만들지 않으면서, 그의 연구에 대해 가슴 따뜻한 조언을 해주며, 청중들의 흥미를 북돋울 수 있는 토론문을 써야 한다는 인사이트를 얻었다. 아카데미는 떼를 지어 어둠을 밝히는 반딧불이처럼 서로에게서 배우고 협력하는 관계임을 다시금 확신하는 계기가 되었다. 참고로 이 글의 원문이던 반디뉴스의 기사는 매년 학술대회가 열리는 봄과 가을에 조회수가 부쩍 늘어난다. 유용한 논문을 소개하는 메신저가 된 것 같아 매우 기쁘다.

백정이(2013)
학술 대회 토론문의 관계 접근적 분석-(한)국어 교육 분야를 중심으로
〈국어교육연구〉, (34), 29-56쪽

#연구 윤리와 비판적 소통
학술대회에서 토론자는 비판을 가하더라도 연구자에 대한 인신공격이나 폄하 없이, 연구 내용에 대한 건설적인 논평을 해야 한다. 이는 학문 공동체 내의 윤리적 토대를 강화하는 행위다. 적절한 비판은 연구의 방향을 넓히고 이론적 정밀성을 더하는 데 기여하며, 이는 동료평가로서의 학술대회 본연의 기능을 활성화한다.

#학술대회 토론문
학술대회 토론문은 발표자의 논지를 비판적으로 검토하고 논의를 심화시키는 글이다. 단순한 요약이나 찬반을 넘어서, 연구의 맥락, 개념의 활용, 논증의 구성에 대한 분석을 통해 학문적 교류를 증진한다. 이는 학술대회를 일방적인 발표의 장이 아닌 쌍방향 토론의 장으로 전환시키며, 발표자뿐 아니라 청중에게도 유익한 문제의식을 제공한다.

가짜뉴스 노출과 전파에 끼치는 요인은 무엇일까?

"**가짜 뉴스**는 바이러스처럼 퍼져 민주주의를 위협하는 가장 위험한 도구"라고 하버드대학교 셔넌센터의 클레어 워들Claire Wardle 연구원은 말한 바 있다. 디지털 시대의 정보 홍수 속에서 '가짜 뉴스'는 이미 일상 깊숙이 침투해 있다. 가짜 뉴스는 교묘하게 사실과 거짓을 혼합하거나, 특정 집단이나 개인의 이익을 위해 악의적으로 만들어지고 확산된다. 사람들의 인식을 왜곡시키고 사회적 갈등을 부추기며, 민주주의의 근간까지 위협하는 심각한 사회 문제로 대두되고 있는 상황이다.

특히 소셜 미디어와 온라인 플랫폼을 통해 정보가 빠르게 확산되는 현 상황에서 가짜 뉴스는 더욱 쉽게 퍼지고 있기에, 이에 대한 분별력이 부족할 경우 개인뿐 아니라 사회 전체가 피해를 볼 수 있다. 이러한 이유로 미디어 리터러시Media Literacy의 중요성이 점점 강조되고 있다.

미디어 리터러시, 가짜뉴스의 진실을 가려내기

미디어 리터러시는 정보의 진위 여부를 스스로 판단할 수 있는 능력일 뿐 아니라, 나아가 정보를 능동적으로 생산하고 표현하며 사회적 소통에 참여하는 역량까지 포함하는 개념이다. 독자가 비판적 사고를 가지고 콘텐츠의 출처와 목적을 분석하며, 정보를 비판적으로 평가하고 이를 책임 있게 공유하는 것이 핵심이다.

가짜 뉴스를 구별하기 위해 가장 먼저 확인해야 할 것은 정보의 출처와 작성자의 신뢰성이다. 출처가 명확하지 않거나 과장된 제목과 자극적인 이미지를 사용하는 경우 일단 의심하고 추가적인 확인을 해야 한다. 또한, 교차 검증을 통해 동일한 정보가 다른 신뢰할 만한 미디어에서도 보도되고 있는지 살펴봐야 한다.

최근 많은 국가에서는 미디어 리터러시 교육을 정규 교육 과정에 포함시키기 시작했다. 핀란드, 스웨덴 등 북유럽 국가들은 초등학교 때부터 미디어 리터러시 교육을 실시하고 있으며, 이로 인해 가짜 뉴스에 대한 국민들의 대응

하버드대학교 셔넌센터의 클레어 워들은 "가짜 뉴스는 바이러스처럼 퍼져 민주주의를 위협하는 가장 위험한 도구다"라고 말한 바 있다.(이미지 : Freepik)

능력이 크게 향상되었다는 평가를 받고 있다. 예를 들어, 핀란드의 초등학교에서는 뉴스 분석을 위한 특별 수업을 진행하여 학생들이 실제 뉴스를 바탕으로 비판적으로 평가하고 토론하는 능력을 키우고 있다.

한국에서도 학교뿐만 아니라 성인 대상의 평생교육에서도 미디어 리터러시 교육이 확대되고 있다. 그러나 아직은 체계적인 교육 프로그램과 제도적 지원이 부족한 실정이다. 전문가들은 "가짜 뉴스 문제 해결을 위해서는 개개인이 미디어를 비판적으로 수용할 수 있도록 적극적인 교육과 제도적 지원이 병행되어야 한다"고 강조한다. 국내에서도 일부 학교에서는 가짜 뉴스를 판별하는 훈련 프로그램을 도입해 학생들이 직접 뉴스를 분석하고 진위 여부를 판단하는 실습을 진행하고 있다.

가짜뉴스 노출과 전파에 영향을 미치는 요인

현대 사회는 '탈진실'Post-truth의 시대라 불린다. 객관적인 사실보다 감정과 개인 신념이 여론을 좌우하고, 그 중심에는 '가짜뉴스'Fake News가 있다. 디지털 미디어의 확산은 정보 접근을 쉽게 만든 동시에 진위가 불확실한 정보의 무분별한 전파를 야기한다. 이런 상황에서 염정윤과 정세윤의 논문 「가짜뉴스 노출과 전파에 영향을 끼치는 요인」은 주목할 만하다. 이 논문은 사람들이 왜 가짜뉴스에 노출되고, 또 왜 이를 공유하는지에 대한 심층적인 원인을 분석하였다.

이를 위하여 저자들은 713명의 성인 남녀20세 이상를 대상으로 설문을 실시하여 개인의 성격, 뉴미디어 리터러시 수준, 미디어 이용 동기라는 세 가지 요인을 중심으로 가짜뉴스 노출과 전파 간의 상관관계를 분석하였다.

연구의 핵심 질문은 다음과 같다. 어떤 성격을 지닌 사람들이 가짜뉴스에 더 노출되고, 이를 전파하는가? 디지털 환경에서의 미디어 리터러시가 가짜뉴스 소비에 어떤 영향을 미치는가? 사람들은 왜 가짜뉴스를 퍼트리는가? 연구 결과, 가짜뉴스 노출과 전파는 각각 다른 심리적·인지적 메커니즘에 의해 촉진되는 것으로 드러났다.

우선, 가짜뉴스 노출에는 외향성, 신경증, 개방성과 같은 성격 요인이 영향을 주었으며, 특히 외향적이거나 개방적인 사람, 불안감이 높은 사람들이 더 자주 가짜뉴스에 노출되었다. 또 기능적·비판적 미디어 소비 능력이 높은 사람일수록 오히려 가짜뉴스에 더 많이 노출되었다는 점도 흥미롭다. 정보 탐색 능력이 높아 다양한 뉴스에 접속하지만, 이로 인해 필연적으로 거짓 정보에 접할 확률도 높아지는 셈이다.

반면, 가짜뉴스 전파는 더 능동적인 행동으로서 외향성과 함께 비판적 미디어 생산 능력, 사실확인·관계 형성·자기고양과 같은 동기가 영향을 미쳤다. 예컨대, 자신이 잘났다는 인상을 주고자 하거나, 타인과 관계를 맺기 위한 수단으로 가짜뉴스를 공유하는 경우가 많았다. 반대로 비판적 소비 능력은 전파를 억제하는 데 기여하는 것으로 나타났다. 이러한 결과는 단순히 정보가 잘못되었기 때문에 퍼지는 것이 아니라, 개인의 심리와 사회적 욕구, 정보 이용 능력, 동기 구조가 복합적으로 작용한다는 것을 보여준다.

가짜뉴스 문제의 핵심은 이용자에게 정보의 가치를 판단할 능력이 부족하다는 점이다. 문제는 미디어의 기술적 활용 능력에 대한 교육과 달리 미디어 메시지에 대한 비판적 사고의 함양은 단기간에 달성할 수 없는 목표이며, 미디어뿐만 아니라 정보 수집 능력, 분석력, 사고력 등 다양한 능력을 배양하는 다차원적 접근이 필수적이다.

이 연구는 또한 정책적 시사점을 던진다. 가짜뉴스 대응 방안이 법적 규제나 포털의 알고리즘 조정 등에만 의존할 것이 아니라, 개인 특성에 따른 맞춤형 미디어 교육과 디지털 리터러시 향상이 병행되어야 한다는 것이다. 특히 기능적 리터러시만 강화될 경우 정보 노출은 늘어나지만, 비판적 판단력이 결여되면 오히려 가짜뉴스의 '확산자'가 될 수 있다는 점에서 비판적 리터러시 교육의 중요성이 강조된다.

　이 연구는 국내에서 보기 드물게 성격심리학, 디지털 미디어 교육, 사회심리학을 통합하여 가짜뉴스 현상을 다각도로 분석한 사례로, 앞으로 디지털 사회의 정보 윤리 및 시민 교육 방향을 설계하는 이정표가 될 것이다.

염정윤(2019)
가짜뉴스 노출과 전파에 영향을 미치는 요인–성격, 뉴미디어 리터러시, 그리고 이용 동기
〈한국언론학보〉, 63(1), 7–45쪽

#가짜뉴스(Fake News)
가짜뉴스는 사실처럼 보이지만 허위이거나 왜곡된 정보로 구성된 콘텐츠로, 대중을 오도하거나 특정 목적을 달성하기 위해 유포된다. 특히 소셜 미디어 환경에서는 감정적 자극과 확증편향을 통해 빠르게 확산되며, 정치적 극화와 사회적 불신을 유발할 수 있다. 이 논문에서는 가짜뉴스가 단순한 정보 오류를 넘어 사회적 해악으로 기능함을 강조한다.

#확증편향
확증편향은 기존 신념이나 가치관에 부합하는 정보만을 선별적으로 받아들이고, 반대되는 정보는 무시하거나 과소평가하는 인지적 경향이다. 이 편향은 소셜 미디어에서 특히 강하게 작용하며, 사용자가 자신의 정치적 입장에 맞는 정보만을 반복적으로 접하게 만들어 가짜뉴스의 수용과 전파를 부추긴다. 이는 사회적 분열과 정보왜곡을 심화시키는 요인이 된다.

디지털 미디어 리터러시,
새로운 사회적 격차의 원인이 되다

디지털 미디어 리터러시가 새로운 사회적 격차의 요인으로 떠오른 것은 아닐까. 디지털 시대, 정보의 홍수 속에서 우리는 정말로 미디어를 제대로 이해하고 활용하고 있을까? 안정임과 서윤경이 발표한 논문 「디지털 미디어 리터러시 격차의 세부요인 분석 – 세대와 경제수준을 중심으로」에 따르면, 디지털 미디어의 발전이 개인의 삶을 편리하게 만든 것은 분명하지만, 디지털 미디어를 다루는 능력, 즉 '디지털 미디어 리터러시'가 새로운 사회적 격차의 요인으로 작용하고 있다.

이 연구는 세대와 경제 수준에 따라 디지털 미디어 리터러시의 격차가 뚜렷하게 나타난다는 점을 실증적으로 분석했다. 어린이와 노년층은 상대적으로 낮은 리터러시 수준을 보였으며, 경제적 여건이 좋은 성인일수록 미디어를 더 효과적으로 활용하는 것으로 나타났다.

디지털 미디어 리터러시, 왜 중요한가?

디지털 환경에서 정보 접근성이 높아졌음에도 불구하고, 미디어를 비판적으로 해석하고 적극적으로 활용하는 능력에는 여전히 큰 차이가 존재한다. 이제 단순한 '디지털 접근성'이 아니라, '디지털 활용 능력'을 어떻게 키울 것인가가 중요한 문제로 떠오르고 있다.

디지털 미디어 리터러시Digital Media Literacy란 단순한 정보 접근 능력을 넘어 미디어를 비판적으로 이해하고 활용하며, 소통과 창작 능력까지 포함하는 개념이다. 연구자들은 디지털 미디어 리터러시가 부족할 경우, 단순한 정보 격차가 아닌 사회적 격차와 불평등으로 이어질 위험이 크다고 지적한다.

기존의 정보격차 연구에서는 인터넷 접근성 문제를 중심으로 다루었지만, 최근 연구들은 디지털 환경에서의 능동적 활용 여부가 중요한 변수임을 강조하고 있다. 저자들은 이에 따라 디지털 미디어 리터러시를 ▲미디어 활용 능력Media Use Skills ▲미디어에 대한 비판적 이해Critical Understanding of Media ▲미디어 정보 평가Evaluation of Media Information ▲미디어 활용 윤리Ethics of

디지털 미디어 리터러시란 단순한 정보 접근 능력을 넘어 미디어를 비판적으로 이해하고 활용하며, 소통과 창작 능력까지 포함하는 개념이다.(이미지 : Freepik)

Media Use ▲표현 능력Self-expression Efficacy ▲표현 기술Self-expression Skills ▲소통과 공유Communication ▲시민성Citizenship 등 8개 하위요인으로 구분하여 분석했다.

연구진은 총 2,171명초등학생부터 60대 이상 성인까지을 대상으로 설문조사를 실시했다. 응답자의 연령과 경제 수준을 고려하여 데이터를 수집했으며, 이를 통해 세대별, 경제수준별 디지털 미디어 리터러시 격차를 분석했다.

설문조사는 전국 초·중·고등학생을 대상으로 한 면접 조사와 성인·노년층을 대상으로 한 온라인 조사 방식으로 진행됐다. 경제수준은 응답자의 월평균 소득을 기준으로 상·중·하로 구분하였고, 미디어 리터러시 수준을 평가하기 위해 기존 연구에서 개발된 측정 도구를 활용했다.

리터러시 수준의 세대와 경제수준에 따라 격차 뚜렷

디지털 미디어 리터러시 수준은 세대별로 뚜렷한 차이를 보였다. 연구에 따르면, 성인20~50대의 미디어 리터러시 수준이 가장 높았으며, 어린이와 노년층은 상대적으로 낮은 수준을 나타냈다. 특히 청소년중·고등학생의 경우 기대보다 낮은 리터러시 수준을 보였으며, 미디어 이용 윤리 측면에서 가장 취약한 그룹으로 분석되었다.

이는 불법 다운로드, 악플 작성, 개인정보 보호 미흡 등의 문제와 관련이 깊을 것으로 보인다. 또한, 어린이 그룹은 표현 기술과 소통 능력이 부족한 반면, 노년층은 디지털 콘텐츠 생산 및 공유 능력이 가장 낮은 것으로 나타났다. 이는 연령별 미디어 이용 방식과 학습 환경의 차이가 반영된 결과로 볼 수 있다.

경제수준 또한 디지털 미디어 리터러시 격차에 영향을 미치는 중요한 요인이었다. 경제적 여건이 좋은 집단일수록 미디어 이용 기술, 정보 평가, 표현 기술, 시민성 영역에서 높은 리터러시 수준을 보였다. 이는 디지털 기기 및 인터넷 접근성이 높고, 다양한 미디어 경험을 쌓을 수 있는 기회가 많기 때문으로 해석된다.

흥미로운 점은, 미디어 속성 이해나 미디어 이용 윤리 측면에서는 경제수준에 따른 차이가 크지 않았다는 점이다. 이는 미디어에 대한 기본적인 이해와 윤리의식이 단순한 경제적 요인보다는 교육 환경이나 사회적 경험과 더 밀접한 관련이 있음을 시사한다. 디지털 기기의 보급이 확대되고 있음에도 불구하고, 경제 수준이 미디어 리터러시 격차에 미치는 영향이 여전히 유효함을 확인할 수 있었다.

한편, 세대와 경제수준 간의 상호작용 효과를 분석한 결과, 경제수준이 미디어 리터러시에 미치는 영향은 성인 집단에서 가장 두드러지게 나타났다. 즉, 성인의 경우 경제 수준이 높을수록 디지털 미디어를 활용하는 능력이 확연히 증가하는 것으로 보인다. 그러나 어린이, 청소년, 노년층에서는 경제수준이 디지털 리터러시 수준에 큰 영향을 미치지 않는 것으로 나타났다. 이는 어린이와 청소년의 경우 경제적 환경보다 교육 과정과 가정 내 미디어 이용 방식이 더 큰 영향을 미치며, 노년층의 경우 경제적 여건이 디지털 기술 습득에 미치는 영향이 제한적이기 때문으로 해석된다.

디지털 미디어가 생활의 중심이 되는 시대에서 미디어 리터러시는 단순한 기술이 아니라, 사회적 소통과 시민 참여를 위한 필수 역량이다. 이 연구는 세대와 경제수준에 따라 미디어 리터러시 격차가 다르게 나타남을 실증적으로 증명했으며, 이를 해결하기 위한 구체적인 정책 방향을 제시했다. 디지털 환경에서의 불평등을 해소하기 위해서는 경제적 격차를 줄이는 것뿐만 아니라, 맞춤형 미디어 교육을 제공하여 디지털 리터러시 격차를 줄이는 것이 필수적이다. 이 논문은 이러한 논의에 중요한 기여를 하며, 향후 디지털 미디어 교육 정책 수립의 근거가 될 것으로 기대된다.

안정임(2014)
디지털 미디어 리터러시 격차의 세부요인 분석-세대와 경제수준을 중심으로
〈한국언론학보〉, 63(1), 7-45쪽

#디지털 미디어 리터러시(Digital Media Literacy)
디지털 기기를 다루는 기술을 넘어서, 정보를 비판적으로 분석하고, 적절하게 활용하며, 윤리적으로 공유하는 능력을 포함한다. 이는 정보 홍수 속에서 가짜뉴스나 편향된 정보에 휘둘리지 않고, 능동적인 정보 소비자이자 생산자로 살아가기 위한 핵심 역량이다.

#리터러시 격차(Literacy Gap)
리터러시 격차는 개인 또는 집단 간에 디지털 미디어를 해석하고 활용하는 능력의 차이를 의미한다. 이는 단순한 접근성의 문제가 아니라, 정보 활용의 질적 차이에서 비롯되는 구조적 불평등이다. 격차는 정보 소비뿐 아니라 정보 생산 및 사회적 참여 능력까지 영향을 미치며, 디지털 시대의 사회적 배제 문제로 이어질 수 있다. 따라서 리터러시 교육은 기술 중심이 아닌 이해와 비판 능력 중심으로 접근해야 한다.

#부록. 국내 학술논문 검색 플랫폼들 살펴보기 + 핵심 개념 사전

국내 학술논문 검색 플랫폼들 살펴보기

빠르게 변화하는 연구 트렌드 속에서 정보를 찾기 위해선 어디로 가야 할까. 공부와 논문 작성을 위해 연구자라면 누구나 자주 드나드는 곳이 학술논문 검색 플랫폼이다. 연구자들의 공부 여정은 이 학술논문 플랫폼에서 시작된다. 분야와 주제에 따라 최적의 검색 도구를 선택하는 것이 성공적인 연구의 열쇠다. 필요로 하는 최적의 정보를 찾는 데에 도움을 줄 수 있는 학술논문 검색 플랫폼들에 대해 특징과 사용방법을 중심으로 정리해 본다.

01. 한국학술지인용색인, 한국연구재단의 학술 논문 플랫폼

- **웹사이트 :** https://www.kci.go.kr
- **운영주체 :** 한국연구재단(NRF)
- **주요수록자료 :** KCI 등재지 및 등재후보지 학술지 논문
- **특징 :** 학술지 질 관리, 인용지수 제공, 연구 성과 평가 지표 활용
- **접근성 :** 무료(원문은 각 DB 연동)

한국학술지인용색인KCI은 한국연구재단이 운영하는 공신력 있는 인용 색인 데이터베이스다. 한국연구재단은 학술지들의 활동과 학술지 출판을 지원하고 있는 만큼 학술지 논문을 무료로 공개할 것을 권하고 있어서 점차 무료로 공개되는 학술논문이 늘어나고 있다. 사용자들에게는 큰 편의를 제공하고 있으니, 학술논문의 공유지 역할을 수행하고 있는 셈이다.

또한, 국내 학술지의 인용 정보를 체계적으로 제공하며, 논문들 간 인용관계와 저널의 영향력을 한눈에 확인할 수 있다. 사용자들은 각 논문의 인용 횟수를 기반으로 얼마나 많이 읽혀진 논문인지 파악하기에 편리하며, 연구자는 KCI를 통해 자신의 논문이 얼마나 인용되었는지, 그리고 주요 연구자와 학술지의 영향력 지수Impact Factor를 확인할 수 있으며, 이를 통해 후속 연구 방향을 설계하거나 연구 성과를 객관적으로 평가할 수 있다.

사용법은 '통합검색' 창에 키워드 입력, 결과에서 학술지명·연도·저자 필터 설정, 논문 제목 클릭 후 PDF 확인 등으로 이루어진다. 인용정보 탭에서 해당 논문의 피인용 횟수와 인용논문 목록까지 확인 가능하다. 회원 가입을 하면 논문 저자별 통계를 살펴볼 수 있어 매우 편리하다.

다만, 민간 검색 플랫폼에 비해 디테일한 편리성은 떨어진다는 평가를 받는다. 예를 들어 논문 파일명이 KCI_FI001432544 같은 형식이어서 논문제목을 파일명으로 내려받는 다른 검색 플랫폼들에 비해 직관성이 떨어진다.

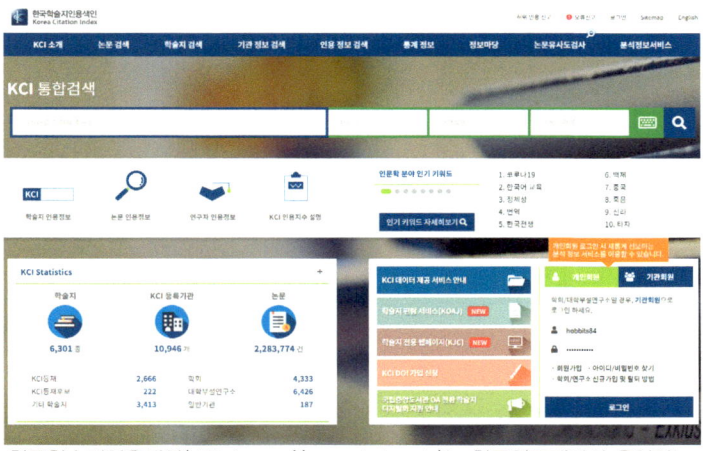

한국학술지인용색인(KCI, https://www.kci.go.kr)는 한국연구재단이 운영하는 공신력 있는 인용 색인 데이터베이스다.

02. 디비피아, 연구자 중심의 학술 논문 플랫폼

- **웹사이트 :** https://www.dbpia.co.kr
- **운영주체 :** (주)누리미디어
- **주요수록자료 :** 국내 학술지, 학회논문, 연구보고서, 매거진 등
- **특징 :** 실시간 업데이트, 학회/협회 논문 강세, 전공별 최신 논문 풍부
- **접근성 :** 기관 구독 중심(개인 유료)

디비피아DBpia는 인문, 사회, 공학, 자연과학 등 전 분야 학술지를 폭넓게 제공한다. 민간기업에서 운영하는 플랫폼으로서 각 학술단체와 협력하여 최신 연구를 발 빠르게 업데이트하며, 소속되어 있는 대학이나 기관에서 구독 시에는 무료 이용이 가능하다. 다운로드하려는 논문을 다운로드한 다른 사용자의 논문 목록을 제공하여 관련 연구자들의 관심과 작업 내용을 살펴볼 수 있는 특징적 장점이 있다.

검색은 계정 없이도 가능하지만, 원문을 열람하기 위해선 소속 대학이나 기관의 계정으로 로그인해야 한다. 개인 자격으로는 논문 파일을 구매하여

디비피아(DBpia, https://www.dbpia.co.kr)는 인문, 사회, 공학, 자연과학 등 전 분야 학술지를 폭넓게 제공한다. 각 학술단체와 협력하여 최신 연구를 발 빠르게 업데이트하며, 대학 기관 구독 시 무료 이용이 가능하다.

야 다운로드할 수 있으니, 우선 KCI부터 검색해본 후에 구매할 것을 추천한다. 관련 논문을 함께 제시해주는 기능은 매우 편리하고 이 기능을 통해 도움이 되는 자료를 얻었던 경험이 있다. 최근 AI 검색 기능이 추가되면서 사용자 상호작용 편의가 강화되었으며 논문 작성 아이디어 기능도 제공되고 있다.

KCI와의 차별성을 확보하기 위한 다양한 변화를 꾀하고 있는데, 그 중 하나가 매거진 서비스이다. 소속기관이나 학교로 인증하면 다양한 잡지를 무료로 이용할 수 있다. 하지만 전체 검색 대상에 논문들뿐만 아니라 잡지의 기사들도 포함되어 결과가 함께 제공되는 특징을 지니고 있어서 논문들만을 살펴보려는 사용자들은 번거롭게 느껴질 수도 있다.

03. 교보문고 스콜라, 학술 논문의 지식 허브

- **웹사이트 :** https://scholar.kyobobook.co.kr/
- **운영주체 :** 교보문고(주)
- **주요수록자료 :** 학술지, 대학 간행물, 전자책, 연구자료
- **특징 :** 교보문고 전자도서관 연동, 원문 접근 용이, 국내 인문·사회과학 강점
- **접근성 :** 일부 무료, 대부분 유료(기관 구독 권장)

교보문고 스콜라는 국내 3,600여 종의 학술지와 약 180만 편의 논문 및 간행물을 보유한 학술정보 서비스이다. 특히 인문·사회과학, 교육, 예술, 간호, 통계 등 다양한 분야의 학술자료를 제공하며, 일부 학회와의 독점 계약을 통해 특정 간행물은 스콜라에서만 열람할 수 있다. 사용자의 검색 이력과 관심 분야를 기반으로 BEST 및 NEW 논문을 추천해주며, 소속 기관의 인증을 통해 외부에서도 열람이 가능하다.

교보문고 스콜라는 기관 구독이 없어도 개인 회원가입 후 유료 결제를 통해 논문 다운로드가 가능하다. 교보 스콜라에서 서비스되는 학술논문은 인터넷 교보문고에서도 통합검색이 가능하기에, 일반인들도 학술논문에 접근할

수 있다는 점에서 편리함을 제공한다. 도서와 학술논문을 함께 검색할 수 있다는 점도 강점이다. 그밖에도 '내 전공 연관 학회 찾기', '주제별 인기 논문' 등의 서비스도 눈에 띈다.

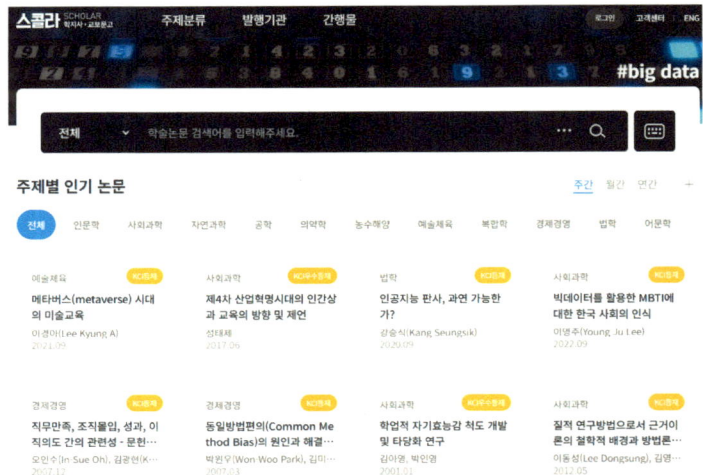

교보문고 스콜라(https://scholar.kyobobook.co.kr/)는 국내 3,600여 종의 학술지와 약 180만 편의 논문 및 간행물을 보유한 학술정보 서비스이다.

04. RISS, 전국 대학 도서관을 하나로

- **웹사이트** : https://www.riss.kr
- **운영주체** : 한국교육학술정보원(KERIS)
- **주요수록자료** : 국내 학위논문(석·박사), 학술지, 해외 학술자원 연계
- **특징** : 학위논문 강세, 국내외 DB 통합검색(해외 논문 포함)
- **접근성** : 무료 검색, 원문은 소속기관 로그인 필요

학술연구정보서비스라고도 불리는 RISS는 국내 대학 도서관들의 연합 네트워크이다. 석박사 학위논문부터 학술지, 해외 논문까지 폭넓게 제공하며, 타 대학 자료를 복사 신청할 수도 있다. 회원가입 후 로그인, 상단 검색창에 키

워드를 입력하면 끝.

특히 학위논문 검색에는 최적화되어 있는 서비스이다. 국내 석박사 논문을 모두 찾아볼 수 있는데, 주제분류별, 수여기관(학교), 발행연도, 작성언어, 지도교수까지 정보를 제공한다. 특정 인물의 학위 관련 정보를 찾아 보는 데에도 매우 유용하다. 그래서 뭔가 문제가 있는 경우에는 학위 논문을 비공개로 해놓는 사례들이 더러 있다. 이외에도 국내학술논문, 해외학술논문, 대학도서관에서 소장하고 있는 단행본까지 통합 검색이 가능하다.

RISS만의 독보적인 서비스는 바로 타 대학 도서관 소장 자료에 대한 복사/대출 신청 기능이다. 소속 학교 도서관에 없는 자료라도 RISS를 통해 다른 대학 도서관에 요청해 논문 복사본을 우편이나 PDF로 받아볼 수 있는 시스템은 연구자 입장에서 매우 큰 메리트이다.

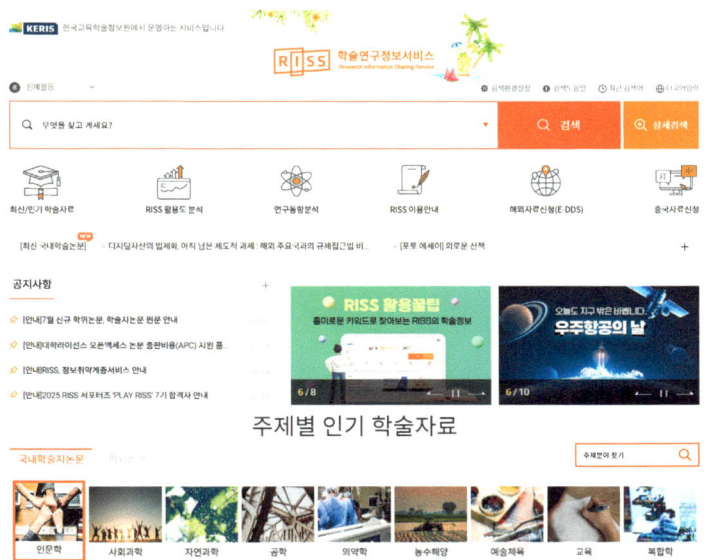

학술연구정보서비스라고도 불리는 RISS(https://www.riss.kr)는 국내 대학 도서관들의 연합 네트워크로 학위논문부터 학술지, 해외 논문까지 폭넓게 제공한다.

05. KISS, 국내 최초의 학술 데이터베이스

- **웹사이트** : https://kiss.kstudy.com
- **운영주체 :** 한국학술정보(주)
- **주요수록자료 :** 인문·사회·예체능 분야 학술지 논문
- **특징 :** 특정 학술지 독점 제공, 인문사회 강세
- **접근성 :** 기관 구독(개인 유료)

KISS는 국내 학회와 연구기관의 학술지 논문을 제공한다. KISS는 민간기업에서 운영하는 플랫폼으로서 특히 인문학, 사회과학, 교육학, 예술학, 법학, 경영학 등 인문·사회계열 학술지에 강점을 가지고 있다.

특히 학술지 중심의 자료 제공으로, 학술지별 최신호부터 과거호까지 소장하고 있어 선행연구 조사와 국내 연구 동향 파악에 유용하다. 소속된 대학이나 기관 구독시에는 무료 이용이 가능하며 개인 구매도 가능하다.

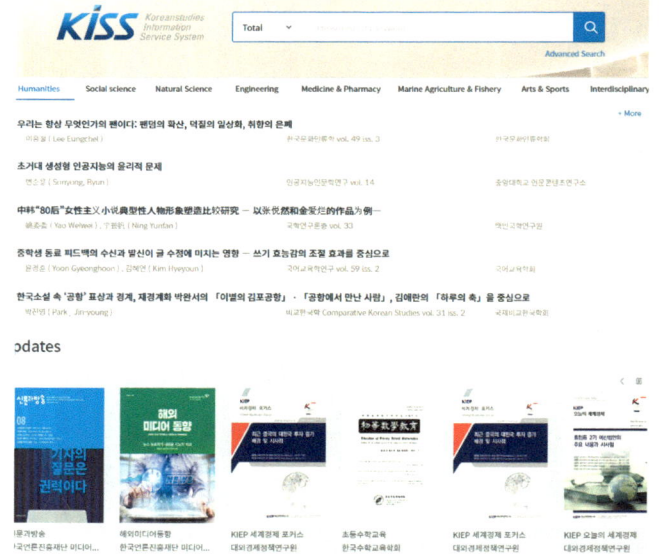

KISS(https://kiss.kstudy.com)는 국내 학회와 연구기관의 학술지 논문을 제공하며, 특히 인문사회 분야에 강점을 보인다.

06. 사이언스온, 과학기술 연구의 길잡이

- **웹사이트 :** https://scienceon.kisti.re.kr
- **운영주체 :** 한국과학기술정보연구원 (KISTI)
- **주요수록자료 :** 이공계 논문, 특허, 보고서, 연구데이터
- **특징 :** 과학기술 중심, 국가 R&D 정보와 연계, 연구자 네트워크
- **접근성 :** 무료 검색, 일부 자료 제한

사이언스온ScienceON은 KISTI가 제공하는 과학기술 통합 정보 서비스다. 국내외 저널, 특허, 보고서까지 한데 모은 이 플랫폼은 과학기술 연구자들의 필수 코스다. 이공계에 특화되어 있으며 논문뿐만 아니라 연구과제, 특허, 보고서, 표준, 연구자 정보, 데이터셋까지 한 곳에서 검색할 수 있는 올인원 플랫폼이라는 점이 가장 큰 장점이다.

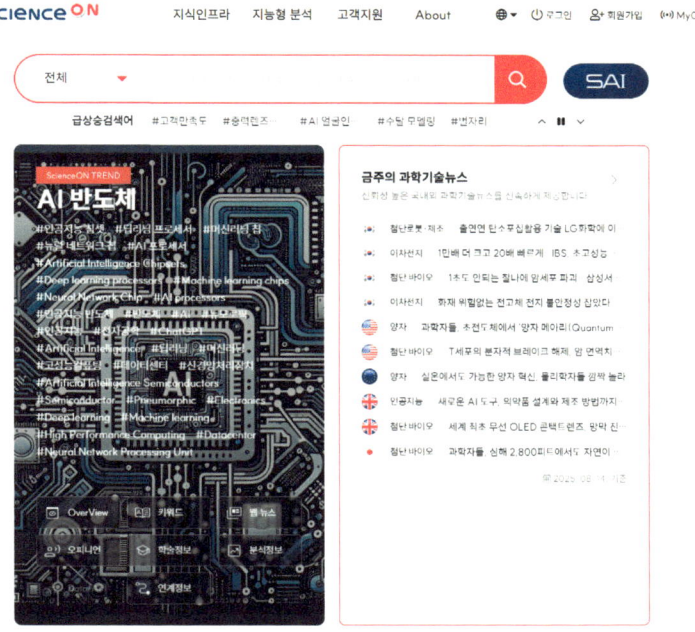

사이언스온(ScienceON, https://scienceon.kisti.re.kr/)은 KISTI가 제공하는 과학기술 통합 정보 서비스로서, 과학기술 연구자들의 필수 코스다.

논문만 보는 데 그치지 않고, 관련 연구의 전체 맥락, 예를 들어, 연구의 기획 단계과제, 결과논문, 성과특허, 보고서까지 파악할 수 있어 종합적이고 입체적인 연구 설계에 도움을 받을 수 있다.

통합 검색창에 키워드를 입력하면 논문뿐 아니라 연구데이터, 과제, 특허까지 한 번에 확인할 수 있으며, 일부 자료는 외부 사이트와 연동되어 열람된다. 국내 연구성과뿐만 아니라 해외 데이터베이스와도 연계되어 있어, 글로벌 과학기술 정보 흐름까지 한눈에 볼 수 있다. 국내에서 개발된 기술이나 논문이 해외에서 어떻게 인용되고 있는지도 추적할 수 있으며, 이를 통해 국내 연구의 국제적 파급력을 가늠해볼 수 있다.

07. 국회도서관, 한국의 국가 지식 아카이브

- **웹사이트 :** https://www.nanet.go.kr
- **운영주체 :** 대한민국 국회
- **주요수록자료 :** 국내 출판물, 학위논문, 정부간행물, 해외자료
- **특징 :** 국가 대표 도서관, 장기 보존자료, 국회법률 관련 강세
- **접근성 :** 국회도서관 회원 필요(무료/부분 제한)

국회도서관은 단순한 도서관을 넘어선 국가 지식 아카이브다. 국내 박사·석사 학위논문, 학술지, 단행본, 정책보고서까지 단일 기관으로서는 가장 방대한 자료를 보유하며, 국회 관련 입법자료까지 지니고 있다.

국회도서관만의 독보적인 강점은 바로 국회 관련 입법자료 및 정책자료를 제공한다는 점이다. 국가 차원의 법률안, 국회 회의록, 정책보고서, 통계자료 등을 통해 연구의 공공성과 정책적 시사점을 더할 수 있는 기회를 제공한다.

검색 방법은 간단하다. 회원가입 후 상단 '자료검색'에서 '국내학위논문' 또는 '학술논문'을 선택하고 키워드를 입력하면 된다. PDF 열람도 가능하지만 일부 자료는 오프라인 열람만 가능하니 주의가 필요하다.

국회도서관(https://www.nanet.go.kr)은 단순한 도서관을 넘어서 가장 방대한 자료를 보유하며, 국회 관련 입법자료까지 지닌 국가 지식 아카이브다.

• • •

　연구자들의 공부 여정은 학술논문 플랫폼들에서 시작된다. 분야와 연구 주제에 따라 최적의 검색 도구를 선택하는 것이 성공적인 연구의 열쇠다. 한국학술지인용색인KCI는 한국연구재단의 플랫폼으로서 국내 학술 논문 플랫폼들의 기본이 되며 디비피아DBpia와 교보 스콜라, KISS는 민간기업이 운영하는 플랫폼으로서 활성화되고 있다. 사이언스온은 이공계, RISS는 학위논문 검색의 필수 채널이다. 그리고 국회도서관은 정책 자료를 포함한 다양한 자료의 창고로서 특징이 있다. 연구와 공부의 문을 두드릴 때, 이들 플랫폼은 우리 모두의 든든한 동료가 되어줄 것이다.

핵심 개념 사전

가짜뉴스(Fake News) · 286

가짜뉴스는 사실처럼 보이지만 허위이거나 왜곡된 정보로 구성된 콘텐츠로, 대중을 오도하거나 특정 목적을 달성하기 위해 유포된다. 특히 소셜 미디어 환경에서는 감정적 자극과 확증편향을 통해 빠르게 확산되며, 정치적 극화와 사회적 불신을 유발할 수 있다. 이 논문에서는 가짜뉴스가 단순한 정보 오류를 넘어 사회적 해악으로 기능함을 강조한다.

경성부민(京城府民) · 243

경성부민은 일제강점기 조선의 수도 경성에 거주하던 시민 계층으로, 식민지 근대화의 영향 속에서 다양한 계층적·문화적 양상을 보였다. 이들은 세태소설 속에서 계급적 차이, 근대적 욕망, 소비문화에 대한 태도 등으로 표현되며, 근대도시의 형성과 일본제국주의의 문화정책이 부민의 일상과 정체성에 어떻게 영향을 미쳤는지를 보여주는 상징적 존재였다.

공동체주의(Communitarianism) · 223

공동체주의는 자유주의적 개인주의에 대한 비판 속에서 등장한 이론으로, 개인의 자유와 권리를 인정하되 공동체와의 상호 책임과 연대를 중시한다. 이는 지나친 개인주의가 초래하는 사회적 고립이나 윤리적 무관심을 극복하고자 제시된 대안적 가치로, 한국 사회에서도 공공성과 공동선에 대한 관심이 커지며 재조명되고 있다.

그래피티(Graffiti) · 135

그래피티는 거리나 벽면 등에 그림, 글씨, 기호 등을 그리는 시각 예술로, 공공장소에서의 표현 활동이다. 그래피티는 1970년대 미국 뉴욕의 빈민가에서 청소년들의 자기 표현과 항의의 수단으로 시작됐다. 지하철과 건물 벽에 이름이나 메시지를 남기며 존재를 드러낸 이 문화는 초기에는 도시 미관을 해치는 불법행위로 간주됐다. 그러나 점차 사회적 메시지와 독창적인 시각 언어를 담기 시작하면서 예술계의 관심을 끌었다.

기우니의 정책변동 모델(Giugni's Models of Policy Change) · 232

기우니는 대중저항운동이 정책변동에 미치는 경로에 대해 직접효과, 간접효과, 합동효과 세 가지 모델을 제시했다. 직접효과는 집회 자체가 정책에 영향을 주는 방식이며, 간접효과는 여론이나 정치 동맹을 거쳐 정책에 영향을 주는 이단계 과정이다. 합동효과는 여론과 정치동맹이 집회와 동시에 작동할 때 정책변동의 가능성이 높아진다는 점에 주목한다. 이 모델은 시민운동과 제도권 정치의 상호작용을 입체적으로 설명하는 데 기여한다.

긴장의 연속 플롯 · 95

웹소설의 플롯은 연재 형식의 특성상 매 회차 독자의 호기심을 자극하고 다음 회를 기다리게 만드는 방식으로 구성된다. 전통적 소설이 전체 구조의 유기성과 완결성을 중시했다면, 웹소설은 회차별 흥미와 긴장감을 최우선으로 한다. 이를 위해 흔히 '절단신공'이라 불리는 기법을 사용해 사건의 절정에서 끊고, 독자가 계속 이어 읽도록 유도한다. 결과적으로 서사가 근시안적이고 과정 중심적이며, 작품 전체의 완성도보다는 독서 순간의 재미와 몰입감에 무게가 실린다.

남만서점 · 247

남만서점은 일제강점기 조선에서 활동한 출판사이자 서점으로, 오장환을 포함한 젊은 문인들의 실험적이고 민족적인 시집들을 출간한 독립출판의 장이었다. 대중성과 문학성을 동시에 추구한 이 출판사는 주류 문단과는 다른 미학적 시도와 사회적 목소리를 담아냈으며, 검열과 통제의 시대 속에서도 표현의 자유와 문학적 주체성을 모색한 상징적인 공간이었다.

뉴럴 네트워크 기반 AI · 64

인간의 뇌 구조를 모방한 인공 신경망을 활용해 데이터를 학습하고 예측하는 기술이다. 입력된 데이터는 여러 층의 뉴런을 거치며 처리되며, 각 층은 정보의 특징을 점차 추출하고 분석한다. 이를 통해 복잡한 패턴이나 관계를 스스로 파악하고, 반복 학습을 통해 결과의 정확도를 높여간다. 이미지 인식, 음성 인식, 자연어 처리 등 다양한 분야에 활용되며, 딥러닝 기술의 핵심으로 자리잡고 있다.

뉴트로(Newtro) 전략 · 169

뉴트로 전략은 '새로움'(New)과 '복고'(Retro)의 결합으로, 과거의 문화나 스타일을 현대적으로 재해석하여 새로운 가치를 창출하는 마케팅 및 문화 전략이다. 이는 X세대에게는 향수를, MZ세대에게는 참신함을 제공하여 세대 간 공감대를 형성한다. 특히 대중음악 분야에서는 1990년대의 음악과 패션을 현대 감각으로 재구성해 큰 인기를 끌고 있으며, 다양한 세대의 감성을 자극하고 지속 가능한 문화로 자리잡고 있다.

담론 네트워크(Discourse Network) · 232

공공 이슈를 둘러싼 다양한 주체들이 생성하는 담론들이 상호 연결되고 확산되며 정책에 영향을 미치는 구조를 설명하는 개념이다. 촛불집회에서 등장한 온라인 커뮤니티, SNS, 언론 등의 담론은 참여자들을 연결하고 이슈를 확산시키며 집단적 의사결정을 촉진하는 역할을 했다. 이 네트워크는 전통적 제도 바깥에서 작동하면서도 정책 결정권자들에게 강한 영향력을 행사할 수 있으며, 비제도권 담론이 정책 환경에 실질적 변화를 줄 수 있음을 보여준다.

독립 애니메이션(Independent Animation) · 126

상업적 자본이나 거대 제작사의 통제 없이, 창작자가 자율적으로 기획, 제작, 유통을 수행하는 애니메이션을 의미한다. 1990년대는 한국 독립 애니메이션 장의 태동기였다. 이 시기 한국에서는 개인 창작자의 예술적 실험과 사회적 메시지를 담은 작품들이 등장하며, 독립 애니메이션만의 미학과 사회비판적 성격이 강조되었다. 이는 주류 애니메이션과의 차별성을 기반으로 독자적인 장을 형성해나갔다

독립영화(Independent Movie) · 120

대형 자본과 권력에서 독립해 창작자의 자율성과 표현의 자유를 중시하는 영화다. 상업적 성공보다 삶의 진실과 사회적 메시지에 집중하며, 실험적이고 개인적인 색채가 강하다.

독립서점(Independent Bookshop) · 144

독립서점은 독립출판 문화의 주요 유통 경로로서 개인이나 소규모 출판사의 실험적, 비상업적 출판물을 중심으로 판매하는 서점이다. 상업적 기준 대신 운영자의 철학과 취향을 바탕으로 창작자의 개성과 독창성을 존중하여 책을 큐레이션하며, 생산자와 소비자를 연결하여 관련 문화 확산에 기여한다. 또한 문화공간으로서 독자와 적극 소통하는 역할을 수행한다.

독립출판(Independent Publishing) · 140

독립출판은 개인 또는 소규모 공동체가 자신의 취향, 세계관, 신념 등을 콘텐츠로 삼아 책을 만드는 자립적 출판행위다. 출판사가 개입하지 않고 제작자가 스스로 기획·제작한다는 의미에서 자기출판(Self-publishing), 소규모로 제작하고 유통한다는 측면에서 소규모출판(Small Publishing)이라고 불리고 있다.

돈(Money) · 219

돈은 단순한 교환 수단을 넘어 인간의 무의식적 욕망, 불안, 권력의 상징으로 기능한다. 정신분석적 관점에서 돈은 결핍과 욕망, 통제의 상징으로 해석되며, 개인의 심리 구조와 깊은 연

관을 가진다. 특히 돈은 자아의 안정감, 자기 가치의 표상으로 사용되기도 하며, 감정 조절이나 자기 정체성 유지 수단이 될 수 있다.

디지털 미디어 리터러시(Digital Media Literacy) · 291
디지털 기기를 다루는 기술을 넘어서, 정보를 비판적으로 분석하고, 적절하게 활용하며, 윤리적으로 공유하는 능력을 포함한다. 이는 정보 홍수 속에서 가짜뉴스나 편향된 정보에 휘둘리지 않고, 능동적인 정보 소비자이자 생산자로 살아가기 위한 핵심 역량이다.

리터러시 격차(Literacy Gap) · 291
리터러시 격차는 개인 또는 집단 간에 디지털 미디어를 해석하고 활용하는 능력의 차이를 의미한다. 이는 단순한 접근성의 문제가 아니라, 정보 활용의 질적 차이에서 비롯되는 구조적 불평등이다. 격차는 정보 소비뿐 아니라 정보 생산 및 사회적 참여 능력까지 영향을 미치며, 디지털 시대의 사회적 배제 문제로 이어질 수 있다. 따라서 리터러시 교육은 기술 중심이 아닌 이해와 비판 능력 중심으로 접근해야 한다.

멀티모달 생성 기술(Multimodal Generation Technology) · 27
멀티모달 생성 기술은 텍스트, 이미지, 음성 등 서로 다른 유형(모달리티)의 데이터를 통합적으로 이해하고 이를 활용해 새로운 콘텐츠를 생성하는 AI 기술이다. 각 모달리티의 특성을 결합해 의미와 맥락을 파악하며 창의적이고 자연스러운 콘텐츠 제작을 가능하게 한다.

무용 창작과 AI 기술 · 68
무용 창작이란 인간 신체 움직임을 예술적 표현 수단으로 삼아 감정, 의미, 상상력을 드러내는 창의적 행위이다. 최근에는 AI 기술과의 협업을 통해 새로운 움직임을 생성하고, 안무자가 이를 재해석해 무용수의 실제 퍼포먼스로 구현함으로써 무용의 표현 영역을 확장하고 있다.

문학작품 속 빈 자리(Leerstelle) · 49
볼프강 이저가 제시한 개념으로, 작가가 의도적으로 남긴 서술 공백을 뜻한다. 단순한 생략이 아니라 독자의 상상력, 해석, 감정과 경험을 적극 끌어들여 작품 속 의미를 완성하도록 유도하는 장치다. 이 빈 자리를 통해 독자가 작품에 능동적으로 참여하게 되며, 문학은 독서 행위를 통해 살아 있는 텍스트로 완성된다고 보았다.

문화매개자 · 99
창작자와 수용자, 또는 서로 다른 문화 영역 사이에서 의미를 연결하고 소통을 촉진하는 중개자 역할과, 문학에서 독자나 기획자가 작가와 사회를 이어주는 역할을 한다.

문화예술(Cultural Arts) · 42
문화예술은 사회 구성원이 공유하는 지식·신념·행동양식 등의 총체인 '문화'와 인간 감정과 상상력을 창의적으로 표현하는 '예술'을 아우르는 개념이며 인간의 삶을 반영하고 공동체의 정체성과 감성을 형성하는 핵심 요소로 작용한다. 문화는 언어·신앙·관습·법률 등 인간이 사회 속에서 형성한 삶의 방식이며, 예술은 회화·조각·음악·문학·연극·영화·건축 등 다양한 미디어를 통해 인간 내면과 세계를 표현하는 활동이다.

버추얼 아이돌 공연 수용자 태도 · 176
관객이 버추얼 아이돌 공연에 대해 갖는 인식과 정서적 반응을 말한다. 단순한 흥미나 재미를 넘어서, 공연의 몰입도, 만족도, 정서적 연결감, 그리고 향후 공연을 다시 보고 싶은 의향까지 포함된다. 특히 버추얼 아이돌 공연의 경우, 고도화된 기술과 독특한 콘텐츠가 관객에게 현실감을 제공하고, 인간 아이돌 못지않은 감정이입과 팬심을 유도함으로써 긍정적인 수용자 태도를 형성시킨다. 이는 공연의 성공과 지속적인 팬덤 형성에 핵심적인 요인으로 작용한다.

버추얼 아이돌(Virtual Idol) · 176
버추얼 아이돌은 현실의 인간이 아닌, 3D 그래픽, AI, 모션 캡처 기술 등을 통해 생성된 가상의 인물로서, 아이돌처럼 노래와 춤, 팬과의 소통을 수행한다. Z세대를 중심으로 새로운 문화 소비 주체이며 현실 아이돌과 유사한 활동을 하며, 디지털 플랫폼을 중심으로 콘서트, 콘텐츠 방송, 팬미팅 등에서 활발히 활동하고 있다. 팬들은 외모, 목소리, 성격 등 인격적 요소에 감정 이입하며 현실 아이돌과 유사한 몰입 경험을 한다.

복잡계 패러다임 · 261
복잡계 패러다임은 단순한 원인과 결과의 인과율 대신, 다수의 요소들이 상호작용하며 비선형적으로 전체 시스템을 형성한다는 이론이다. 이 관점에서 풍물굿은 주체와 객체, 전통과 현대, 질서와 무질서가 유동적으로 얽힌 역동적 문화현상으로 해석된다. 특히 통제 불가능한 창발성과 자기조직화는 풍물굿의 집단성과 탈현대성을 이해하는 데 중요한 틀을 제공한다.

부르디외의 장이론(Field Theory) · 126
사회를 문학, 예술, 정치 등 여러 개의 독립된 '장'(場)으로 나누어 설명한다. 각 장은 고유 규칙과 자본이 존재하며, 참여자들은 그 규칙에 따라 경쟁하며 자기 위치를 확보한다. 예를 들어 문학 장에서는 문학성, 스포츠 장에서는 기록이 중요한 자본이 된다. 자본을 많이 가진 이가 장의 중심에 가까워지고 더 큰 영향력을 행사한다. 부르디외는 이를 하나의 게임에 비유하며, 장은 참여자들이 그 규칙에 동의하고 따라야 성립된다고 본다.

브랜드 스토리텔링(Brand Storytelling) · 172

브랜드 스토리텔링은 브랜드가 지닌 정체성과 메시지를 이야기 구조로 전달하는 전략이다. 이는 브랜드가 추구하는 아이덴티티와 소비자의 인식 간 간극을 좁히기 위한 방법으로, 앨범 콘셉트나 세계관을 통해 구체화된다. 특히 케이팝 아이돌은 서사적 구조를 활용해 음악, 영상, 출판 등 다양한 매체를 아우르며 팬과의 감정적 연결을 강화한다. 이 전략은 브랜드 이미지의 일관성과 소비자의 몰입을 유도하는 데 효과적이다.

비선형적 시간성(Non-linear Temporality) · 165

이야기의 전개 순서가 직선적이지 않고, 감각적 단편들이 병렬적으로 구성되는 시간 인식을 의미한다. 유튜브 쇼츠나 틱톡 영상처럼 순서보다 인상적 순간의 반복과 조합이 중요한 콘텐츠에서 자주 나타난다. 예를 들어, 한 요리 영상이 결과물부터 보여준 뒤 재료 소개나 조리 과정을 순차 없이 배치하는 경우, 이는 서사보다는 시청자의 관심을 빠르게 끌고, 감각적 몰입을 유도하는 방식이다. 이러한 시간성은 숏폼 콘텐츠의 속도감과 주의 집중 구조에 부합하며, 현대인의 소비 패턴과 긴밀히 연결된다.

사회운동 레퍼토리(Social Movement Repertoire) · 227

사회운동 레퍼토리는 특정 시대와 사회문화적 맥락 속에서 시민들이 동원하는 다양한 집합 행동 방식들의 집합이다. 전통적으로는 시위, 집회, 서명운동 등이 중심이었으나, 오늘날에는 해시태그 캠페인, 개인 인증샷, 온라인 챌린지 등 디지털 기반의 창의적 방식으로 확장되고 있다. 이는 참여 양식의 유연성과 다양성을 반영한다.

사회적 고립(Social Isolation) · 192

사회적 고립은 개인이 가족, 친구, 지역사회 등과의 의미 있는 관계에서 단절되거나 상호작용이 부족한 상태를 의미한다. 청년의 경우 학업, 취업, 주거 등 구조적 요인과 개인적 심리 요인이 복합적으로 작용해 고립에 이르게 된다. 이는 단순한 외로움을 넘어, 사회적 자본과 기회의 축소, 정체성 위기, 정신건강 악화로 연결될 수 있다.

사회적 비교 이론 · 183

사람들이 자신을 타인과 비교함으로써 자기 평가를 형성한다는 심리학 이론이다. SNS에서는 다른 사람들의 '화려한 일상'이 필터 없이 노출되기 때문에, MZ세대는 자주 비교 대상이 된다. 이로 인해 더 나은 이미지 구축을 위한 과시적 소비와 자기 과장이 유도되며, 이는 순환적인 자기표현 및 소비 패턴을 형성한다.

생성 문학(Generative Literature) · 54
생성 문학은 컴퓨터 알고리즘과 AI 언어 모델을 활용해 창작된 문학의 한 형태로서, 소설, 시, 연극 등 다양한 장르를 포함한다. AI는 방대한 텍스트 데이터를 학습해 인간 언어의 패턴을 모방하며 새로운 텍스트를 생성하고, 이는 문학 창작과 비평 방식에 새로운 가능성과 논의를 불러일으킨다.

생성형 AI · 23
생성형 AI는 주어진 데이터를 학습해 새로운 텍스트, 이미지, 음악, 영상 등을 자동으로 생성하는 인공지능 기술이다. 이 기술은 패턴을 인식하고 학습하여 새롭고 다양한 종류의 콘텐츠를 생성하는 데 활용된다. 창작·교육·산업 전반에서 활용도가 높아서 창의성과 자동화를 동시에 실현하는 기술로 주목받고 있다.

생성형 AI 저작권 · 33
생성형 AI 저작권은 인공지능이 만든 텍스트, 이미지, 음악 등의 창작물에 대한 저작권 보호 여부와 권리 귀속 문제를 다룬다. 전통적 저작권은 인간 창작에만 적용되지만, AI의 창작은 기존 법체계와 충돌한다. 따라서 프롬프트 작성자, 개발자 등 인간의 개입 정도에 따라 권리 인정 여부와 보호 기준 설정에 대한 논의가 진행 중이다.

생애 트라우마(Lifetime Trauma) · 210
생애 트라우마는 아동기부터 성인기까지 개인이 삶 전반에서 경험한 심리적 충격과 외상을 포괄하는 개념이다. 이는 학대, 상실, 폭력, 재난 등 다양한 사건을 포함하며, 반복되거나 누적될수록 심리적·신체적 건강에 장기적인 부정적 영향을 끼친다.

서사적 자아 형성(Narrative Self-Formation) · 272
서사적 자아 형성이란 글쓰기를 통해 개인이 자신의 삶을 이야기 구조로 구성하면서 자아를 이해하고 재해석하는 과정을 뜻한다. 이는 특히 반복되는 자기반성과 의미 구성 과정을 통해 '누구인가'라는 존재의식을 강화하며, 교육적 장면에서는 학습자의 성찰적 사고능력을 향상시키는 도구로 작용한다. 자서전적 글쓰기 등에서 핵심적으로 작용하는 개념이다.

선술집 · 239
선술집은 조선 후기부터 일제강점기까지 대중들이 저렴하게 술을 마시고 음식을 즐기던 공간으로, 근대 도시 경성에서는 서민 문화의 핵심 장소였다. 단순한 유흥 공간을 넘어 사회적 소통, 정보 교환, 저항 담론이 오가는 장으로 기능하며, 당시 사회 분위기와 민중의 일상을 반영하는 중요한 문화사적 공간으로 작용했다.

소규모 문화예술(Small-scale Arts and Culture) · 115

소규모 문화예술은 대중성과 상업성보다는 창작자의 개성과 실험성을 중시하는 예술 활동을 의미한다. 주로 인디 음악, 독립영화, 자가출판, 소극장 공연 등에서 나타나며, 자립 기반이 취약해 외부 자금이나 공동체의 지원이 중요한 역할을 한다. 크라우드펀딩은 이들의 지속가능성을 위한 대안으로 주목된다.

숏폼 콘텐츠(Short-form Content) · 165

숏폼 콘텐츠는 짧은 시간 내에 정보를 전달하고 감정을 유발하는 영상 형식으로, 주로 1분 내외의 분량을 갖는다. 유튜브 쇼츠, 틱톡, 릴스 등이 대표적이며, 빠른 소비와 즉각적 반응을 유도한다. 이 콘텐츠는 정보의 압축, 강한 시각적 자극, 감각적 몰입을 특징으로 하며, 디지털 환경에서 새로운 서사적 미학을 만들어낸다.

시 교육의 패러다임 전환 · 49

챗GPT의 도입은 시 창작 교육에도 큰 변화를 가져온다. 단순한 시 해석이나 창작의 모방을 넘어서, AI와 협업하여 창의적 결과물을 생성하는 새로운 교수학습 전략이 등장한다. 이는 학습자 스스로가 디지털 기술을 도구로 활용해 창작을 실험하고, 결과물을 분석하며 자기반영을 할 수 있게 해 준다. 이 과정에서 교사는 큐레이터와 안내자의 역할을 수행하게 된다.

시청각적 인물 형상화 · 95

웹소설은 독자가 쉽게 몰입하도록 인물 중심의 서술을 택한다. 대화와 구어적 표현을 통해 인물의 성격, 갈등, 사건이 전개되며, 복잡한 묘사 대신 직관적 이해를 돕는다. 또한 아이콘과 삽화 같은 시각적 요소가 적극적으로 사용되어 인물의 특징과 감정을 강조한다. 이는 독자가 소설을 읽는 과정에서 언어적 해석보다 감각적 반응을 우선하게 만들며, 모바일 기기에서 짧고 강렬한 몰입을 제공하는 장치가 된다. 따라서 웹소설은 언어적 묘사보다 시청각적 효과를 통한 즉각적 몰입을 핵심으로 한다.

신체 패러다임의 확장 · 68

인간 신체 중심의 무용 개념이 AI, 센서, 가상기술을 통해 확장되는 흐름을 의미한다. 예를 들어 무용수가 착용한 센서로 움직임 데이터를 수집하고, AI가 이를 분석해 디지털 아바타와 실시간 공동 퍼포먼스를 구성한다. 이처럼 기술을 통해 무용의 신체성이 인간 외의 존재로 확대되며, 새로운 예술 창작의 주체로 기능하게 된다.

연구 윤리와 비판적 소통 · 281

학술대회에서 토론자는 비판을 가하더라도 연구자에 대한 인신공격이나 폄하 없이, 연구 내용에 대한 건설적인 논평을 해야 한다. 이는 학문 공동체 내의 윤리적 토대를 강화하는 행위다. 적절한 비판은 연구의 방향을 넓히고 이론적 정밀성을 더하는 데 기여하며, 이는 동료평가로서의 학술대회 본연의 기능을 활성화한다.

외로운 늑대 테러리스트(Lone Wolf Terrorist) · 206

테러 조직의 직접적 지시 없이 개인적으로 급진화되어 테러 행위를 저지르는 자를 의미한다. 이들은 사회적으로 고립되었거나 개인적 불만을 품고 있으며, 온라인에서 이념을 내면화하는 경우가 많다. 탐지와 예방이 어려워 현대 테러리즘의 새로운 위협으로 주목받는다.

우울 변화유형(Depression Trajectory Types) · 201

우울 변화유형은 시간에 따라 개인이 경험하는 우울 수준의 변화 양상을 유형화한 개념이다. 청년층의 우울 궤적은 안정적 저우울형, 점증형, 감소형, 지속 고우울형 등으로 구분하고, 이에 따라 우울의 고착 또는 개선 가능성을 파악하고, 개별화된 정신건강 정책을 수립하고자 하는 노력이 수행되고 있다.

원고지 글쓰기 · 276

원고지 글쓰기는 정해진 규격과 형식에 따라 글을 배열하는 방식으로, 글쓰기의 구조를 시각화하고 사고를 질서 있게 전개할 수 있도록 돕는다. 문장 단위의 리듬, 단어 간의 간격, 문단 전환의 리듬감을 명확히 파악할 수 있어 글쓰기 훈련 도구로 유용하며, 창작의 흐름을 외형적으로 관리할 수 있다는 점에서 중요한 글쓰기 기술로 여겨진다.

웹소설(Web Novel) · 91

웹소설은 디지털 플랫폼을 통해 연재 형식으로 공개되는 서사(Narrative) 중심의 이야기 콘텐츠로, 스마트폰이나 PC로 쉽게 접근할 수 있다. 독자 반응을 실시간으로 수렴하며 서사를 유연하게 구성할 수 있고, 장르적 다양성과 대중성과 결합하여 독립 창작의 새로운 영역을 형성하고 있다. 웹소설은 작가에게는 상업성과 자율성을 동시에 실현할 수 있는 창구이며, 미디어 믹스(Media Mix) 콘텐츠로도 발전가능한 현대 디지털 문학의 한 형태이다.

은둔형 외톨이(引き籠もり, Hikikomori) · 197

은둔형 외톨이는 6개월 이상 가족 외 사회적 관계를 단절하고, 일·학업 등 외부활동을 회피하며 집에 머무는 상태를 말한다. 사회적 고립, 심리적 불안, 자존감 저하 등이 복합적으로 작용한다. 이는 개인 문제가 아닌 사회 구조와 긴밀히 연결되어 있으며, 청년 세대에서 점차 증가하고 있는 심각한 사회현상으로 주목받고 있다.

음악감독으로서의 인디음악가 · 110

인디음악가들은 상업영화의 음악감독으로 활발히 진출하며, 영화의 정서와 미학을 음악으로 구현하는 데 기여하고 있다. 영화 〈소공녀〉의 음악감독이자 싱어송라이터인 기린은 영화의 감정선을 섬세한 기타 사운드로 풀어내 호평을 받았다. 〈남매의 여름밤〉의 김강민 감독은 인디 감성을 유지한 음악 구성으로 영화의 정체성을 강화했다. 인디음악가는 단순 배경음악이 아닌 서사와 감정의 통합된 창작자로 자리매김하고 있다.

인공 감정 로봇(Affective Robot) · 17

인간의 감정을 인식하고 이에 반응하며 감정을 표현하는 기능을 갖춘 로봇이다. 대표 사례로는 일본 소프트뱅크의 '페퍼'가 있으며, 사람의 표정과 음성을 분석해 대화 중에 감정을 판단하고 반응한다. 또 한국의 '파로'는 노인 돌봄에 활용되어 정서적 안정 효과를 주는 로봇이다. 이러한 로봇은 돌봄, 교육, 상담 등 감성 기반 서비스 분야에서 활용 수준과 범위가 점차 확장되고 있다.

인디 게임(Indie Game) · 130

인디 게임은 대형 투자사나 퍼블리셔에 의존하지 않고, 소규모 개발자나 개인이 독립적으로 제작한 게임이다. 상업적 성공보다 창작자의 개성과 자유로운 표현을 중시하며, 실험적이고 독창적인 콘텐츠가 많다. 창작의 자율성이 핵심이다.

인디씬(Indie Scene) · 115

인디씬은 대형 음반사나 유통사에 의존하지 않고 독립적으로 음악을 제작·유통·홍보하는 뮤지션들과 그들의 음악활동이 이루어지는 독립적인 현장과 네트워크, 또는 음악시장이나 생태계를 의미한다.

인디음악(Indie Music) · 110

인디음악은 '인디펜던트 음악'(Independent Music)의 줄임말로, 메이저 음반사와 독립된 환경에서 만들어지는 음악을 말한다. 이는 일반적으로 상업적인 대중음악보다 음악적 실험과 창의적 자유를 더 중시하며, 제작 과정에서도 독자적인 방식과 미학적 성취를 추구한다.

자가출판(自家出版 Self-Publishing) · 80

작가가 출판사에 의존하지 않고 책의 기획·집필·편집·디자인·인쇄·유통·마케팅 등 전 과정을 직접 주도하는 출판 방식이다. 이는 디지털 기술 발달로 출판 장벽이 낮아지며 확대되었고, 문학 분야에서 특히 활발히 이루어지고 있다. 기존 출판 구조에서 배제되거나 실험적, 비상업적 작품을 추구하는 작가들에게 새로운 창작과 독자 소통의 통로로 주목받고 있다.

전자책(E-book) · 85

전자책은 디지털 형태로 제작되어 스마트폰, 태블릿, 전자책 리더기 등의 전자기기를 통해 읽을 수 있는 출판물이다. 텍스트뿐 아니라 이미지, 오디오, 영상 등 다양한 멀티미디어를 포함할 수 있으며, 디지털 기술의 발전에 따라 점차 인터랙티브하고 사용자 참여형 콘텐츠로 진화하고 있다. 전자책은 저장과 유통이 용이하고 제작 비용이 낮아 출판 방식의 다양화를 가능케 한다.

전차의 역사적 의미 · 252

서울 전차는 단순한 교통수단을 넘어, 일제의 식민지 도시 건설 전략과 근대화 과정 속에서 도입된 기술문명의 상징이었다. 해방 이후에도 시민의 주요 교통수단으로 기능했지만, 자동차와 버스 중심의 교통정책 변화로 인해 1968년 완전히 폐지되었다. 그러나 전차는 여전히 도시 기억과 정체성의 일부로 남아 있으며, 근대 도시 형성과 대중교통의 출발점이라는 역사적 가치를 지닌다.

정신 건강(Mental Health) · 210

단순히 정신질환이 없는 상태를 넘어서, 개인이 일상생활에서 자신의 감정을 조절하고 스트레스를 관리하며, 타인과의 관계를 긍정적으로 유지하고, 삶의 의미와 목적을 인식하며 살아가는 심리적, 정서적, 사회적 안녕 상태를 말한다. 정신 건강은 청년기에는 특히 중요하며, 학업, 진로, 관계, 자기정체감 등 다양한 측면에서 삶의 질과 직결된다. 지속적인 스트레스, 트라우마 경험, 사회적 고립 등은 정신 건강을 해치고 우울, 불안, 자기효능감 저하로 이어질 수 있다. 예방적 접근과 사회적 지지가 매우 중요하다.

존 피스크의 팬덤 이론 · 160

존 피스크(John Fiske)는 팬(Fan)을 수동적인 소비자가 아닌 능동적이고 창의적인 문화 생산자로 본다. 팬들은 대중문화 콘텐츠를 단순히 소비하지 않고, 이를 해석하고 재구성하며 자신만의 의미와 가치를 부여한다. 이 과정은 팬들 사이의 연대와 공유 문화를 형성하며, 주류 문화나 권력 구조에 대한 저항적 실천으로도 이어진다. 팬덤은 문화적 참여와 표현의 장으로 기능한다.

창작 주제 전환 · 42

인공지능 기술의 발전에 따라 예술 창작에서 인간만이 유일한 주체로 여겨지던 전통적 개념이 변화하는 현상을 뜻한다. AI는 보조도구를 넘어 음악, 미술, 문학 등에서 창작물의 직접적인 생산자 혹은 공동 창작자로 기능한다. 인간은 창작의 전 과정을 지휘하는 주체라기보다, 아이디어 제공자·편집자·큐레이터로서 역할이 재정의된다. 따라서 창작물에서 저자의 개성과 독창성을 드러내는 성질인 창작의 '저자성'(Authorship)이나 '원작자' 개념도 다시 논의되며, 문화예술계는 새로운 법적·윤리적 기준 정립의 필요성에 직면하고 있다.

청년기 이행의 지연 · 197
현대 사회에서 취업, 결혼, 독립 등 청년기 과업의 이행이 전반적으로 지연되고 있다. 특히 불안정한 노동시장과 과도한 경쟁은 청년이 성인기로 진입하는 것을 어렵게 만들며, 이는 은둔형 외톨이 현상의 구조적 배경이 된다. 이행 지연은 단지 시기의 문제가 아니라, 사회적 소속감 형성 실패와 심리적 고립으로 이어지며, 자아 정체성과 미래 전망의 혼란을 초래한다. 이러한 상황은 개인의 문제가 아닌 사회 구조적 문제로 접근할 필요가 있다.

청년층의 정신건강 취약성 · 201
청년기는 자아 정체성 확립, 진로 불안, 사회 진입 등의 심리사회적 과제가 집중되는 시기로, 정신건강에 취약할 수 있다. 청년층은 일정 기간 동안 높은 우울감을 경험할 가능성이 높으며, 이들의 정신건강은 연령 고정이 아닌 시간의 흐름에 따라 역동적으로 변화한다.

출판 산업의 디지털 전환 · 37
종이책이 전자책으로 바뀌는 변화를 넘어, 콘텐츠 기획·제작·유통·소비 전 과정이 디지털 환경에 맞게 재편되는 흐름이다. 전자책, 웹소설, 오디오북 같은 새로운 형식의 콘텐츠는 물론, 온라인 기반 유통 플랫폼과 소셜 미디어 마케팅의 확산이 이 변화를 주도하고 있다. 특히 생성형 AI의 도입은 편집, 번역, 표지 디자인, 마케팅 문구 작성 등 다양한 업무를 자동화해, 출판의 효율성과 개인 맞춤형 콘텐츠 생산을 크게 높이고 있다.

출판계약의 불균형성 · 76
출판계약은 출판사가 제시하는 표준계약서에 기반해 체결되며, 작가는 계약 조건을 수용할 수밖에 없는 입장에 놓이는 경우가 많다. 특히 초판 인세율, 판권 사용 범위, 2차 저작권 활용 등의 항목에서 출판사에 유리한 조건이 명시되는 경우가 많아, 계약의 실질적 협상력이 작가에게 부족한 상황이다. 이러한 불균형은 장기적으로 작가의 권리 침해 및 창작의욕 저하로 이어질 수 있다.

취향의 은폐(Concealment of Taste) · 160
취향의 은폐는 개인의 팬 활동이나 콘텐츠 취향을 외부 시선이나 사회적 규범 때문에 드러내지 않는 현상이다. 이는 여전히 일부 팬 활동이 비주류로 간주되거나 조롱의 대상이 되는 현실에서 비롯되며, 팬의 정체성과 자율성 사이의 긴장을 드러낸다. 팬덤의 확산과 함께 이 문제는 더욱 복잡해지고 있다.

크라우드펀딩 문학 · 103

독자가 창작자의 작품 기획 단계부터 후원과 아이디어 제공, 피드백 참여까지 함께하는 방식으로, 문학을 공동 창작과 소통의 과정으로 확장시키는 새로운 창작 모델이다. 크라우드펀딩을 통해 독자는 단순한 독서를 넘어 창작 과정에 참여하며 작가와 협력하는 동반자로 자리잡고 있다. 이는 문학교육에도 참여 중심의 전환을 요구한다.

타자의 윤리(Ethics of the Other) · 188

타자의 윤리는 프랑스 철학자 에마뉘엘 레비나스(Emmanuel Levinas)가 제시한 개념으로, 타인을 단순한 객체나 수단이 아닌 고유한 존재로 인정하고 그 타자에 대해 책임을 지는 것을 윤리의 출발점으로 삼는다. 이는 자율성과 합리성을 중시하는 전통 윤리학과 달리, 타인의 고통과 요구에 먼저 응답하는 비대칭적이고 선행적인 책임을 강조한다. 타자의 얼굴은 나에게 도덕적 명령을 담고 있으며, 진정한 윤리는 이 타자와의 관계 속에서 발생한다.

팬 플랫폼(Fan Platform) · 156

아이돌과 팬 사이의 디지털 소통을 중개하는 모바일 기반 서비스로, 기업이 설계한 커뮤니케이션 환경에서 팬의 참여를 유도하고 수익화하는 구조를 가진다. 위버스(Weverse), 버블(Bubble), 유니버스(UNIVERSE) 등에서 팬은 유료 구독을 통해 메시지 수신, 사진 열람, 팬 게시판 참여, 굿즈 구매 등을 경험한다. 이는 팬의 정서적 몰입을 강화하고, 플랫폼 기업에게는 안정적 수익 모델을 제공하는 시스템이다. 팬은 단순한 수용자를 넘어 '소통 소비자'로 재규정되며, 플랫폼은 팬덤 문화를 재구성하는 핵심 매개로 작동한다.

풍물놀이 · 257

풍물놀이는 한국 농경사회에서 공동체의 제의와 여흥을 위해 발전한 전통 민속예술로, 꽹과리·징·장구·북·태평소 등의 악기와 함께 무용·연극 요소가 어우러진 종합예술이다. 마당이라는 열린 공간에서 집단적으로 펼쳐지며, 공동체의 결속과 신명을 표현하는 문화적 장치로 기능해왔다. 지역마다 장단과 구성 방식이 다양하며, 삶과 밀착된 의례성과 예술성이 함께 담긴 살아 있는 전통예술이다.

프롬프트(Prompt) · 37

프롬프트란 생성형 AI에게 수행할 작업을 지시하기 위해 사용자가 작성하는 자연어 텍스트를 의미한다. 프롬프트는 텍스트, 코드, 목소리, 이미지, 음악, 영상 등 다양한 형식의 입력을 포함할 수 있으며, AI가 어떤 결과물을 생성할지를 결정하는 핵심 요소다. 프롬프트의 구성 방식과 정교함에 따라 생성 결과의 품질과 방향이 크게 달라진다.

하위문화(Subculture) · 147

하위문화는 주류 문화의 지배적 가치관과 규범에서 벗어나 특정 집단이나 계층 내에서 형성된 고유한 문화적 특성을 말한다. 이는 음악, 패션, 언어 등 독자적 표현 방식을 통해 정체성을 드러내며, 기존 사회 체제에 대한 저항성을 내포하기도 한다.

학술대회 토론문 · 281

학술대회 토론문은 발표자의 논지를 비판적으로 검토하고 논의를 심화시키는 글이다. 단순한 요약이나 찬반을 넘어서, 연구의 맥락, 개념의 활용, 논증의 구성에 대한 분석을 통해 학문적 교류를 증진한다. 이는 학술대회를 일방적인 발표의 장이 아닌 쌍방향 토론의 장으로 전환시키며, 발표자뿐 아니라 청중에게도 유익한 문제의식을 제공한다.

학습 데이터 저작권 · 33

생성형 AI는 대규모 학습 데이터를 기반으로 작동하는데, 이 데이터가 타인의 저작물을 포함하고 있을 경우 저작권 침해 소지가 있다. 특히 무단으로 이미지, 텍스트 등을 수집·학습하는 경우, 원 저작권자의 권리를 침해할 수 있어 법적 분쟁이 발생한다. 학습단계에서의 저작권 적용 범위를 둘러싼 법리적 쟁점이 점점 중요해지고 있다.

혁신 확산 이론 · 58

혁신 확산 이론은 새로운 기술이나 아이디어가 사회 안에서 어떻게 전파되고 수용되는지를 설명하는 이론이다. 로저스가 제시한 이 이론은 상대적 우위, 부합성, 복잡성, 시험 가능성, 관측 가능성 등 다섯 가지 요인을 통해 혁신의 채택 여부를 설명한다. 이 이론은 수용자의 특성과 사회 구조에 따라 혁신이 어떻게 확산되는지를 분석할 수 있어, 인공지능 웹툰 작가와 같은 새로운 직업군의 수용 가능성을 판단하는 데도 유용하다.

확증편향 · 286

확증편향은 기존 신념이나 가치관에 부합하는 정보만을 선별적으로 받아들이고, 반대되는 정보는 무시하거나 과소평가하는 인지적 경향이다. 이 편향은 소셜 미디어에서 특히 강하게 작용하며, 사용자가 자신의 정치적 입장에 맞는 정보만을 반복적으로 접하게 만들어 가짜뉴스의 수용과 전파를 부추긴다. 이는 사회적 분열과 정보왜곡을 심화시키는 요인이 된다.

회상요법(Reminiscent Therapy) · 268

회상요법은 과거의 경험이나 기억을 되돌아보고 이를 공유하거나 표현함으로써 정서적 안정과 자기 정체성 강화를 유도하는 심리사회적 중재 방법이다. 자서전 쓰기는 이 회상요법의 일환으로 활용되며, 특히 고령층에게 삶의 의미 재발견과 긍정적 자아 형성에 기여할 수 있다. 이는 우울감 감소와 자존감 향상에도 긍정적 영향을 준다.

AI 기반 영상 제작 · 44

인공지능 기술을 활용하여 텍스트, 이미지, 음성 등의 데이터를 조합해 영상 콘텐츠를 자동 생성하거나 보조하는 과정이다. 프롬프트 입력을 통해 배경, 캐릭터, 음성, 동작 등을 생성하고 수정함으로써 제작 시간과 비용을 절감하고 창의성을 높일 수 있다.

AI 웹툰 작가 · 58

AI 웹툰 작가는 인공지능 기술을 활용해 스토리 구성, 작화, 채색, 편집 등 웹툰 제작 전 과정을 자동화하거나 보조하는 창작 주체로, 인간 작가와 협업하거나 독립적으로 콘텐츠를 제작하기도 한다.

AI 콜라보레이션형 창작(Collaborative Creation with AI) · 23

인간 창작자와 AI가 상호 작용하며 공동으로 콘텐츠를 창작하는 방식이다. AI는 데이터를 기반으로 다양한 창작 제안을 하고, 인간은 이를 선별·조정하여 최종 예술 결과물로 발전시킨다. 특히 영상예술 분야에서 AI는 시각적 아이디어의 생성자이자 조형의 실험자로 기능하며, 인간은 미학적 판단을 통해 의미를 부여한다.

공병훈

연세대학교 경제학과를 졸업하였고, 서강대학교 신문방송학과 미디어경제학 전공으로 박사학위를 받았다. 주요경력으로는 도서출판 창비에서 10여년간 근무하였으며, 2016년부터 협성대학교 미디어영상광고학과 교수로 재직하고 있다. 디지털 환경에서의 미래출판모델과 창작자에 대한 연구를 지속적으로 해왔으며, 최근에는 인공지능 기술이 사회와 문화, 콘텐츠와 창작에 끼치고 있는 영향과 미디어 생태계 모델에 대해 연구하고 있다. 연구자와 독자를 연결하는 독립언론 '반디뉴스'를 2024년 5월에 창간하여 편집인으로 활동하고 있다.

조정미

서강대학교 국어국문학과와 언론대학원에서 문학과 출판을 전공하였으며, 상명대학교 사학과 대학원에서 역사콘텐츠 전공으로 박사학위를 받았다. 교보문고에서 12년간 근무하였으며, 현재는 상명대학교 학술연구교수로 재직하며 역사·출판·문학의 융합적 연구를 수행하고 있다. 근대 활판기술의 도입을 비롯하여 디지털 기술에 이르기까지 출판 기술의 도입이 우리 사회에 끼친 영향에 주목하고 있으며, 그 변화의 중심에 있던 창작자들과 출판인들의 선택과 행동의 결과로 드러난 출판 활동을 분석하고 있다. '반디뉴스'와 '반디서림'의 발행인이기도 하다.

논문으로 세상 읽기

: AI와 문화예술, 사회와 사람을 잇는 지식 산책

2025년 9월 30일 초판 발행

지은이 공병훈 조정미
펴낸이 조정미

펴낸곳 반디서림 @ 스토리미디어랩
등록일 2021년 9월 28일 등록번호 제561-251002017000087호
주 소 경기도 수원시 영통구 200번길 21, 304-1219(현대프라자)

인 쇄 (주)프린탑

전자우편 echang@naver.com
홈페이지 http://www.storymedialab.co.kr

ISBN 979-11-962509-7-3 93000

* 이 도서는 2025 경기도 우수출판물 제작지원 사업 선정작입니다.